本 书 得 到

大连大学学术著作出版基金
大连大学中国古代社会与思想文化研究中心
资 助

考 古 新 视 野 丛 书

中国北方游牧民族
饮食文化研究

◉ 张景明 著

文物出版社

责任编辑：李　飏
封面设计：张振钢
　　　　　周小玮
责任印制：张道奇
责任校对：陈　婧　李　薇
摄　　影：孔　群

图书在版编目（CIP）数据

中国北方游牧民族饮食文化研究/张景明著．–北京：
文物出版社，2008.1
ISBN 978 – 7 – 5010 – 1992 – 2
Ⅰ. 中… Ⅱ. 张… Ⅲ. 牧民 – 饮食 – 风俗习惯 – 研究 –
中国　Ⅳ. K892. 25
中国版本图书馆 CIP 数据核字（2006）第 118717 号

中国北方游牧民族饮食文化研究

张景明　著

文物出版社 出版发行
（北京市东直门内北小街 2 号楼　100007）
http://www.wenwu.com
E – mail：web@ wenwu.com
北京美通印刷有限公司印刷
新 华 书 店 经 销
850×1168　1/32　印张：12
2008 年 1 月第 1 版　2008 年 1 月第 1 次印刷
ISBN 978 – 7 – 5010 – 1992 – 2　定价：30.00 元

内容提要

中国北方草原地区，在历史上先后有山戎、东胡、匈奴、丁零、鲜卑、乌桓、柔然、突厥、回纥、契丹、党项、蒙古等游牧民族在这里生息，诸民族几经更替，兴衰发展，创造的游牧文化不仅直接影响了中国的中原地区、南方地区，而且远至朝鲜半岛、日本群岛、西伯利亚、中亚、西亚和欧洲地区。与此同时，这些地区的文化对中国北方游牧民族文化也产生了极大的影响。相互间经济、文化的交流，更加促进了北方游牧民族文化的发展。

中国北方游牧民族的饮食文化，作为中国饮食文化的重要组成部分，是研究北方游牧民族文化的核心所在。衣、食、住、行等人类生活的行为，以食为准则，有谚曰"民以食为天"，正说明了饮食在人类社会发展历史中的重要性。食物作为人类生存的第一条件，在北方游牧民族的发展过程中同样起着很大的作用。

饮食文化作为物质文化的重要组成部分，还涉及制度文化和精神文化领域，从其内涵可以了解到每一个民族的历史发展过程。本书应用民族学、人类学、历史学、考古学等学科的理论和方法，对北方游牧民族食生产和食生活以及相关的文化现象进行研究，是饮食文化领域专题研究的一个成果。在方法上，应用了最基础的民族学田野调查的方法，结合历史文献分析法、跨学科综合分析法，突出了历时性和共时性相结合的方法。当然，还应用了马克思主义关于民族学的理论，站在历史唯物主义和辩证唯物主义的立场上，对中国北方游牧民族的饮食文化作综合的研究。

中国北方游牧民族的饮食文化，主要反映在生计方式、饮食结构、饮食器形、社会功能、艺术表现、饮食阶层、饮食交流、饮食卫生、饮食保健、饮食理论等方面，因最初就形成与其他地区不同的文化内涵，所以其文化特征具有很鲜明的地域性和民族性。饮食文化虽然是多学科交叉渗透研究的对象，但也是人类学、民族学研究的重点。创建饮食人类学或饮食民族学学科，作为人类学或民族学的分支，更能系统地研究一个民族或群体在人类历史发展过程中的饮食文化及相关现象。

学术委员会评审意见

张景明同学《中国北方游牧民族饮食文化研究》一文，选题具有学术价值和现实意义。作者在总结前人研究成果的基础上，根据自己的调查和工作经验，将历代零散的北方游牧民族饮食文化进行了系统的全面的分析和研究，运用民族学、考古学、历史学、生态学等多学科相结合的研究方法，对我国北方游牧民族饮食文化与自然生态环境、生活方式、艺术表现、社会功能以及卫生保健理论等方面的关系作了历时性、全方位的探讨与论述，具有开创性；同时，进一步明确地提出了建立民族学分支学科——饮食民族学，并概括出北方游牧民族饮食文化的区域性、民族性、传播性、结构性和历史性五大特征。

论文论点明确，论证合理，层次分明，资料丰富，文字流畅，图文并茂，是一篇较好的博士学位论文。

建议在进一步修改中，注意文献引用的规范性与准确性及各章节资料运用的平衡。

答辩委员会对张景明同学的答辩表示满意。

经答辩委员会五位委员无记名投票，一致通过。建议授予张景明同学博士学位。

答辩委员会主席：索文清

2003 年 12 月 19 日

专家推荐意见（一）

张景明同志著《中国北方游牧民族饮食文化研究》一书，是他在博士论文的基础上，几易其稿，完成的一部具有重要学术价值的专著。该书运用民族学、人类学等学科的理论与方法，在写作过程中还运用了考古学、历史学、文化学、生态学等方面的资料，跨学科综合性地对中国北方游牧民族的饮食文化进行研究，填补了一项学术界专题研究的空白。

目前，国内学术界对饮食文化的研究只是列入人类社会生活史的一部分。而该书主要站在民族学的视野中，初步提出饮食人类学的概念、理论与方法，把饮食文化归入饮食人类学之中。全书共分十个部分，围绕饮食论述北方游牧民族饮食文化的定位，以及与生态环境、生计方式、政策军略、卫生保健、社会功能、艺术创作等方面的关系，并对饮食文化交流、饮食文化层次性、饮食理论等方面的内涵进行了论述。涉及面比较广泛，对现代北方民族饮食文化的发展有重要的借鉴意义。尤其在北方游牧民族饮食文化理论方面多有创新，对于揭示中国北方游牧民族饮食文化的形成与发展的深刻内涵，及其东西方饮食文化交流等方面具有原创性的意义。特此推荐出版。

中央民族大学民族学与社会学学院教授　白振声
2006 年 3 月 20 日

专家推荐意见（二）

中国北方游牧民族饮食文化，历代多有著述，近代以来更受关注，研究成果颇丰。但已有成果大多零散、片面，缺乏系统性与完整性。张景明博士的《中国北方游牧民族饮食文化研究》，则是填补这一缺憾的力作。作者主要运用民族学的理论与研究方法，对民族学的核心问题即民族文化进行研究，以民族饮食为中心，涉及到饮食文化所能包涵的各个方面，说明其思路脉络清晰严谨。作者运用了民族学的历史文献研究法和田野调查研究法。因论述的需要，还运用了很多考古学、历史学、文化学及生态学的理论和成果。

书分十章，分别对北方游牧民族饮食文化定位及与草原生态、生计方式、饮食器具以及各种社会功能、艺术、卫生保健等方面的关系作了全面深入的阐述。所使用的资料、涉及的内容范围十分丰富、宽广、翔实，涉及到古代北方各民族各个历史时期的饮食文化、制度的变迁与生态、生计的互动关系。全书论点明确，层次分明，结构得当，文字表述通达。文内引用了大量文物考古、墓葬发掘报告、正史文献记录及本人实地调查所得，体现了作者这方面的研究优势和写作风格。特别是总结了北方游牧民族饮食文化的区域性、民族性、传播性、结构性和历史性五大特征，是一个非常明显的创见。特此推荐出版。

中央民族大学民族学与社会学学院教授　徐万邦
2006 年 3 月 18 日

目　录

序

　　张景明是我的第一位博士研究生。这本书是他在博士论文的基础上修改扩充而成的学术专著，他的博士论文也可以说是在这本专著初稿的基础上压缩提炼而再成。正因为有这样一个由博返约的过程，他的博士论文是优秀的。也因为有由约返博的酝酿，他的这本专著才显得充实。

　　我作为张景明博士论文的第一个读者，有如下感想愿与这本书的读者交流。他的博士论文所具有的水平，是一般由学士到硕士再直接读到博士的学生所难以达到的。他在攻读博士学位之前就已取得了高级职称；他大学本科学的是考古专业；他在中国社会科学院宗教系佛教文化艺术专业读了两年硕士研究生；他在内蒙古有十几年的工作实践，对内蒙古地区的文物考古和北方游牧民族历史文献很熟悉；他在动笔写博士论文之前就已发表过多篇与此论题相关的学术论文。我认为他的博士论文并非是读博三年的成果，而是长期钻研和积累的结果。套用一句话，乃"十年磨一剑"也。此为感想之一。

　　感想之二是，饮食文化是中国文化的重要内容，并在世界文化中长久居于领先地位。自古以来我国研究饮食文化的人很多，研究成果亦十分丰硕。但是，还没有人把我国北方游牧民族饮食文化作为大的专题进行综合性考察研究。究其原因，可能是历史跨度大、涉及民族多、需要的知识面宽，要求有多个学科的理论基础，做得肤浅没价值，做得精深又太苦，不符合"多快好省"的原则。张景明博士做了这个题目，而且做得不错，起码是有了好的开端，是值得肯定的。我在中央民族大学生活了四十多年，从事教学工作三十多年，我的体会是：要想出点真正的学术成果，并对人民有所贡献是很难的。在科学道路上没有坦途，在学术研究上要达到急功近利之目的类于梦呓。戒骄戒躁，哪怕少一点，但求好一点。

感想之三，张景明的博士论文主要运用的是民族学的理论和研究方法，研究的就是民族学的核心问题即民族文化；以民族饮食为中心，涉及到了饮食文化所能包涵的各个方面，说明其思路脉络清晰严谨。他运用了民族学的文献研究法和田野调查研究法。因为论述的需要，还运用了很多考古学、历史学、文化学及生态学的理论和成果，但没有牵强之感。我觉得博士论文最好能成为自己学业的实践、检阅和某种程度的总结。他基本做到了，我为他高兴。

在作者的博士论文答辩会上，有些专家也对论文的不足之处提出了批评和修改建议。如有些地名的标注不够规范，对人口较少民族的资料收集不够全面等。成书出版之前，我没见到清样，估计作者已作了修改。相信读者各具慧眼，张景明博士也诚盼各位批评斧正。曹禺先生曾数次把读者批评他的信读给外国朋友听，此事令我感佩不已。有大气度才能做大学问。学术品格与学术成就总是成正比。

张景明博士让我给他的专著作序，这是我不曾想到的，因为我的学识和名气都达不到目前风气对作序者的要求。我之所以应承了而且也作了，一是有三年师生之谊，二是因为我反对"拉大旗作虎皮"。我也相信，只要实话实说，不要像写广告词一样，即使得不到好评，也不至于引起反感。

预祝该书顺利出版，希望张景明博士不断进步。

徐万邦

2005 年 6 月于中央民族大学

绪　论

中国北方游牧民族包括山戎、东胡、匈奴、丁零、乌桓、鲜卑、敕勒、柔然、突厥、回纥、契丹、党项、蒙古等。由于独特的自然条件，形成游牧式的生产和生活方式，从而产生出相应的富有特色的文化。作为文化组成之一的饮食文化，也呈现出地域性、民族性的特征。

北方游牧民族的饮食文化，作为中国饮食文化的重要组成部分，是研究北方游牧民族文化的核心所在。衣、食、住、行等人类生活的行为，以食为准则，有谚曰"民以食为天"，正说明了食在人类社会发展历史中的重要性。恩格斯曾说："根据历史唯物主义观点，历史中的决定性因素，归根结蒂是直接生活的生产和再生产。但是，生产本身又有两种。一方面是生活资料即食物、衣服、住房以及为此所必需的工具的生产；另一方面是人类自身的生产，即种的蕃衍。"[①]食物作为人类生存的第一条件，在北方游牧民族的发展过程中同样起着很重要的作用。

中国北方草原地区，大约从距今 50 万年前就开始有人类活动的遗迹，原始人类从事简单的采集和狩猎经济生产，过着"饮血茹毛"的原始生活。在 5～1 万年前，古人类发明了人工取火的方法，从此正式进入熟食阶段，这对人类体质的进化起了决定性的作用。进入距今 1 万年以后的时期，人类又发明了陶器，从无炊具烹与石烹时期进化到陶烹时期。人类主营原始农业，兼营采集、狩猎、捕鱼、饲养等业，饮食文化的内涵开始扩大，形成地方性的特征（主要指饮食器）。在饮食结构上北方草原地区与中国其他地区没有质的区别。

公元前16世纪（早商时期）或稍早时期，由于气候条件发生了巨大变化，从温暖、湿润变为寒冷、干旱，适宜于草的生长。随着生态类型的转变，生计方式也逐渐变化，原始的农业经济难以支撑下去，有部分人群开始在一定范围内从事畜牧业生产，但没有脱离农业生产，形成半农半牧的经济类型。气候和生态的转变，不是骤然发生，而是循序渐进地演变。到公元前8世纪，北方大部分地区变为典型的草原生态环境，加之马的驯服，使生活在这一地区的人群有条件进行游牧，创造了游牧文化，出现了具有区域性和民族性特征的饮食文化，并与草原生态环境形成互动的关系。

生态环境对饮食文化有着很大的影响。作为北方游牧民族生息的中心地——内蒙古地区，主要处于高原地带。大兴安岭呈东北—西南走向贯穿东部，阴山山脉呈东西向横亘于南部，把内蒙古地区分成三大片：丘陵平原、山地和高原。大兴安岭东侧为嫩江西岸平原和西辽河平原；大兴安岭以西、阴山以北为广阔的内蒙古高原，自东而西分布着呼伦贝尔高原、锡林郭勒高原、乌兰察布高原、巴彦淖尔高原；阴山以南是河套平原、鄂尔多斯高原、黄土高原北缘、华北平原北缘。山体的这种分布，对本地区气候和自然条件的影响非常大。由于地形和海陆分布，不仅造成本区各地气候的差异，而且使本区具有由海洋季风气候过渡到大陆气候的特点。降水量自东南向西北递减，冬春少雨雪，降水集中在夏季。

在地质史上，内蒙古地区的气候有一定规律的变迁。第四纪初期（即早更新世），气候炎热多雨；晚更新世的气候向干寒发展。全新世开始时，气候趋暖和，极区冰川消退，永冻带北移，草原带重新占领了本区。全新世后期，气候再度变干，此时由于河湖水量大规模地缩减，导致某些干谷和内陆河的形成，暴露于地表的冲积、湖积砂层，在风力作用下形成坨甸地和黄土堆积。自 20 世纪以来，本区的气温经历了一个由下降到上升又下降的波动过程。降水量波动变化情况为：50 年代中期是丰水阶段，60年代中期是枯水阶段，70 年代中期后又是丰水阶段。气候的差异，形成不同的气候区，对畜牧业和农业产生很大的影响。山地气候区，包括大兴安岭山地、冀北山地和部分阴山山地，以耐寒作物为主，喜温作物仅限于南部河谷低地。平原—丘陵气候区，在大兴安岭以东，包括内蒙古的赤峰市、通辽市和呼伦贝尔市东、南部地区，降水变率较大，农业生产不够稳定，风、冻、雹灾较多。热量条件适宜于发展喜温作物，如玉米、高粱、谷子等。南部热量较多，还可以栽培早熟棉花、花生等作物，并可实行小麦、糜子一年两熟制。苹果、梨在大部分地区都能生长，桃、葡萄只见于赤峰市、通辽市的东南部。高原气候区，位于大兴安岭以西，包括呼伦贝尔市部分地区、乌兰察布市、锡林郭勒盟大部、鄂尔多斯市、巴彦淖尔市等地，以牧业为主，农业仅限于东南部和河套灌区。从热量条件看，能满足喜温谷物生长的要求。西部可种早熟棉花、花生等，冬小麦越冬条件尚好，并可实行小麦、糜子一年两熟的耕作方式。

　　在大兴安岭以西、阴山以北的内蒙古高原，气候较为干旱，具有广阔的天然牧场，分布着"水草丰美"的呼伦贝尔草原和锡林郭勒草原。内蒙古的草原面积居全国五大草原之首，草原类型有草甸草原、典型草原、荒漠草原、荒漠等。山体两侧丘陵和山前平原的大部分为半湿润、半干旱地带，分布有大片的宜农土地。盛产粮食的西辽河平原和河套地区分居本区的东部和西部。内蒙古的森林面积较大，主要分布于大兴安岭一带。这样，本地区的农牧业分布状况，因气候条件、农牧业资源分布特点和社会历史等因素的影响，形成了牧业区、半农半牧区、农业区、林猎区之别，因而饮食文化从古至今有着变迁发展的规律。

中国北方游牧民族的饮食文化，主要反映在生计方式、饮食结构、饮食器形、相关政策、居住保藏、卫生保健、人口变化、社会功能、艺术表现、饮食阶层、饮食交流、饮食理论等方面，因一开始就形成与其他地区不同的文化内涵，从而具有很明显的饮食文化特征，具体表现于以下几个方面。

从生计方式看，北方游牧民族一直以牧业经济为主，牧业经济成为北方诸民族社会经济发展的命脉。狩猎、捕鱼、采集在游牧民族处于原始时代占有很大的比重，有的民族甚至作为主业，尤其是渔猎经济作为主业而萧条的情况下的重要补充。农业虽然不是诸民族的传统经济类型，在中原地区农耕经济的影响下，北方诸民族也不断把先进的农耕技术传入这一地区，受到建立政权的北方游牧民族统治阶层的重视，跃为社会经济的主业，甚至与牧业经济并驾齐驱。手工业主要是与牧业经济有关的产业，如皮革、乳业、毛纺等。多种生计方式，决定了北方游牧民族肉、乳、米、面兼容的饮食结构，二者之间的关系是互动的。

饮食器从用途上分为炊煮器、贮藏器、盛食器、进食器、饮用器五大类，质地有金、银、铜、铁、瓷、陶、石、木、皮等，器类有甗、甑、锅、釜、镟、罐、瓮、盘、豆、碗、钵、壶、杯、盏托、刀、勺、箸等，其中，皮制、木制容器是北方游牧民族主要的饮食器，刀却是传统而特有的进食器。为了适应游牧生活方式，器物多有鋬、耳、系，便于游牧过程中的搬运和携带。

在饮食的相关政策上，历代北方游牧民族的统治阶层都颁布了一些保护经济发展的政策，在一定程度上保证了饮食来源的正常运行。有的民族通过获取和馈赠食物或酒宴，达到政治上的某些特权。古代的每一个北方游牧民族，在势力强大以后，都要进行军事行动。多数民族南下入侵中原地区，并非为了吞并疆土，而是为了解决生活来源。每当草原地区发生自然灾害，饮食来源所依靠的牧业经济遭受破坏，必然要发生南下的军事行动，来解决生活上的困境。

北方游牧民族随着水草的丰美不断迁徙，过着居无定所的生活。即使有的民族建立政权后，修筑城池，也保留有游牧生活的居住形式，造成大的饮食团体的不稳定性。平时以家庭为单位，组成相对稳定的饮食小团体，但遇到战事，随军饮食起居，这种情况下的饮食团体极不稳定。从饮食的保藏形式看，都有一套自己的做法。如冰窖、地窖可保食物不腐，干奶食品、干肉保存期较长，又便于游牧生活和行军作战的携带。

畜牧业的发展，农业、渔猎、采集的兼营，给北方游牧民族提供了源源不断的生活资料，足以供人口增长的需要。在地理条件和"食肉饮酪"的饮食风俗影响下，形成了强悍、粗犷、耐劳、豪放、好斗的民族性格。同时，肉乳营养成分高，有利于人类体质的发展，人们有了健壮的体格。但当时缺乏消毒等卫生条件，必然会导致肠胃等疾病，缩短人的寿命。随着农业的引入，饮食结构发生变化，利于诸民族人们的身体健康。

在人生礼俗、人际交往、岁时节庆、宗教祭祀等方面，饮食文化占有非常重要的地位，形成了饮食文化的社会功能。北方游牧民族在生产、生活中，有自己独特的习俗，从人的降生、生日、成人、婚姻、丧葬，到节日、庆典、敬老、结盟、人际、宫廷、民间、宗教、祭祀的各种礼仪，无不赖以饮食。在一切礼俗活动中，宴饮成了主要的组成部分，缺乏了宴饮，礼俗就会变得平淡无味，这是约定俗成的行为规范。

北方游牧民族的饮食文化，还表现于艺术方面，具体反映在饮食器的造型和纹饰、烹饪艺术、宴饮艺术、绘画、音乐、舞蹈、文学作品等方面。饮食器不但有实用的功能，还有审美的价值，常以与生活环境密切相关的家畜和野生动植物作为器物造型和装饰图案。食物形态、食物色彩以及二者的统一，加以味觉、烹饪手法，还有宴饮过程中的侍奉顺序、行酒令、赋诗作文等，都具有艺术性。墓葬、寺院壁画和绘画作品中，最能直观地表现饮食内容、饮食场面、饮食礼仪。音乐、舞蹈多在礼仪和宴会中作为一种娱乐节目出现，以活跃气氛。北方游牧民族都是能歌善舞的，常常是一边宴饮，一边歌舞，气氛欢乐、祥和。

饮食文化不是所有的阶层都相同，有其层次性，这是由于在饮食史上，因诸民族各阶层的政治、经济、文化地位的不同，自然形成了饮食生活的不同和饮食文化差异性。上层社会、中层社会、下层社会各有不同的饮食内涵和与饮食相关的习俗，往往上层社会的饮食文化更丰富多彩，下层社会饮食文化的粗朴之风又是上层社会所不能相及的。北方游牧民族的饮食文化，不是孤立的发展，而是多方位的渗透，除纵向的传承外，与周邻民族、中原地区、南方地区，甚至中亚、西亚地区相互影响，多方交流，增加了饮食文化的内涵。

饮食理论是人类对与饮食相关现象的一种规律性的系统认识，内容涉及种植、养殖、生态环境、食物加工、饮食卫生、饮食服务、饮食观念等方面。北方游牧民族经过原始时期先祖的生产生活实践，在夏代形成初步的饮食理论，包括因地开业、家畜驯化、食物结构、饮食器用途、烹饪技艺、进食方法等。西周晚期至春秋中期，已注重生态平衡，认识到水草丰美的地方能使牲畜肥壮，因气候种植耐干旱的农作物，上层贵族的饮食结构非常合理，注意食前食后的饮食卫生，说明饮食理论有了进一步的发展。北魏时期，饮食及相关经济活动的理论已趋于完善，出现了从种植、养殖到食馔、烹调、食品制作等方面的著作，并直接影响了隋唐中原地区的饮食理论。到元朝时期，出现了许多总结性的著作，提出了创新性的理论，涵盖了全部的饮食理论，使其逐步达到完善的程度。近现代时期，随着饮食文化交流领域的扩大，饮食理论逐步从温饱型向营养型转变，并趋于民间化和大众化。

中国饮食文化，在古代就有比较系统的研究著作，涉及北方游牧民族的饮食著作有：北魏的《齐民要术》、《崔氏食经》、《北方生酱法》，元代的《农桑辑要》、《王祯农书》、《农桑衣食撮要》、《饮膳正要》，清代的《随园食单》等。在"二十五史"的《食货志》以及一些杂史、野史、类书等中也有涉触。近现代对饮食文化的研究是 20 世纪以来的事情，特别是 50 年代以后，有关研究机构、研究人员、研究报刊、研究著述如雨后春笋般涌现出来，但缺乏对中国北方游牧民族饮食文化的系统研究，许多研究人员甚至置之不顾，这不能称为完整的中国饮食文化。有的著作和论文，虽然提及北方游牧民族的饮食文化，但缺少资料和研究的完整性与系统性。浙江工商大学中国饮食文化研究所赵荣光教授主编的《中国饮食文化区域史》丛书，其中的《中北地区饮食文化史》一书，由笔者承担编写，这是第一部系统研究中国北方草原地区饮食文化发展史的论著。

饮食文化作为物质文化的重要组成部分，还涉及到制度文化和精神文化领域，从其内涵可以了解到每一个民族的历史发展过程。《中国北方游牧民族饮食文化研究》这一论著，是笔者在多年研究和博士论文的基础上，运用民族学、人类学、历史学、考古学、文化学等学科的理论和方法完成的一部综合性、系统性的学术著作，填补了饮食文化专题研究的空白。在方法上，运用了最基础的民族学田野调查的方法，结合历史文献分析法、跨学科综合分析法，突出了历时性和共时性相结合的方法。还运用了马克思主义关于民族学的理论，站在历史唯物主义和辩证唯物主义的立场上，对中国北方游牧民族的饮食文化作综合的研究。饮食文化虽然是多学科交叉渗透研究的对象，但也是人类学、民族学研究的重点。创建一门饮食人类学或饮食民族学的学科，作为人类学或民族学的分支学科，以便系统地研究一个民族或群体的饮食文化。

---

① 恩格斯：《家庭、私有制和国家的起源》，《马克思恩格斯选集》第四卷上，第34～35 页，北京，人民出版社，1972 年。

第一章　北方游牧民族饮食文化的定位

中国北方游牧民族饮食文化在历史的发展过程中，形成区域性和民族性特征的文化内涵，并成为游牧文化的重要组成部分。通过对中国饮食文化的区域划分，又可看到中国北方游牧民族饮食文化的主要特征和在中国饮食文化发展史中的重要地位。饮食文化不是单一学科研究的对象，与民族学、人类学、历史学、考古学等学科密切相关。为了便于系统研究，应该创建饮食民族学（或者为饮食人类学）学科，界定自身的理论和方法。明确学术定位，使我们能更好地了解饮食文化的内涵，也是探讨饮食文化的基点。

第一节　饮食文化是北方游牧民族文化的重要组成部分

饮食是物质文化的重要组成部分，与其他物质文化的内涵相比，处于主要地位。不论是民族学、人类学，还是历史学、考古学，在研究物质文化时，必要研究饮食。包括食物原料的选择与加工、饮食器的类型与演化、食物的色香味形等。同时，饮食文化还涉及制度文化和精神文化的内涵，包括与饮食相关的政策、饮食观念、烹饪理论、食疗方法、饮食礼仪、社会功能、艺术表现和创作等。

一 物质文化的内涵

所谓的物质文化，是指劳动工具和人们为了满足生活需要而创造出来的一切实物财富。人类生活必需的衣、食、住、行都属于物质文化的组成因素，每一因素内又蕴涵着深刻的文化内涵。马克思说过："人们为了能够'创造历史'，必须能够生活。但是为了能够生活，首先就需要衣、食、住以及其他东西。因此第一个历史活动就是生产满足这些需要的资料，即生产物质生活本身。"[①]在民族学等学科研究中，把物质文化分为劳动工具、居住、饮食、服饰、交通等几个部分，都与饮食文化有着一定的关系。

能否制造和使用劳动工具，是人与动物相区别的一个重要标志。最初的人类使用的劳动工具非常粗糙，为打制的石器和木棒。随着生产力的发展，人类活动区域的扩大，因地理环境和生计方式的不同，各种工具也应运而生。从工具发展史看，人类社会经历了石器时代、铜石并用时代、铜器时代、铁器时代和机械工具时代，反映了劳动工具的改善和改进过程。北方游牧民族的劳动工具，也大致经历了这些时代，由于独特的地理环境和经济形态，劳动工具主要为畜牧工具（图1），其次是农业工具、采集工具、狩猎工具、捕捞工具，这些工具为饮食生产奠定了基础。

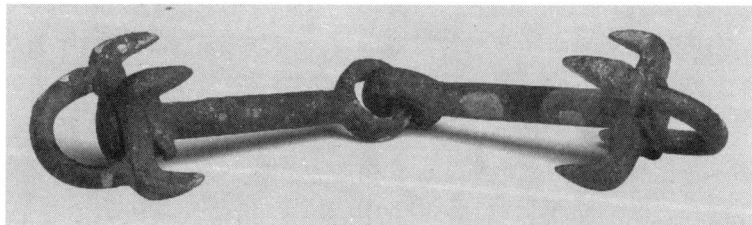

图1 青铜马衔 西周晚期至春秋中期

居住包括环境和形式，主要功能是保护人们免受风、雨、寒冷、酷热、水灾的侵袭，以及防御野兽的外来侵犯、保存火种等。原始的居住形式，都是利用自然形成的山洞、树洞及灌木丛等为掩蔽所，后来发展成地穴式建筑、半地穴式建筑、地面建筑、干栏式建筑，用草遮盖顶篷。进入阶级社会以后，居住形式变得繁多，因民族、地域而不同。北方游牧民族为适应游牧式生活，以拆卸、搬迁、驮运方便的毡帐为居所，一直沿用至今（如蒙古族的蒙古包），这种居住形式所反映的饮食团体不稳定。有些北方游牧民族虽然建造城市，但在城内保留有毡帐式的居住形式，如辽上京和元上都，城内留有大片空地，供契丹和蒙古民族以他们特有的方式居住。

饮食包括饮食结构、饮食器具、饮食加工、饮食特色等有形态的方面，最能反映物质文化的内涵。人类诞生以后，就需要吃的原料，特别是火的发明成为人类饮食史上具有决定意义的进步，从此告别了生食时代，对人类体质和大脑的演化起了非常重要的作用。饮食因民族和地域而不同，北方游牧民族的饮食习惯是"食肉饮酪"，其他生产和生活方式都围绕这一范式进行，奠定了在物质文化领域中的核心地位。在历史的发展过程中，中原文化一直影响着北方游牧民族的文化，使游牧民族的饮食范式受到一定程度的冲击，但传统的饮食范式在游牧民族的生活中始终居于主导地位。

服饰指人类的服装、鞋、帽以及各种装饰品，也包括文身和各种化妆品等。人类从动物分离出来后除了要解决饮食问题外，还要穿衣戴帽，来保护身体和防御寒冷以及风雨袭击、虫蛇咬伤等。随着时代的发展，服饰从实用变为美化，并赋予很多的文化内涵，形成各种各样的服饰文化。北方游牧民族的服饰文化非常发达，以草原上常见的动物为装饰（图2），把诸民族赖以生存的生活资料（牧畜和野生动物）在服饰上表现出来。这也是一种饮食的艺术表现形式，通过服

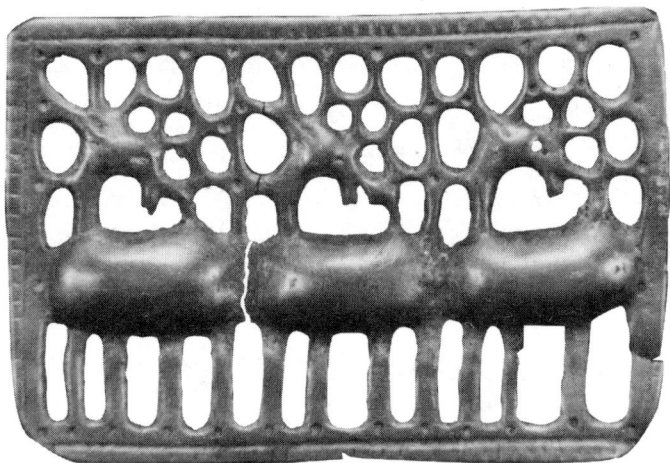

图2 三鹿纹金饰牌 东汉

饰的装饰艺术反映游牧民族的饮食资源。

交通工具在人类最初时期并不存在，靠肩扛、手提、背驮、头顶搬运物品。木棒为最原始的运输工具，由此衍生出扁担、担架、轿子等。人类从徒步行走逐渐发展到创造和使用各种交通运输工具，如牛、马、驼、车、舟、筏、滑雪板、雪橇等。北方游牧民族主要依靠马进行游牧生活，还有牛、驼、车等。交通运输工具中的牲畜本身就是饮食的必要来源，在游牧过程中驱赶大批牛、羊牲畜一起同行，随时保证有充足的饮食来源。

二 精神文化的内涵

精神文化是人类精神生产的全部成果，与一个民族的社会、经济和生活方式形成决定和影响的互动关系。精神文化应包括上层建筑的各个方面，诸如哲学、科学、伦理、道德、教育、法律、宗教、风俗习惯、文学、艺术等，还包括思维、语言、观念等非上层建筑的范畴。这里着重介绍宗教、风俗习惯和艺术。

宗教是一种世界观和意识形态，也是一种文化现象，以虚幻的方式反映社会现实生活的一种文化体系。这种以虚幻反映方式为特征的文化，总是附着在某种文化实体上，通过一定的文化系列对人类发生实际作用，影响人们的思想情趣、价值观念，成为人类社会精神文化的一个组成部分。宗教是包括信仰、教义、教律、组织和神话传说、情感体验、心理状态等复杂内容的综合体。从信仰观念看，"一切宗教都不过是支配着人们日常生活的外部力量在人们头脑中的幻想的反映，在这种反映中，人间的力量采取了超人间的力量的形式"。[②] 从宗教的发展历史看，经历了原始宗教（自然崇拜、图腾崇拜、祖先崇拜等）、古代宗教（佛教、基督教、伊斯兰教、道教等）、近现代宗教（古代宗教的延续）。从北方游牧民族宗教的礼俗看，与饮食有着密切的关系，无论是供奉的祭品，还是供奉者的行为，都离不开饮食，尤其是在原始宗教中反映更加强烈（图3）。古代和近现代宗教的教规反映了饮食思想，如佛教的素食观念、伊斯兰教的洁食观念等。

风俗习惯作为民族社会心理的表现形式，是一种重要的文化现象，直接反映并影响一个时代的民族精神和生活面貌，指特定民族在衣、食、住、行、生产劳动、婚姻、丧葬、节庆、礼仪等方面的风尚和习俗。由于人类的经济、政治、文化因素的影响和作用，民族的风俗习惯得以形成、发展和变化；反之亦然。风俗习惯大体上分为物质文化生活习俗、社交习俗、家庭习俗、人生习俗、岁时节庆习俗。在北方游牧民族的每一种习俗中，饮食都起了很大的作用。如婚姻礼俗，订婚、结婚、回门等仪式过程，饮食和饮食行为一贯而通。其他的习俗也与饮食有着千丝万缕的关系，表现出饮食文化的社会功能。

艺术产生于社会生产和生活的劳动实践中，通过文学、绘

图 3 内蒙古自治区呼和浩特市大昭庙会

画、舞蹈、音乐、雕塑等形式表现出来，表达人们的思想感情、思维方式、道德观念和审美情趣。俄国思想家普列汉诺夫曾说："对于一切原始民族，节奏具有真正巨大的意义。对节奏的敏感，正如一般的音乐能力一样，显然是人类的心理和生理本性的基本特质之一。"③所有的艺术形式都具有这样的特点。北方游牧民族的饮食文化在艺术中的创造和表现，都在上述的艺术形式中体现出来。如饮食器的装饰艺术、绘画中的宴饮场面、文学中的饮食行为、舞蹈中的饮食表现等，反映了饮食与艺术的完美结合。

语言、思维、民族心理、教育、道德、法律等精神文化方面的内涵或多或少都与饮食有着关系，如饮食观念、饮食思想、饮食理论、饮食美德等，都是饮食这一物质文化上升到精神领域的具体表现。

另外，制度文化是民族学关于文化三元说结构中居于物质文化和精神文化之间的一种文化，包括社会的经济、政治、法律体制及其运作方式，也包括婚姻、宗教等各种制度。在饮食文化中，有些经济、政治、法律的规定，对其有一定的影响。而饮食文化的层次性，又反映了各个阶层不同的饮食状况和文化现象。

中国北方游牧民族从诞生以来就形成地域性特征很明显的民族文化，而富有特色的饮食文化却始终成为民族文化的重要组成部分。饮食是一个民族赖以生存和发展的首要的物质基础，并在制度文化中得以体现，还在思想、观念、风俗习惯、宗教、艺术、理论等精神文化领域中得到升华。饮食文化是物质文化的基础，制度文化与精神文化又通过饮食这一物质载体去表现，这正是饮食文化在民族文化中的定位。

第二节　北方游牧民族饮食文化在中国饮食文化中的地位

中国饮食文化，由于地理环境、气候物产、政治经济、民族文化、宗教信仰、风俗习惯等因素的不同，形成了具有地方性的特征。北方游牧民族的饮食文化，辐射地域较广，本身特征明显，对东北、西北、中原地区甚至是南方地区有着很大的影响，尤其是历史上建立政权的民族，其饮食文化更具影响力，在中国饮食文化的发展史上占有重要的地位。

一　中国饮食文化的区域划分

根据赵荣光教授的观点，认为："经过漫长历史过程的发生、发展、整合的不断运动，中国域内大致形成了东北饮食文化区、京津饮食文化区、黄河中游饮食文化区、黄河下游饮食文化区、长江中游饮食文化区、长江下游饮食文化区、中北饮食文化区、西北饮食文化区、西南饮食文化区、东南饮食文化区、青藏高原饮食文化区、素食文化区。"④这一划分的观点，基本上为饮食文化界所接受。

从赵荣光教授划分的中国饮食文化区看，以地域为特征，形成了各自的饮食文化内涵，这是历史上的地理环境、政治经济、民族心理、风俗习惯等造成的，我们可以接受这样的划分，但把素食文化区归入地域划分有失妥当。

素食的概念是指荤食之外的食品，从现代意义上讲包括两层含义：一是指以植物性原料制成的少油腻且较清淡的食物；一是指只食用植物构成的食物。赵荣光教授也承认与其他饮食文化区相比，没有严格固定的地域，只作为一个特殊的饮食文化区。确切地说，应该称之为"素食文化圈"，有群体之意，存在于各个地域性饮食文化区内。赵荣光教授认为，素食文化区的存在，是以释、道教众为主体，包括素食隐士、处士、居士，各种类型的上层社会素食者及整个社会受素食观念与习俗影响而奉行素食主义的食者群，还包括那些介于素食与杂食二者之间定期斋食的更广大的食者群。⑤因此，素食文化区不是一个地域性饮食文化区，应为散布于各个饮食文化区中的特殊饮食群体。

中北地区饮食文化区，就是指北方游牧民族的饮食文化。在这一区域内的民族，以游牧和畜牧业为主要的生产生活方式。从行政区划看，以内蒙古为中心，包括新疆、甘肃、宁夏、陕西、山西、河北、辽宁、吉林、黑龙江的部分地区。古代民族有东胡系、匈奴系、突厥系和党项族，现代民族有蒙古族和部分鄂温克族、达斡尔族等。由于这些民族活动的范围超越了本地区，在饮食文化区的划分上与西北饮食文化区和东北饮食文化区有着交叉的现象，甚至与蒙古国、俄罗斯等国的饮食文化相互渗透。但"中北"的含义无论从地理概念，还是文化意义上说，都比较模糊和笼统，学术界（饮食文化领域外）的很多专家和学者都不能接受。其实，在草原文化出现以后，学术界已经把这一地区归为

北方草原地区，其地理概念、文化内涵非常清晰，不妨改为北方
草原饮食文化区更为妥切。

二　北方游牧民族饮食文化的主要特征和地位

北方游牧民族的饮食文化，明显地存在着区域性、民族性、
传播性、结构性和历史性五大特征，涉及饮食来源、饮食加工、
饮食制作、饮食政策、饮食卫生、饮食保健、饮食社会功能、饮
食层次性、饮食交流、饮食思想、饮食礼仪、饮食理论等方面，
在中国饮食文化中占有重要地位。

饮食文化的区域性，指北方游牧民族所处的地域而形成的饮
食文化。从早商时期开始，北方地区由于气候条件的变化，草原
生态环境趋于定型，使生活在这一地区的群体形成以牧业经济为
主的多种生计方式，所反映的饮食文化内涵多带有草原的特色，
与其他地区的饮食文化相比具有区域性的特征。草原风格的饮食
文化，虽然在西北饮食文化区、青藏高原饮食文化区内也有表
现，但由于群众的信仰问题和农牧交错分布以及草原区域范围小
等特点，饮食文化内涵的差异性很大。从北方草原的社会发展历
史看，生活在这一地区的游牧民族有着久远的历史，其饮食文化
范式的形成也比其他地区早，区域性特征更显突出。

饮食文化的民族性，指北方游牧民族文化的特性。从公元前
16 世纪至今，北方游牧民族形成的文化范式几乎相同，反映在饮
食方面都是"食肉饮酪"的传统，围绕民族性强烈的饮食而演变
出个性明显的文化内涵（图 4）。《鲁不鲁乞东游记》记述了北方
游牧民族的饮食风俗，"他们（蒙古族）拥有牲畜极多：骆驼、
牛、绵羊、山羊；他们拥有如此之多的公马和母马，以致我不相
信在世界的其余地方能有这样多的马；他们没有猪和其他耕作的
牲畜。""他们经常把每一头乳牛和母马第一次挤出的奶供奉他们

图4　蒙古族老人在晾肉干

的偶像。当他们将要进饮食时，首先拿一些食物和饮料供奉偶像。当他们屠宰任何动物时，他们把它的心放在杯子里供奉车子里的偶像。""他们的食物包含一切能吃的东西，因为他们吃狗（这里应该记录有误，因为蒙古族的习惯是不吃狗肉）、狼、狐狸和马……他们既没有面包，也没有供食用的草本植物、蔬菜或任何其他东西，什么也没有，只有肉。"这虽然是欧洲人的见闻所记，但说出了北方游牧民族的饮食共性和习俗。

　　饮食文化的传播性，指北方游牧民族饮食文化的交流。任何一个民族的文化都不是一成不变的，在发展过程中必然与其他民族的文化发生相互吸收、融化和调和，使其文化内涵更加丰富。北方游牧民族的饮食文化，通过战争、和亲、赐贡、联姻、互市等方法，与周邻民族、中原地区以及现今的中亚、西亚、西伯利亚、东亚等国进行交流。这种交流是双方面的，一方面北方游牧民族的饮食文化传播到其他地区，另一方面也接受外来文化的影响，尤其是中原地区的文化。文化的互动传播，并未引起北方游牧民族饮食文化出现整合、转化现象，只有局部的文化变迁。如蒙古族吃手扒肉、喝奶茶的饮食习俗，在其以前的民族中就早已形成，虽然经过长期的其他文化因素的冲击，但总体上没有改变这种饮食习俗，流传到现在仍是如此，只不过有些弱化，发生饮食风习的局部变迁。

饮食文化的结构性，就是指北方游牧民族饮食文化的构成。从文化的外化形态来看，北方游牧民族的饮食文化分属物质文化、制度文化和精神文化。物质文化形态包括饮食来源、饮食加工、饮食结构、饮食器、饮食的色香味形以及居住、保藏所反映的饮食团体、饮食方式等。制度文化包括与饮食相关的政策及饮食在等级中的体现。精神文化包括饮食观念、饮食卫生、饮食保健、饮食理论以及在宗教、祭祀、人生礼俗、人际交往、岁时节庆、艺术等方面所反映的群体非智力因素特征的饮食文化现象。从文化的内在形态看，北方游牧民族饮食文化的构成主要指饮食本身的结构，即以肉乳为主，粮食、蔬菜为辅的饮食结构。

饮食文化的历史传承性，就是指北方游牧民族饮食文化的传统历史与承继。北方游牧民族饮食文化的历史悠久，可以追溯到几十万年前的原始社会，经过漫长时期的发展，于商周时期形成"饮酪食肉"的文化范式，并一直传承到现代。食物原料品种及其生产、加工，基本食物种类、烹制方法，饮食习惯和风俗，这种区位饮食文化的总体状况与风格，几乎都是诸族交替、代代相因地重复存在，甚至区域内食品的生产者与消费者的心理和观念也是这样形成的。

基于上述饮食文化的特性，北方游牧民族饮食文化无论是从区域性、民族性，还是传播性、结构性、历史性来看，是中国饮食文化的重要组成部分。特别是对京津地区、黄河中游地区、黄河下游地区、西北地区、东北地区的饮食文化有着直接的关系，甚至渗透于长江中下游、西南地区的饮食文化领域中，在中国饮食文化发展史上有举足轻重的地位。

第三节 饮食文化与其他学科的关系

饮食文化是一个涉及社会科学、自然科学的研究领域，与民族学、考古学、历史学、生态学、经济学、艺术学、心理学等学科关系密切。运用这些学科的理论和方法，交叉渗透，前后贯通，尤以民族学为主体，研究诸民族的饮食文化。饮食文化的概念，是指食物原料的开发利用、食品制作和饮食消费过程中的技术、科学、艺术、礼仪，以及以饮食为基础的习俗、传统、思想和哲学，即由人们食生产和食生活的方式、过程、功能等结构组合而成的全部食事的总和⑥。

一 饮食文化与诸学科的关系

研究饮食文化的内涵需要诸多学科的理论与方法，是一个跨学科研究的综合性领域。其中，民族学、考古学、历史学、生态学等学科与饮食文化密切相关，涉及了物质文化、制度文化、精神文化的内涵。

民族学研究民族的起源、发展以及消亡的过程，研究各民族的生产力和生产关系、经济基础与上层建筑以及文化内涵。以实地调查方法和历史分析方法，研究诸民族的饮食风俗、饮食卫生、饮食与人口素质、饮食理论等内容。有的古代民族现今已不存在，但在溯源和民族文化的传承方面仍可在当今民族中寻找到很多线索。如达斡尔族，根据民族语言学和传统的看法，证实为契丹族的后裔，可从现代达斡尔族的饮食文化探寻出契丹族的某些饮食文化残存。有的民族至今仍然存在，饮食文化得以长期传承。如蒙古族的饮食文化，虽经几百年的发展和变迁，许多方面的文化内涵仍然存在，可在实际的田野调查中探究。

考古学是根据实物史料和古人类遗存研究人类社会历史的学科。以实地调查和发掘方法，研究古代民族的饮食器、生计方式、饮食结构、饮食团体、艺术表现、饮食交流等内容。各民族在历史发展过程中，遗留下很多地上、地下文物以及文化现象，包括饮食文化的许多方面，通过考古发掘和出土的实物，可以弄清现今已不存在的民族的饮食生产和饮食行为，并推及现代民族的饮食文化内涵。

历史学以人类社会的发展过程为研究对象，阐述人类社会发展的规律。以历史文献分析方法，研究古代民族生计方式、饮食政策、社会功能、饮食理论等内容。在现存的"二十五史"的汉文古籍和少数民族文字古籍以及大量的野史、别史、杂史、专史、通史、断代史等古籍中，涉及很多关于饮食文化方面的资料，经过勘误、考证、注释、校对史料的真实性，发掘出历史上各民族饮食文化的真实内涵。如清代官修的《古今图书集成》，饮食部下细分为米部、饼部、粥部、饭部、粉面部、糗饵部、糠部、酒部、茶部、盐部、酪部、豉部等几十部，每一部都把自周代以来诸类饮食的特色、品种、变化等文献资料详细罗列，便于查找和研究。

生态学是研究生物之间与非生物环境之间相互关系的学科，它的主要内容包括生态系统、生物种群与群落、生态平衡等诸方面。人类的生存与发展必须依赖于自然界，离不开空气、土地、水和动植物。在漫长的进化过程中，人类逐渐形成对环境的适应能力。人类的生存要依靠食物，而最初的食物是攫取于自然界的动植物。各民族因所处的生态环境不同，生计方式各有差异，饮食文化的内涵也各具特征，同时，饮食文化是在诸民族适应和改造自然环境的过程中形成的，又对生态环境有着很大的影响，双方的关系是互动的。

另外，经济学、宗教学、艺术学、心理学的理论和方法，可以研究饮食与生计方式、饮食与宗教礼仪、饮食与艺术表现、饮食与艺术创造、饮食思想、饮食观念、饮食理论等方面的内容，要求以跨学科综合性研究方法来研究饮食文化。

二 饮食民族学的提法

在民族学研究的范围之内，需要进行跨学科的综合性研究，与其他自然和社会方面的学科产生一些边缘学科或交叉学科，形成民族学范围内的多种分支学科。如民族社会学、民族心理学、民族人口学、语言民族学、历史民族学、民族考古学、经济民族学、生态民族学、医学人类学、旅游人类学、政治人类学等。

饮食民族学（或饮食人类学）的提法，在国内外很多出版物中都没有单独举列出来，但有不少的民族学、人类学研究者运用了这一概念。如叶舒宪、户晓辉翻译的《食物与文化之谜》（美国，马文·哈里斯著）的译本，其序题目为《饮食人类学：求解人与文化之谜的新途径》，而这本著作本身就是一次饮食人类学专题研究的尝试。作者从肉食主义与素食主义的争执入手，把人类社会中由吃所引发的种种奇特现象和风俗作为解析的对象，把读者引入饮食人类学的知识视野，告诉我们吃的文化差异和民族个性，在特定的社会中应该吃什么，怎样吃，如何看待各个文化特有的饮食禁忌等[⑦] 书中反复强调了饮食人类学对人的归类概括基点，即"人是一种杂食动物"，这里蕴涵了很深的文化特性。

云南大学的瞿明安教授著《隐藏民族灵魂的符号——中国饮食象征文化论》（云南大学出版社，2001年），把象征人类学的理论和方法引入中国饮食文化的研究领域，提出饮食象征文化，对基本的理论框架、价值取向、社会功能作了详细的探讨和阐述。书中说："饮食象征文化研究所依托的则是象征人类学、饮食民族学、民俗学、社会学、宗教学、符号学、文化史等方面的理论和方法，它所关注的是人的饮食活动与自身观念意识的相互关系，所以在研究过程中就偏重于理论性的阐释和典型的个案分析。"⑧提到了饮食民族学，但没有深入解释。其实，饮食象征文化应该是饮食民族学研究的一个方面。

饮食民族学作为民族学的一门分支学科，运用民族学的理论和方法研究人类的食生产和食生活行为以及相关的文化现象。从民族学的发展史看，英国人类学创始人泰勒（E. B. Tylor）在民族学研究方法上作出了三方面的贡献，提出了"残存"法，发展了比较法，在文化现象的研究中采用了统计学的方法。饮食民族学应用了这三种研究方法，通过考古发掘资料、多学科综合研究、数理统计，探索各民族饮食文化发展的过程和文化特征，分析了饮食与人口的关系和比例等问题。美国著名人类学家摩尔根（L. H. Morgan）在1851年出版的《易洛魁联盟》一书中，追溯了易洛魁人数百年的历史，涉及了他们的饮食状况。他在1877年出版的《古代社会》中，把人类社会发展分为七个阶段，其中的六个阶段都以与饮食相关的生产技术和生产工具的发明作为划分标志。虽然有的划分标志在人类发展史上并不准确，但以饮食生产和饮食生活作为划分标志，可以说是对人类发展史研究的一个尝试。

德、奥与英国传播学派的文化传播说，对研究饮食文化的交流有借鉴作用。这种交流是双向的、互动的，并不是以何地为中心而传播到其他地区。学说中的文化圈对饮食文化区的划分也有着启示作用。文化圈内的特质包括了食生产行为，如农业、渔业等。

美国著名民族学家博厄斯（Franz, Boas）为代表的历史学派提出的"文化区"的概念，同样适用于饮食文化区的划分，以不同的饮食文化特征划分地域性的区位。其"年代—区域"概念认为，某种文化目前发达的地区，不一定就是历史上此种文化的发源地或中心。这一观点对饮食文化的研究有着指导意义。

英国著名人类学家和功能学派的创始人之一马林诺夫斯基（B. K. Malinowski）提出的需要理论，对饮食民族学有着直接的影响。他在列表中指出：饥饿—进食—吃饱与渴—饮入液体—解渴的冲动、行为、满足三步骤，说明人类在谋取食物以满足需要时，便为自己创造了一个新的、第二性的、派生的环境，这个环境就是文化，即由饮食而引发了各种文化现象。

第二次大战以后，新进化论学派的代表人物、美国著名人类学家斯图尔德（J. H. Steward）提出文化生态学，探讨环境、技术以及人类行为等因素的系统互动关系，认为文化之间的差异是由社会和环境相互影响的特殊适应过程引起的。由此而兴起的生态人类学，研究人类群体与周围环境的关系，把人类社会和文化视为特定环境条件下适应和改造环境的产物，以历时性和共时性的方法研究不同环境下的不同群体及文化。这对饮食文化与生态环境的互动关系的研究有着积极的作用。

20世纪80年代，美国著名人类学家马文·哈里斯（Marin Harris）提出文化唯物论，认为基础结构对结构和上层建筑起决定作用，客观行为对主位思想起决定作用。马文·哈里斯试图在文化生态学理论中融入文化内在认知的考虑，整合研究者的观点与被研究的当事人的观点，强调区分人类思想和行为的主位与客位[9]。以此理论为指导，他完成了《食物与文化之谜》的著作，是饮食民族学的典型例证。

用象征人类学的理论与方法研究饮食文化，在西方学术界已有近百年的历史。马文·哈里斯认为，在列维·斯特劳斯（Clande Levi—Strauss）看来，"人们选择食物是因为他们看中了食物所负载的信息而非它们含有的热量和蛋白质。一切文化都无意识地传递着食物媒介和制作食物的方式中译成密码的信息。"⑩饮食文化具有象征符号的性质和特征，其功能包括饮食对人们生理需要、心理需要和社会需要的三重属性，以饮食作为传递信息的符号，来反映人类的文化现象。如北方游牧民族的饮食，供人们在人际交往、节日庆典、宗教祭祀等社会活动中消费，并作为象征符号来传递信息，以产生各种不同的文化象征意义。

　　因此，饮食民族学的提法不是凭空捏造的，有众多的民族学流派的理论和方法为基础，形成独立的分支学科，研究人类社会发展过程中饮食生产、饮食生活以及相关的文化现象，是符合学科整合的发展规律。就笔者的理解，饮食民族学作为民族学的一个分支学科，主要是研究各个民族或群体在人类社会发展过程中的食生产、食生活及相关的文化现象，包括了物质文化、制度文化和精神文化，运用民族学、考古学、历史学、生态学等学科的理论和方法，跨学科综合性地研究人类生活的饮食和饮食行为。它有别于学术界对饮食文化的单纯研究，把其列入人类社会生活史的一部分，甚至仅仅是物质文化的一个方面，而忽视制度文化和精神文化。饮食民族学的提法，具有学科规范化的特点，更有利于对一个民族或群体的饮食以及由此而衍生的各种文化现象的系统研究。

---

① 《马克思恩格斯选集》第一卷，第 32 页，人民出版社，1972 年。

② 《马克思恩格斯选集》第三卷，第 354 页，人民出版社，1972 年。

③ 普列汉诺夫：《论艺术》，第 34～35 页，三联书店，1964 年。

④ 赵荣光、谢定源：《饮食文化概论》，第 49 页，中国轻工业出版社，2000 年。

⑤ 同④，第 87 页。

⑥ 同④，第 3 页。

⑦ ［美］马文·哈里斯著，叶舒宪、户晓辉译：《食物与文化之谜》，第 1～2 页，山东画报出版社，2001 年。

⑧　瞿明安：《隐藏民族灵魂的符号——中国饮食象征文化论》，第 3 页，云南大学
　　出版社，2001 年。

⑨　Mavvin Harris：Cultural Materialism：The Struggle for a Science of Culture，New
　　York，Vintage Books，1980.

⑩　［美］马文·哈里斯：《文化唯物论》，华夏出版社，1989 年。

第二章　北方游牧民族饮食文化与草原生态

　　中国是一个有着多种生态环境，多民族和多元文化的国家。由于生态环境的复杂多样，人类在适应和改造自然环境的过程中，创造了不同的、各具特色的文化。目前，学术界认为，中国从新石器时代起就形成了三大生态文化区，即北方和西北游牧兼事渔猎文化区、黄河中下游旱地农业文化区、长江中下游水田农业文化区。其中，北方和西北游牧兼事渔猎文化区以细石器为代表的新石器文化，文化遗址缺乏陶器共存，或陶器不发达，体现了随畜迁徙的"行国"特点①。其实，从中国北方地区历史发展过程中的生态变化看，这种说法值得商榷。尤其是北方草原地区，考古资料表明在新石器时代完全处于原始农业、狩猎业时期，并未出现游牧。到了公元前 16 世纪或稍早时期，因气候的变化，导致生态环境的演变，随之诞生了以从事牧业经济为主的游牧民族。北方草原地区的民族进而转向游牧式的生产和生活方式，同时创造了独具特色的饮食文化，并形成二者之间的互动关系。

第一节　草原生态环境的形成与游牧式饮食文化的出现

　　在北方地区，由于气候条件的几经变化，草原生态环境随之变迁，人类的生计方式不断改变，饮食文化出现阶段性的发展。在北方草原地区，生态环境和饮食文化也经历了一个变动时期，直至典型草原生态环境的最后形成，游牧式饮食文化的最终确立。马克思主义认为："人创造了环境，同样环境也创造了人。"[②]有了人就会创造文化，也就是总结了环境与文化的关系。生态人类学分为两大类，即决定论（环境决定论和文化决定论）和互动论。环境决定论认为，文化形式的外观及进化，主要是由环境的影响所造成的[③]。互动论认为，文化与环境之间是一种对话关系，文化和环境的重要程度因时因地而有所不同，有时文化显得比较重要，有时环境显得比较重要，有许多互动观点的概念界于环境决定论和文化决定论两个极端之间[④]。生态人类学的倡导者、美国人类学家斯图尔德（Julian Steward）认为，文化特征是在逐步适应当地环境的过程中形成的，在任何一种文化中有一部分文化特征受环境因素的直接影响大于另外一些特征所受的影响[⑤]。这些观点同样在论述环境与文化的关系。因此，草原生态环境的形成和游牧式饮食文化的出现，是环境与文化相互依托发展的必然规律。

一　原始时期的生态环境

中国北方地区原始时期的生态环境，以1万年为界线，分为两个阶段。第一个阶段从距今50万年前至1万年前，考古学上称为旧石器时代。第二个阶段从距今1万年前至4000年前，考古学上称为新石器时代。

北方地区旧石器时代文化遗址，以内蒙古自治区呼和浩特市大窑文化遗址、鄂尔多斯市萨拉乌苏文化遗址、满洲里市扎赉诺尔人类化石遗迹为主，分别代表了该地区中部、西部、东部三大区域的原始文化特征，从中可以探视当时的生态环境。

　　大窑文化遗址⑥，包括了旧石器时代早期、中期、晚期的人类活动遗迹和文化内涵，从50万年前延续到1万年前（图5）。

图5　内蒙古自治区呼和浩特市大窑四道沟
东区旧石器时代文化遗址　旧石器时代

　　根据遗址地层出土的动物化石和孢粉取样测试结果，可知当时的气候与环境状况。地质学上的中更新世晚期离石黄土中，哺乳动物化石有5目16属种，下部土层多含肿骨鹿、三门马、斑鹿、马等大型哺乳动物化石，以草食动物为主，表明这一时期有大面积的草原植被环境；上层土层多含啮齿类、兔形类小型哺乳动物化石，还有鸵鸟蛋片，以耐旱动物为主，说明气候干旱，多风沙。从植物孢粉测定看，中更新世早期是半干旱草原向针阔叶林草原过渡的植被带，该带顶部的木本植物比例有所上升。这一孢粉带，以耐旱草本植物占绝对优势，反映了大陆性半干旱为主导的古气候型，但其中曾有一段针阔叶木本成分有所增长的时期，说明此期古气候较为温湿，该带反映的气候具有干旱——湿润旋回的特征。中更新世晚期带，以草本植物为主，木本植物几乎不见，植被带为标准的蒿藜干旱草原，反映的古气候为干旱型，并多风沙。晚更新世植被带，以草本植物为主，木本植物的比例增加，表明气候开始转暖，温度、湿度均有增高。这样，大窑文化遗址地处的阴山南麓地区，从早到晚气候由温湿向干寒转变，又由干寒转向温湿。在这种森林草原生态环境中，一开始就形成了本地区古人类的生计方式和初期的饮食文化内涵。

　　萨拉乌苏文化遗址⑦，距今5万至3.5万年前，处于旧石器时代晚期。从出土的第四纪哺乳动物化石看，草食动物占多数，这里曾经布满了草原、森林和湖泊。法国古生物学家德日进曾说："在我们看来，萨拉乌苏动物群并非人们所说的'寒冷动物群'。当时旧石器时代的人类生活在这个地区，我们应该想象河套地区有相当多的沙漠，为草原的羚羊和啮齿类提供了生活的场所，同时在沙丘附近是一片绿色以养育大型的食草类。在那种情况下，气候可能是变化激烈的，又可能是相当炎热的，同时对于鸵鸟、水牛和披毛犀都是满意的。"⑧我国著名考古学家裴文中先生指出："特别是在阴山山脉的南麓，可能在一个广大的地区中，有由山上积雪汇集而成的河流和湖泊，成为许多动物和人类聚集之地。河套人生活在现在的萨拉乌苏河的两岸，在河的两旁是广大的平原草地，在河湖的附近生长着草木。在平原草地上，有河套大角鹿、有赤鹿、有野猪，也有善于奔驰的羚羊、野驴和野马。不怕干旱的，还有骆驼和一些啮齿类。在河旁有水牛及原始牛，来吃河旁比较丰富的水草。有决定意义的是纳玛象、披毛犀和赤鹿，都生活在水草之上。"⑨考古学家贾兰坡先生说："那时的萨拉乌苏地区，有较大的湖泊和河流，湖畔附近有疏散的森林和广阔的草原。气候比现在温暖而湿润。"⑩在旧石器时代晚期，萨拉乌苏河一带的气候较为温暖、湿润，在密布的草原中，湖泊与河流随处可见，还有沙漠和稀疏的森林，其间生存有许多的草食动物和数量较少的肉食动物，为人类生存和原始经济的发展提供了便利条件。

从扎赉诺尔人化石⑪出土的地层下含植物茎叶较多的黑色黏土和含人类化石沙层中的孢粉分析，草本植物占孢粉总数的80%，蒿的花粉占孢粉总数的52%，还有禾本科、藜科、蓼科、伞形花科和菊科。乔灌木花粉占孢粉总数的17%，有松、冷杉、桦、栎、椴、榆、胡桃等落叶阔叶和常绿针叶树种的花粉。这表明在1万年前，扎赉诺尔地区并不是全部被草原覆盖，而呈现森林草原景观。在孢粉取样中，还发现经常生长在浅水、淡水和静水池沼中的短棘盘星藻、双星藻、香蒲、苔藓等，表明该地还有一定数量的湖泊和沼泽。通过孢粉分析，扎赉诺尔人生活在冰后期气温较好转的时期，前期湖泊、沼泽分布很广，森林较多；后期森林减少，草原扩大。

进入新石器时代以后，人类的活动足迹已遍布整个北方草原地区。从以内蒙古为中心的原始文化区系类型看，分为东南部地区和中南部地区两大发展序列，文化内涵基本上代表了该地区的文化特征，反映了当时的生态环境和经济类型。内蒙古东南部地区的原始文化发展序列为兴隆洼文化、赵宝沟文化、富河文化、红山文化、小河沿文化⑫，中南部地区原始文化发展序列为白泥窑文化遗存、庙子沟文化遗存、阿善文化遗存、老虎山文化遗存、永兴店文化遗存、客省庄文化系统遗存⑬，从距今8000年前延续到4000年前，诸文化或前后承继，或并行发展，或相互影响，并与周边地区及黄河中下游地区的原始文化相互交融。

新石器时代的内蒙古东南部地区，属于农牧林交错地带，沉积环境表现出湿润期的古土壤与干燥期的风沙或黄土层的堆积交替，或湖盆区的湖积淤泥、沼泽区与河流沉积层的交替，或山地的冰缘与坡积、残积的交替沉积。在冰期结束后，这一地区气候变暖，降水量较多，宜于农业、饲养业的发展。从环境特征看，兴隆洼文化属于凉湿、温湿环境，富河文化和小河沿文化属于温湿环境，总体上比较温暖湿润，草原、森林宜于生长，还有众多的河流、湖泊、沼泽等。从发现的文化遗址看，多数位于河流的二级台地，有农业遗迹，饲养业和狩猎业的比重较大。到小河沿文化时期，农业占绝对优势，说明这里处于农、林、牧交错地带，适宜多种原始经济的发展。

新石器时代的内蒙古中南部地区，气候比现在湿润，河流和湖泊分布较广，便于农业的开发，形成典型的农区，其间还形成农、牧交错地带。由于地处中国北方季风区的尾闾，是东南季风、西南季风和西风环流交互影响的地区，气候变化十分敏感，生态环境逊于东南部地区。在白泥窑文化、庙子沟文化时期，黄河以东的低山丘陵地区至岱海盆地，以森林草原、灌丛草原为特色，有利于初期农业的发展。黄河以西以南、东部的丘陵地区以温湿为特色，河谷各阶地更有利于初期农业的发展。在西部高原地区和黄河以北的山前台地，以暖干为特征，虽不利于初期农业的发展，但也具有初期农业的规模。老虎山文化和永兴店文化时期，环境条件的干湿与冷暖变化，在有利于农业发展的同时，必然更有利于牧业的发展，形成典型的农、牧交错地带。

新石器时代的北方地区的古人类普遍过着定居的生活，农业生产工具的进步，制陶术的发明和发展，动物的驯养，标志着原始农业已经非常发达。虽然有从事牧业的生态环境，但还没有出现真正的牧业生产，只是在农业和狩猎业的基础上，驯化了猪、牛、羊、鸡、狗、马等动物，开始了牲畜和家禽数量有限的饲养业。因此，北方及西北游牧兼事渔猎的生态文化区（至少可以说北方地区）并非在新石器时代形成，在原始农业比较发达的情况下，采集、狩猎、捕鱼只是作为经济的一种补充形式，个别文化中所占的比重较大。

二　草原生态环境的形成

在距今 3800 年前至 3300 年前，以今内蒙古自治区赤峰地区为中心，东至辽宁省西部，南达京津地区，西到河北省张家口市以东，北抵西拉木伦河流域的广大地区，分布着夏家店下层文化（相当于夏代晚期至商代早期），为北方地区的早期青铜文化。由于新石器时代晚期，气候逐渐变冷变干，到夏家店下层文化时期，气候更加干寒，但从文化内涵和经济类型看，仍然以农业为主，可能存在着农牧交错的状况，即牧业处于萌芽状态。

西周至春秋中期，分布于该地区的夏家店上层文化，揭示了当时的生态环境和经济类型。这一地区属于西辽河流域，处于太平洋季风区，虽然纬度偏高，但在降温的同时，夏季太平洋季风带南移，致使降水量增多，比同期的西部地区气候条件较好，形成水草丰美的草原环境，打破了以往的农业经济格局。从文化内涵看，陶器和农业工具制作粗糙，发现的居住遗迹呈半地穴式，筑造不讲究，数量少。器物装饰图案多出现草原上常见的动物纹样，并且出土带倒刺的马衔。说明这一时期虽经营农业，但属于粗放式的开发，牧业已经居为社会经济的主业。马的驯服，又表明开始了游牧式的生活，反映了该地区呈现草原生态环境。

内蒙古自治区中南部、陕西省北部、山西省西北部，地处黄土高原的北部边缘，夏代至商代时期，气候也趋于寒冷、干旱，这在内蒙古自治区伊金霍洛旗朱开沟文化遗址[14]中得到证实。这一遗址共分五个阶段，相当于新石器时代晚期、夏代早中晚三期、早商时期。

依据环境考古学方法，从各阶段文化层中提取的孢粉分析测定看，朱开沟遗址第一阶段的木本花粉很少，主要是草本花粉，蒿、藜花粉占全部花粉的 50% 左右；第二阶段的木本花粉中出现了少量的胡桃和漆树等阔叶林木，草本蒿、藜花粉增多，占70%以上；第三阶段的草本蒿、藜花粉继续增多，占90%以上；第四阶段的木本花粉中出现了耐寒的云杉、桦、榆等，以松、桦针阔叶混交林为主；第五阶段的木本以松、杉针叶林为主，草本蒿、藜花粉约占93%。从以上的孢粉测定结果和根据该地区全新世植被变化而复原的降水量曲线看，朱开沟文化第一阶段以灌木、草本植物为主，还有乔木，年降水量在600毫米以上，气温适宜，为森林草原景观，是宜于农业发展的最佳时期。第二、三阶段，乔木减少，以灌木和草本植物为多数，年降水量在450~600毫米之间，气候较前段偏干、冷，属于灌木草原景观，仍然宜于农业的高度发展。第五阶段，木本以耐寒的松、杉为主，草本多为耐干旱的蒿、藜植物，可看出气候逐渐向冷干发展，植被已接近典型的草原景观。在这种条件下，农业经济已无法保障人类的生存，畜牧业经济则在新的生态环境下愈来愈表现出顽强的生命力和优越性（图6）。

图6　草原环境

纵观北方地区，由于气候的波动变化，草原生态、森林生态、农田生态相互交替，或者合二为一，牧业经济虽然在新石器时代晚期有所萌芽，到夏代晚期才开始了初期的发展。早商或稍早时期，以朱开沟文化为中心的鄂尔多斯地区率先形成典型的草原生态环境，完成了由农业经济向牧业经济的转变过程，存在一定时期的有固定范围的牧业生产和生活。西周以后，随着马的驯服和草原生态环境的最后形成，迅速转变为游牧式的生产和生活方式，创造了游牧式的民族文化，包括具有区域性、民族性特色的饮食文化。

三　游牧式饮食文化出现的历史背景

只有游牧民族诞生以后，才能形成游牧式的饮食文化。其出现的历史背景分为两个方面，即自然历史背景和社会历史背景。自然历史背景就是生态环境的变迁，对游牧式饮食文化的产生起了很大的作用。北方地区的原始时期，先以采集、狩猎、捕鱼为生，后又从事原始农业生产，兼营采集、狩猎、饲养等业，饮食文化与当时的主业成正比关系。当气候条件和地理环境不再适应农业经济的发展时，牧业经济迅速代替其主导地位，饮食文化也随之向畜牧——游牧式特点转变，从而产生了游牧式的饮食文化。

社会历史背景是从人类历史发展的角度去看，人类为了生存，必然要解决生活来源。马克思说过："人们为了能够'创造历史'，必须能够生活。但是为了生活，首先就需要衣、食、住以及其它东西。因此第一个历史活动就是生产满足这些需要的资料，即生产物质生活本身。"[15]历史唯物主义认为："人们首先必须吃、喝、住、穿，然后才能从事政治、科学、艺术、宗教等等；所以，直接的物质的生活资料的生产，因而一个民族或一个时代的一定的经济发展阶段，便构成为基础……"[16]人类诞生后，首要的活动是如何寻找食物，然后才能从事其他活动，最后上升到精神文化领域。

中国北方地区从距今 50 万年前就开始有人类活动，并为饮食而从事简单的劳动。丰富的森林草原资源，使古人类的食物来源得到保证。大窑文化遗址⑰出土的哺乳动物化石有最后鬣狗、三门马、野驴、披毛犀、马、犀牛、肿骨鹿、斑鹿、马鹿、普氏羚羊、原始牛、野牛、兔、鼠，其中，鼠类出现的频率高，在原始生产力特别低下的时期，捕猎大型动物比较困难，需要耗费许多人力，把繁殖能力很强的鼠类小型动物作为捕猎的对象，既可省时节力，又可经常获取食物。因此，鼠类应为当时主要的食物来源。另外，在早期地层中，出土有肿骨鹿烧骨化石，说明这类大型动物也是食物的主要来源。茂密的森林草原，为采集植物的根、茎、果实提供了便利条件。

大窑古人类经过了一个"食草木之食，鸟兽之肉，饮其血，茹其毛"⑱的时代，刚开始食用生食，不利于人类体质的发展。在漫长的生产、生活实践中，古人类对火有了一个新的认识，一些自然现象（如雷电）引发大火，火后必有部分动物被烧死，植物被烤熟。古人类通过觅食烧熟的动植物，感到火在日常生活中的重要性，便引取自然火。随着开采石料和制造石器的过程中，燧石与燧石之间碰撞发生火花，有时火花落到干枯的植物纤维上就会引起火，于是就发明了人工取火的方法。火的发明和使用，对饮食文化的发展起了决定性的作用。

由于生产力的低下，自然生态环境决定了大窑古人类的狩猎和采集经济，完全靠攫取自然界的剩余能量来维持生活，生产工具为打制的粗笨石器，没有具体的饮食器。根据《礼记·礼运》记载："汙尊而抔饮，"有注说："汙尊，掘地为坎以盛水也；抔饮，以手掬而饮之也。"即在地上挖坑以储水，用双手捧水而饮用。但从饮食器的发展历史看，大约在旧石器时代晚期可能出现了简单的夹食器——树枝。

　　新石器时代文化遗址，都出土了数量较多的农业生产工具，以磨制石器为主，原始农业大致经历了刀耕火种、耜耕和犁耕三个阶段。根据出土的生产工具看，在距今7000年前，北方地区进入了耜耕农业阶段。农业的繁荣，直接推动了饲养业的发展。红山文化时期（距今5500年前）已驯养了猪、牛、羊，庙子沟文化遗存（距今5700年前）中出土有猪、狗、牛、羊的骨骼，说明已有了一定规模的饲养业，但饲养的牲畜数量不会太多。

　　在诸文化遗址中，几乎发现了狩猎工具和动物骨骼。狩猎工具有石球、石镞、刮削器、骨梗石刃器。从动物种类看，出土的骨骼多为鹿、狍，人类除食用外，还用肢骨和角制作工具。赵宝沟文化遗址[19]出土的野生动物骨骼有马鹿、斑鹿、狍、牛、貉、獾、鼢鼠、黄鼠等，这些兽类还有天鹅、雉等禽类，成为当时人类猎获的主要动物。

　　采集作为一种原始经济的主要手段，从内蒙古敖汉旗兴隆洼文化和赵宝沟文化遗址出土的胡桃果核看，这类植物较多，人类把富有营养的胡桃果核作为采集的食物。在一些遗址中，还出土有骨鱼镖、骨梗石刃鱼镖、骨鱼钩和蚌饰品，说明捕捞业在社会经济中占有一定的比例（图7）。

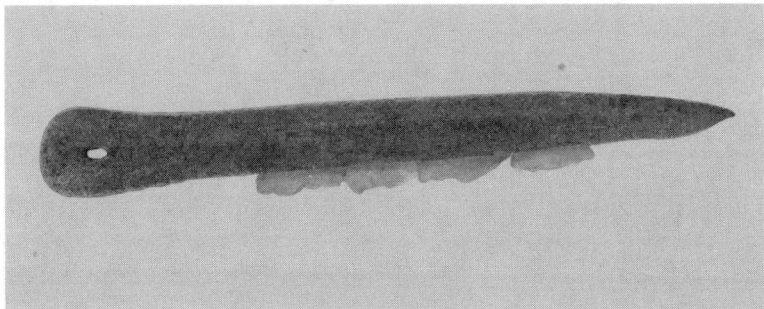

图7　骨梗石刃器　新石器时代

　　陶器的发明和烧制，出现了各种实用的饮食器具，分盛食器、进食器、炊煮器、饮水器、酒器和贮藏器，使人类摆脱了手捧进食方法。这些器物，有的器表装饰纹样，有的绘彩色纹样或制作成仿生器物，使饮食器具有原始艺术的表现形式。同时，饮食与礼俗、饮食与居住、饮食文化交流等方面的文化内涵都已存在，这都是以农业为主的群体所产生的饮食文化。

　　夏商时期，气候条件逐渐向干寒转变，在农业经济发展的同时，牧业经济开始出现，并有了初步的发展。朱开沟文化第二至四阶段遗址[20]，分别代表了夏代早、中、晚期的文化遗存。农业生产工具仍占多数，以磨制为主，砍伐农具的数量最多，说明农作物的种植面积不断扩大。收割农具多为直刃，加快了劳动效率。翻土农具的刃部宽，器体扁薄，提高了生产能力。在墓葬中随葬有数量较多的羊下颌骨、猪下颌骨，饲养业比较发达，其前提条件是农业经济的发展。当饲养业达到一定程度时，便开始向牧业经济发展。历史上有两种转向牧业经济的途径：其一，狩猎业特别发达，在一个地域内有适宜狩猎经济发展的自然环境，水草丰美，多禽兽，人类在长期的狩猎过程中，对某些动物的生活环境和特性有一定的认识，确定哪些动物可以驯化，哪些动物不可以驯化，逐步驯养了猪、狗、羊、牛、马，当这些家畜达到一定数量时，又有适宜的气候条件，便转向牧业经济；其二，农业经济非常发达，保障了饲养业的发展，当气候条件不再适合农业的发展时，便转向牧业经济。在内蒙古中南部、陕西北部、山西西北部正好具备了以上两个条件，在夏晚期牧业经济的比重明显增多。根据朱开沟文化第五阶段遗存出土的青铜刀、铜镞、铜短剑、铜鏊以及带鋬、耳的陶器看，牧业经济占有重要地位。同时，还出土有农业生产工具，说明农业仍然占很大比重，与牧业并驾齐驱，形成典型的半农半牧经济类型，饮食文化也开始带有与牧业经济相关的内涵。

西周至春秋中期，从夏家店上层文化㉑遗址看，出土的农业生产工具比较简陋，房址数量不多，筑造简单，甚至在远离房子的地方发现了地面灶，说明当时人类可能居住毡帐。内蒙古自治区克什克腾旗龙头山遗址㉒，除祭祀区外，居住区不见文化堆积，少见遗迹间的打破和叠压关系，证明当时人类在此居住时间不长，符合史书中关于游牧民族"逐水草而迁徙"的记载。内蒙古自治区宁城县小黑石沟墓葬㉓出土的青铜器，有大量适宜北方民族游牧、狩猎的生活用具和善于骑射征战的兵器及车马具。内蒙古自治区宁城县南山根墓葬㉔出土的带倒刺的青铜马衔，标志着当时马已被驯服，这一地区的文化载体至迟在西周晚期已进入游牧阶段，饮食文化也转变为游牧式的相关内涵。

第二节 草原生态环境和北方游牧民族饮食文化范式

在中国北方地区，早商或稍早时期（公元前 16 世纪）由于气候条件的变化，草原生态环境最后形成，使原来从事农业的群体开始转向从事牧业，这些群体构成了北方游牧民族的主体，创造了独具特色的饮食文化。商周时期，部落或部族分布林立，处于北方游牧民族的发生时期。其中，商代在内蒙古中南部、陕西北部、山西北部出现了鬼方、土方、呂方、林胡、楼烦等部落或部族，西周时期在内蒙古东南部、河北北部出现了山戎部族。这些部落或部族从事牧业生产，兼营农业，饮食文化具有农牧结合的特征。直到西周晚期，游牧民族的出现，产生了游牧式的饮食文化。

一 北方游牧民族饮食文化范式

早商或稍早时期，北方地区因气候的变化，形成了许多从事牧业经济的部落或部族，创造了相应的饮食文化。从西周晚期开始，出现了以牧业经济为主的游牧民族，形成了游牧式的饮食文化范式，其内涵包括了很多方面。

生计方式决定了北方游牧民族的饮食结构。西周至春秋中期，牧业经济占据主导地位，农业、狩猎、捕鱼、采集仍在社会经济中占有一定的比例。内蒙古自治区宁城县小黑石沟遗址㉕出土的青铜双联罐和青铜四联罐，装有肉食、瓜果、韭菜、野葱等食物，并发现甜瓜子，证明这个时期的民族已采集瓜果、野菜。饮食结构以肉食为主，配以农作物、野菜、瓜果等。这一范式被后代民族传承与发展。

饮食器的种类和装饰艺术，都与北方游牧民族的生存环境有关，适宜于游牧生活方式。如东胡系民族的青铜双联罐、六联豆，匈奴民族的青铜四系背壶、青铜刀，鲜卑民族的桦树皮罐、铜镀，契丹民族的仿皮囊陶瓷鸡冠壶（图8）、四系穿带瓶，蒙古民族的六耳铁锅、錾耳金杯、银碗、蒙古刀等，多用草原上常见的动物、植物作为器物的装饰。在绘画、音乐、舞蹈方面，饮食作为重要的内容出现，如契丹族的墓葬壁画，直接反映了生计方式，以及备食、进食、宴饮、茶道等饮食的场面，尤其以野外宴饮最具民族特色。契丹在举行重大典礼仪式时，参加者在宴饮的同时，可以欣赏美妙的音乐和快乐的歌舞。

军事、法律、政策，与诸民族的生活来源有关。在遇到自然灾害时，必然南下中原，掠取必需的生活资料。如匈奴民族几次发生风灾雨雪、严寒旱疫，造成牲畜大量死亡，人民饥饿困死，在这种情况下，必然要对中原王朝及周边民族发动战争，以解决饮食来源。同时，诸民族以习惯法和建立政权后的法律形式，保护各种经济的发展，确保饮食来源的丰足。

居所可以反映饮食团体的稳定性与聚餐形式。北方游牧民族随"水草迁徙"，以毡帐为居住形式，过着游而不定的生活，大的饮食团体不稳定，在毡帐内架火炊煮，围火进食。有的民族建

图 8　绿釉鸡冠壶　辽

立政权后，仿汉制筑造城池，城内要留出大片空地，搭盖毡帐居住。只有皇亲贵族的宫府生活，饮食团体才趋于稳定，但仍然摆脱不了游牧式的居住形式。以地窖、冰窖贮藏食物，或把奶食、肉食制作成干货，便于游牧时携带。对于饮食卫生和保健，有一套自己的理论，饮食结构的合理配置、按时令牧畜、食前后的卫生习惯等，都显示出诸民族的超强能力。

在礼俗上，北方游牧民族形成各自的饮食风俗，具体表现于人生礼俗、岁时节庆、人际交往、宗教祭祀等方面。如契丹族的婚姻、丧葬、祭祀、节日、娱乐、宗教信仰、宫廷礼仪等，食物、器皿、宴饮等贯穿于各种礼俗的过程中。尤其是进酒、行酒、饮酒的饮食行为，无不渗透到契丹民族的礼仪之中。

北方游牧民族以牛、羊、马、驼牧畜和鹿、狍等野生动物的乳、肉为饮食特色，还有野菜、干果等副食品，通过朝贡、赏赐、联姻、榷场等形式，与周边民族和中原地区进行交流。最大的交流对象是中原地区，可以换取农作物和饮食器，并吸收汉式的饮食风俗。如突厥民族"自俟斤以来，其国富强，有凌轹中夏之志。朝廷既与之和亲，发给缯絮、锦彩十万段。突厥在京师者，又待以优礼，衣锦食肉，常以千数。齐人惧其寇掠，亦倾府藏以给之。……建德二年（公元 573 年），他钵遣使献马。"⑳描述了突厥与北齐、北周的饮食文化交流状况。

北方游牧民族饮食文化范式，就是与游牧经济相关的饮食结构、饮食器具、饮食相关政策、饮食卫生保健、饮食礼俗、饮食文化交流等，其核心为乳肉组合的饮食结构，并衍生出一系列的饮食文化内涵，这一范式迄今仍为该地区蒙古民族所继承。

二　草原生态环境的变迁对北方游牧民族饮食文化的影响

北方游牧民族在获取饮食资料，开发经济的过程中，又保护了生态环境，随季节移动，本质上就是对草地利用的经济上的选择。牧人对放牧地区的选择与自然的变化紧紧联系在一起，他们对所生活的草原中的草地形状、性质、草的长势、水利等具有敏锐的观察力。公元前 16 世纪，气候变化原因导致了典型的草原生态环境的形成。但是，草原生态环境不是一成不变，由于自然条件和社会人为因素，造成草原退化、沙化和能量流失的现象，从而影响了诸民族传统的饮食文化。

秦始皇统一六国后，深感北方匈奴构成了很大的威胁。公元前 214 年，派大将蒙恬率 30 万大军北击匈奴，占领了今内蒙古境内的黄河以南地区。次年，又越过黄河，占据了阴山以南的匈奴地界，派兵屯戍。随后修筑长城，置云中（治所在今内蒙古自治区托克托县）、九原（治所在今内蒙古自治区乌拉特前旗）、雁门（治所在今山西省右玉县南）、上郡（治所在今陕西省榆林市东南）、上谷（治所在今河北省怀来县东南）、渔阳（治所在今北京市密云区西南）、右北平（治所在今内蒙古自治区宁城县西）、辽西（治所在今辽宁省义县西）八郡，对长城沿线地区进行开发。西汉时期，经过一系列的战争，汉王朝修缮旧长城，筑造新长城，从西到东设置张掖（治所在今甘肃省张掖市）、朔方（治所在今内蒙古自治区磴口县）、五原（原九原郡）、云中、定襄（治所在今内蒙古自治区和林格尔县）、西河（治所在今内蒙古自治区杭锦旗）、上郡、渔阳、右北平十一郡，并从中原地区迁徙大量的农业人口到这些郡垦田种地，破坏了原有的草原生态，对匈奴的饮食文化有着一定的冲击。

鲜卑从大兴安岭南迁至今呼和浩特地区后，在今和林格尔县北先后建立了代和北魏政权。该地区因在历史上就已被开发为农业区或半农半牧区，加之靠近中原农业区的北端，受其影响也开始逐渐把草原地带开垦为农田。如北魏建立之初，拓跋珪在都城盛乐（治所在今内蒙古自治区和林格尔县北）附近"息众课农"，又在边塞进行屯田，还把内地的居民迁入盛乐附近从事农业生产。突厥占据草原地区时期，由于阴山以南的黄河流域地带土地肥沃，又有垦殖的历史，唐朝为了对突厥加强管理，在漠南地设置都督府、都护府，就有可能把农业生产技术带入突厥地，在该地区进行农业生产。这些对原本是牧区的农业开发，在一定程度上影响了鲜卑、突厥等游牧民族传统的饮食文化。

辽代契丹民族统治草原地区时期，内蒙古黄河沿岸、岱海盆地，山西省北部，河北省北部，东北平原的西部，土地肥沃，便于灌溉。统治者把内地从事农业的人口迁徙此地，变草原为耕地，发展农业经济。契丹的发源地西辽河流域，地处燕山山脉和大兴安岭山脉的夹角地带，是衔接华北平原、东北平原和蒙古高原的三角区域，"负山抱海"、"地沃宜耕植，水草便畜牧"，加之山峦叠伏，草木茂盛，河湖交错，有着十分优越的农、林、牧、副、渔多种经济资源。上京临潢府（治所在今内蒙古自治区巴林左旗东）与松辽平原接壤，又有众多的河流、湖泊，开发利用这里的肥土沃野，"地宜耕种"，发展农业经济。在牧区开发土地资源，垦田种地，形成半农半牧的地区，出现以农养牧、以牧带农的景象。辽代还在今海拉尔河、石勒喀河、克鲁伦河流域的水草丰美之地，开垦耕种，使其农业经济非常发达。这些原生的自然条件和变牧为农的开发，对契丹族饮食文化有一定的影响，食物结构出现了米、面、肉、乳兼容的局面。

　　元明时期，继续对水草丰美的地区开垦种地，造成了一定程度的草原生态的破坏。此前的几次开发，多为中原地区农耕民族的自发迁徙或政府的局部迁徙，人口数量有限，开垦的草原面积较小，被破坏的草原生态会很快恢复。根据我国气候史研究成果，历史上曾发生四个寒冷期，即公元前 1000 年（夏家店上层文化初期）、公元 400 年（十六国末期）、公元 1200 年（金代中晚期）、公元 1700 年（清代前期）。这四个寒冷期影响了草原生态环境的良性循环，出现草原退化、沙化现象。气候回升到温暖期后，草原植被又会恢复，基本上没有造成太大的破坏，因而对饮食文化影响的幅度较小。

　　清朝晚期至民国时期实行的开放蒙荒和蒙地放垦政策，使内地农耕民族大量涌入内蒙古地区，在荒地、牧场上开田种地，严重地破坏了草原植被，生态失衡、水土流失、空气干燥、降水量减少、无霜期缩短等现象，引起大面积的草原沙化。其严重后果是水土流失逐年加剧，降水量普遍减少，风沙天气增多，自然灾害频繁发生，草原退化及能量流失。以至于"历史上被匈奴贵族赫连勃勃选作大夏国都城的统万城不见了；西汉中叶以后穿过昆仑山北麓和天山南麓的南北两道中外闻名的丝绸之路不见了；一千多年前丰美无比的鄂尔多斯大草原不见了……"[27]蒙古族土默特部传统的饮食文化不见了，所处地已是一片农田，无法联想到"天苍苍，野茫茫，风吹草低见牛羊"的历史自然景观。饮食文化几乎全部汉化，蒙古族"农重于牧，操作也如汉人"了。其他蒙古族诸部也因生态的变迁，传统的饮食文化正在弱化和消失。

北方游牧民族所居处的草原地区，从 50 万年前有人类以来，气候温暖湿润，呈现森林草原生态，古人类因生产能力低下，从事狩猎和采集经济，饮食文化处于初创阶段。到 1 万年前，由于有着适宜的气候条件，古人类在劳动实践中发明了原始农业，并逐渐成为主业，饮食文化也逐渐丰富起来。进入夏末商初，气候开始向干寒转变，草原生态日趋占据了本地的大部分地区，经济类型也由农业向畜牧业过渡，最后变为主业。从此，北方游牧民族形成独特的饮食文化内涵，并与草原生态环境互动发展。在历史的发展过程中，随着自然现象的变化和人为因素的影响，草原生态环境也在发生着变化，使北方游牧民族传统的饮食文化或多或少地受到直接的冲击。

① 文物编辑委员会：《文物考古工作三十年》，文物出版社，1979 年。

② 马克思、恩格斯：《德意志意识形态》，《马克思恩格斯选集》第三卷，第 43 页，人民出版社，1972 年。

③ 芮逸夫主编：《云五社会科学大辞典·人类学》，第 294 页，商务印书馆，1972 年。

④ 谢继昌：《文化生态学——文化人类学中的生态研究》，《文化人类学选读》，第 63 页，食货出版社，1980 年。

⑤ Julian H. . Steward：Theory of Culture Change：The Methodology of Multilinear.

⑥ 内蒙古博物馆、内蒙古文物工作队：《呼和浩特市东郊旧石器时代石器制造场发掘报告》，《文物》1977 年第 5 期；汪宇平：《呼和浩特市大窑村四道沟东区旧石器时代石器制造场 1983 年发掘报告》，《史前研究》1987 年第 2 期。

⑦ 汪宇平：《伊盟萨拉乌苏河考古调查简报》，《文物参考资料》1957 年第 4 期；《内蒙古伊盟南部旧石器时代文化的新收获》，《考古》1961 年第 10 期。

⑧ 李荣：《鄂尔多斯远古史初探》，《鄂尔多斯文物考古文集》，第 23 页，1978 年。

⑨ 同⑧

⑩ 同⑧

⑪ 扎赉诺尔考查小组：《扎赉诺尔第四纪地质新知》，《东北地质科技情报》1976年第1期。

⑫ 郭治中：《内蒙古东部地区新石器——青铜时代的考古发现与研究》，《内蒙古文物考古文集》第二辑，第13~23页，中国大百科全书出版社，1997年。

⑬ 魏坚、崔璇：《内蒙古中南部原始文化的发展与研究》，《内蒙古文物考古文集》第一辑，第125~143页，中国大百科全书出版社，1994年。

⑭ 内蒙古自治区文物考古研究所、鄂尔多斯博物馆：《朱开沟——青铜时代早期遗址发掘报告》，文物出版社，2000年。

⑮ 《马克思恩格斯选集》第一卷，第32页，人民出版社，1972年。

⑯ 《马克思恩格斯选集》第三卷，第574页，人民出版社，1972年。

⑰ 汪宇平：《呼和浩特市大窑村南山四道沟东区旧石器时代石器制造场1983年发掘报告》，《史前研究》1987年第2期。

⑱ 《礼记·礼运》。

⑲ 中国社会科学院考古研究所：《敖汉赵宝沟——新石器时代聚落》，中国大百科全书出版社，1997年。

⑳ 内蒙古自治区文物考古研究所、鄂尔多斯博物馆：《朱开沟——青铜时代早期遗址发掘报告》，文物出版社，2000年。

㉑ 夏家店上层文化主要分布于内蒙古赤峰市、通辽市、辽宁省朝阳市、河北省承德市，是西周至春秋中期最具代表性的考古学文化，以北方青铜系为特征，牧业在社会经济中占主导地位。

㉒ 内蒙古自治区文物考古研究所：《内蒙古克什克腾旗龙头山遗址第一、二次发掘简报》，《考古》1991年第8期。

㉓ 项春松、李义：《宁城县小黑石沟石椁墓调查清理报告》，《文物》1995年第5期。

㉔ 中国社会科学院考古研究所内蒙古工作队：《宁城南山根的石椁墓》，《考古学报》1973年第2期。

㉕ 项春松、李义：《宁城县小黑石沟石椁墓调查清理报告》，《文物》1995年第5期。

㉖ ［唐］李延寿撰：《北史》卷九九《突厥传》，中华书局，1974年标点本。

㉗ 何博传：《山坳上的中国》，第251~252页，贵州人民出版社，1989年。

第三章　北方游牧民族饮食文化与生计方式

　　"生计方式"指人类的谋生手段，这一概念不仅能明确地标示出人类社会经济活动的方向，同时也能容纳社会经济的发展水平[①]。北方游牧民族虽然一直以牧业经济为主，但不是单一的经济类型，采集、狩猎、捕捞始终作为社会经济的补充，有的经济类型在某个民族或某一时期内所占的比重很大。农业经济一方面继承了原始的耕作方式，另一方面由于中原农耕民族的迁入带来先进的农耕技术和种子，在某些民族的社会经济中居主导地位，甚至与牧业经济并驾齐驱。不同的经济类型导致了饮食文化内涵的差异，也使诸民族的饮食构成多元的来源。

第一节　生计方式中的经济类型

　　北方游牧民族由于草原生态环境，造就了畜牧业在社会经济中的命脉地位，给人们提供了主要的生活来源，"食肉饮酪"的饮食习惯一直贯穿于诸民族的历史发展过程。从生计方式看，类型不是单一的，还有采集、狩猎、捕捞、农耕、手工业等，有的与牧业居同等重要的地位。

一　牧业经济的发展脉络

公元前16世纪，内蒙古中南部、陕西北部、山西北部由于气候条件的变化，植被向典型草原演变，牧业逐渐发展起来。根据内蒙古自治区伊金霍洛旗朱开沟文化第五阶段遗址②出土的青铜刀（图9）、铜镞、铜短剑、铜鍪等器物看，牧业经济已经有了初期的规模。到夏家店上层文化时期（相当于西周至春秋时期），分布于内蒙古东南部、河北北部、辽宁西部的山戎，已开始"逐水草而迁徙"，牧业经济得到迅速发展。内蒙古自治区宁城县小黑石沟墓葬③出土了游牧生活方式的生活用具和骑射征战的车马具，还发现了数量较多的牛、马、羊骨骼，说明了牧业经济已居于主导地位。

图9　环首青铜刀　早商

东胡民族的牧业经济，在考古遗迹和史籍记载中可以反映出来。辽宁省朝阳市十二台营子墓葬④和锦西乌金塘墓地⑤出土有青铜马具，装饰品上多饰牛、马图案，还出土猪、狗、牛、羊、马的骨骼。《史记》卷一一〇《匈奴列传》曰："及冒顿以兵至，击，大破灭东胡王，而虏其民人及畜产。"东胡被匈奴击败后，损失大量的牛、马、羊而导致衰落。可见，牧业经济发展水平。

牧业是匈奴主要的生计方式，为了追逐丰美的水草，经常迁徙，过着游牧生活。在游牧过程中，赶着成群的牲畜一起迁徙，畜群是匈奴的主要财产。《史记》卷一一〇《匈奴列传》记载：

"其畜之所多则马、牛、羊。"在内蒙古自治区鄂尔多斯地区和蒙古国匈奴墓葬中，普遍发现了马、牛、羊的骨骼，出土的器物多见马、牛、羊、驼的造型和装饰（图10）。从史籍中看，匈奴每进行一次战争，都要掳获大批牲畜，少则几十万，多则上百万头（只）。匈奴历史上发生的几次风灾雨雪、严寒旱疫，造成大批牲畜死亡，削弱了其强大的实力。这些都可证实牧业在匈奴社会经济中的基础地位。

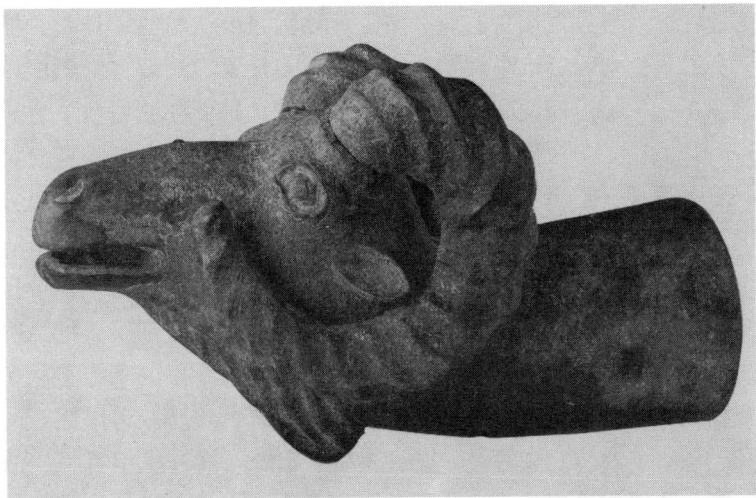

图10　盘角羊形青铜饰件　战国晚期

《后汉书》卷九〇《乌桓传》记载："俗善骑射，弋猎禽兽为事。随水草放牧，居无常处。""大人以下，各自畜牧营产，不相徭役。"点明了乌桓牧业经济的主体地位。辽宁省西丰县西岔沟墓葬⑥出土的铜饰牌上，有双牛、双羊、双驼、犬马等图案，还有殉葬马牙、牛牙的现象。乌桓无论是婚姻嫁娶、丧葬、祭祀、犯罪赎死，还是军事掠夺、贡赋纳税、朝贡等，都要用牛、马、羊作物品，可以看出乌桓牧业经济的重要性。

  《魏书》卷一《序纪》记载："国有大鲜卑山，因以为号。其后，世为君长，统幽都之北，广漠之野，畜牧迁徙，射猎为业。"拓跋鲜卑从大兴安岭北端迁徙到今呼伦湖畔以后，牧业经济逐渐繁盛起来。随着势力的不断壮大，在东汉时期逐步向南迁徙，占据了匈奴故地，给发展牧业经济提供了便利条件。内蒙古自治区巴林左旗南杨家营子墓葬[7]和察右后旗三道湾墓葬[8]，发现有用马、牛、羊殉葬的现象，出土了马纹金饰牌、驼纹金饰牌等，说明了鲜卑牧业经济的发展状况。鲜卑拓跋部迁徙到阴山以南地区后，继续发展畜牧业。拓跋什翼犍曾说他的部民只能"捕六畜，善骑射，逐水草。"[9]公元376年，什翼犍兵败逃到阴山以北，不久被迫返回漠南，主要原因就是阴山以北不能畜牧。公元395年，拓跋珪为了回避后燕的进攻，"乃尽徙部落和牲畜西渡黄河千余里。"[10]公元415年，平城（故城在今山西省大同市东北）旱灾，秋谷不登，太史令王亮等劝明元帝迁都邺城，大臣崔浩说：等到明春草生，乳酪将陆续出产，兼有蔬菜、果品，足可接济至来秋[11]。拓跋焘称帝时期，曾征服漠北的高车部落，把降服的高车部民迁至漠南，在沿长城、阴山一带数千里的草原上从事畜牧业，并派官监督管理，征收贡赋，使北魏政府获得了无数的马、牛、羊及毡、皮等[12]。拓跋焘在平定统万城（大夏都城，故城在今陕西省靖边县北）之后，因河西水草丰盛，遂把该地划为牧场，"养马二百余万匹，驼一百余万头，牛羊无数。"[13]由此而见，鲜卑牧业经济的繁盛状况（图11）。

  《魏书》卷一〇三《高车传》记载："其畜产自有记识，虽阑纵在野，终无妄取。……其迁徙随水草，衣皮食肉，牛羊畜产尽与蠕蠕同，惟车轮高大，辐数至多。""乘高车、逐水草，畜牧蕃息。"柔然与敕勒一样，也为"随水草畜牧"，以至"马畜丁肥，种众殷盛。"[14]

  《隋书》卷八四《突厥传》曰："其俗畜牧为事，随逐水草，

图 11　陶牛　北魏

不恒厥处。"指出了突厥畜牧业的主导地位。西魏恭帝三年（公元556年），突厥木杆可汗一次赠给史宁个人的牲畜就有马五百匹，羊一万只。隋文帝开皇八年（公元588年），突厥部落酋长一次向隋朝贡马万匹，羊二万只，驼、牛各五百头。开皇十九年（公元599年），突厥启民可汗自言：突厥人的羊马，遍满山谷⑮。遇到自然灾害时，"频年大雪，六畜多死，国中大馁。"⑯使其政权忽强忽弱、骤兴骤衰，正如唐朝使臣郑元璹所说："突厥兴亡，唯以羊马为准。"⑰《新唐书》卷二一七《回鹘传》上记载："其人骁强，初无酋长，逐水草转徙，善骑射，喜盗钞。""地碛卤，畜多大足羊。"回鹘在与唐朝的互市中，动辄用数万匹马交换绢帛。回鹘可汗迎娶唐室公主时，常以成千上万的马和骆驼为聘礼。唐代宗宝应元年（公元762年），回鹘登里可汗拟入侵唐境，"有羊马不知其数"。可见，突厥与回鹘牧业经济的发展状况。

　　畜牧业是契丹民族社会经济的主要类型。《北史》卷九四《契丹传》记载："逐寒暑，随水草畜牧。"公元553年，北齐文宣帝率兵讨伐契丹，掳掠杂畜数十万头。"契丹旧俗，其富为马，其强以兵，纵马千野，驰兵于民。……马逐水草，人仰湩酪。"⑱说的就是契丹主要依靠马、牛、羊等牲畜而富国强兵。辽太祖之妻述律皇后曾说："吾有西楼羊马之畜，其乐不可胜穷。"⑲耶律阿保机在征伐河东地区及女真族时，曾夺取驼马牛羊十余万、马二十余万，分散牧于水草丰盛之地，在漠南、漠北、西路、浑河都有牧地。辽太宗即位后，"阅群牧与近郊"。使辽代"自太祖及兴宗垂二百年，群牧之盛如一日。"⑳天祚帝时，"马犹有数万群，每群不下千匹。"㉑到天祚帝末年，"累与金战，番汉战马损十六七，虽增价数倍，竟无所买，乃冒法买官马从军。诸群牧私卖日多，畋猎不足用，遂为金所败。"㉒说明契丹以牧业为生，一旦失去赖以生存的牲畜，会亡国灭朝。

在内蒙古东部地区、辽宁西部地区的辽代墓葬中，出土大量的马鞍具，早期的墓葬多见杀牲殉葬的现象，中期以后政府屡下禁令，遏止杀牲祭祀，保护牧业经济的发展。在许多辽墓壁画中，绘有马的形象和放牧场面。如内蒙古自治区克什克腾旗二八地1号辽墓㉓，石棺内壁右侧绘"契丹族草原放牧图"，全画由马、牛、羊群组成一牧群，由一契丹放牧人持鞭放牧，以远景的山岗、近景的小道及柳树为衬托，生动地反映了契丹牧业经济的盛况（图12）。

在西夏的领域内，包括今敦煌、酒泉、张掖、武威等地在内的河西陇右地区，一直是有名的牧区，盛产良马。横山以北和右厢河西走廊地带旷野极多，成为适宜于发展畜牧业的区域。党项牧民的牲畜以羊、马、牛、橐驼为大宗，也是其对外交换的主要产品。

蒙古族的畜牧业有着悠久的历史，蒙古族先祖居住在额尔古纳河流域时，就已利用这里的丰美水草，发展畜牧业经济。辽金时期，蒙古诸部分布于整个北方草原地区，在优良的牧场上经营

图12　内蒙古自治区克什克腾旗二八地1号辽墓石棺画契丹人草原放牧图　辽

牧业生产，"鞑国地丰水草，宜羊马，"[24]"地无木植惟荒草"，"到此令人放马牛"。[25]随着蒙古族势力的不断壮大，畜牧业在其经济生活中的作用越来越大，逐步居于主导地位。生活的根本来源，"全部财产皆在于是"，"家畜且供给其一切需要"。[26]畜种更加齐备，"家畜为骆驼牛羊山羊，尤多马。"[27]《黑鞑事略》也称："其畜牛马犬羊橐驼。"牲畜数量和种类的增加，使蒙古族的畜牧业具有相当规模，呈现出"千百成群"的繁荣景象。如成吉思汗八世祖母莫挐伦（约公元10世纪后半叶）一家，"畜牧饶富……牲畜遍野。"[28]10世纪后半叶，"札刺亦儿部……以车为阑，每一千车为一库伦，共有库伦七十。"[29]以一车一畜推算，札刺亦儿部有牲畜七万余头。

"畜养马群为鞑靼部族经济之要源，"[30]马既是生产资料，又是生活资料，也是游牧、狩猎和征战的必备乘骑。成吉思汗时期，养马业有了显著的发展，"头目人骑一马，又有五、六匹或三、四匹自随，常以准备缓急。"[31]养牛、养羊也在蒙古族经济生活中起重要作用，"牧而庖者以羊为常，牛次之。"[32]"彼国中有一马者必有六、七羊，谓如有百马者，必有六、七百羊群也。"[33]在蒙古诸部中还拥有一定数量的骆驼，成吉思汗征服西夏，"多得了骆驼"。公元1227年，成吉思汗在征西夏的过程中，"望见

穆纳山咀（今内蒙古自治区乌拉山），降旨道：'丧乱之世，可以
隐遁；太平之世，可以驻牧。当在此猎捕麋鹿，以游豫晚
年。'"[34]说明乌拉山一带在当年是放牧的良好场所。

蒙古族畜牧业的发展与当时的游牧方法、养畜方法、驯畜保
护、草畜管理、草场选择等均有很大的关系，这都是蒙古族在长
期的畜牧实践中总结出来的，使牲畜数量呈上增趋势。元朝建立
后，继续扩大牧场面积，增加牲畜数量，使个别牧场上官有母羊
达三十万只。忙兀部领主自称有马"群连郊坰"，弘吉剌部一个
陪臣牧养"马牛羊累巨万"。

元朝灭亡后，北方草原地区与中原地区的经济联系突然中
断，畜牧业就更显得重要了，一切衣、食、住、行都依赖它。明
朝中后期，畜牧业得到了较快的恢复和发展，大小封建领主拥有
越来越多的牲畜，俺答汗有马四十万匹，骆驼、牛、羊以百万
数，其他一些大封建主也有几十万头（只）牲畜。公元1388年，
蒙古鞑靼部与明朝军队决战，损失牲畜达十万余头。公元1582
年以后，宣府、大同和山西三镇每年易马五万匹以上。公元1587
年，察哈尔的阿穆岱洪台吉拜谒三世达赖喇嘛时，呈献"金银币
帛等物，驼马皆以万计。"清初，清政府出于统治上的需要，在
蒙古地区划地建旗，客观上解决了牧业生产发展上最至关重要的
牧地范围的固定和合理使用牧场的问题。清朝皇室、政府、旗札
萨克、寺庙分别设有牧厂，乾隆二十五年（公元1760年），仅商
都达布逊诺尔、达里冈崖两牧厂就有马、牛、驼、羊五十余万头
（只）。可见，蒙古族历经十多个世纪的发展，畜牧业经济一直兴
盛不衰，成为生活资料的主要来源。（图13）

二　采集、渔猎经济在历史发展过程中的地位

在中国北方地区，当牧业经济出现并发展起来以后，采集与

图 13　蒙古族放牧场景

渔猎经济并未消失，而是利用天然的草原和森林资源，作为生计方式中的又一经济类型。从夏家店上层文化遗址中，可以看到采集和狩猎工具，如铜镞、骨角器等，还出土有野猪、鹿、狍、兔的骨骼。内蒙古自治区宁城县南山根 101 号石椁墓[37]出土一件刻纹骨板，刻有两辆前后排列的单辕、双轮、长方形车厢的双马车，车前立一手持弓箭的男子，欲射奔跑的马鹿，车间有两只猎犬。反映了山戎狩猎的生动场面。

　　东胡的渔猎经济比较发达。辽宁省十二台营子墓葬[38]出土的装饰品上，多见鹿、虎、熊等图案，还出土铜鱼钩、石网坠，采用渔猎方式来增加生活资料。

　　《史记》卷一一○《匈奴列传》曰："儿能骑羊，引弓射鸟鼠；少长则射狐兔；用为食。"又说："其俗，宽则随畜，因射猎禽兽为生业。"指出了狩猎为匈奴日常生活的活动之一。《汉书》卷五四《苏武传》记载："单于弟于靬王弋射海上（今贝加尔湖），武能网纺缴，檠弓弩，于靬王爱之，给其衣食。"公元前43年，匈奴呼韩邪单于已经归汉，因"塞下禽兽尽，射猎无所得"[39]的原因，打算北归漠北。在一些场合中，狩猎往往与出征结合进行，如公元前78年、前68年、前60年，匈奴数万骑兵在边塞狩猎，同时进攻塞外亭障[40]。在匈奴墓葬出土的金器、银器、铜器上，常见装饰有虎、狼、鹿、野猪、羚羊、禽类等动物图案，这些动物都是匈奴猎取的对象（图14）。

图14　虎纹青铜饰牌　战国晚期

《三国志·魏志》卷三〇《乌丸传》裴注引王沈《魏书》记载："俗善骑射，……日弋猎禽兽，食肉饮酪，以毛毳为衣。"辽宁省西丰县西岔沟墓葬[41]出土的铜饰牌上，有犬鹿、鹰虎和用各种兽角、兽首、兽足构成的图案，还装饰有骑士出猎的纹样。乌桓所处的地区，草原森林密布，野生动物出没其间，为狩猎提供了良好的条件。乌桓人善于射猎，平时以猎取禽兽为作业，捕猎的对象有鹿、黄羊、虎、豹、貂、飞禽等，在社会经济中占有重要的地位。

《后汉书》卷九〇《鲜卑传》记载："其言语习俗与乌桓同。

……又禽兽异于中国者，野马、原羊、角端牛，以角为弓，俗谓
之角端弓者。又有貂、豽、鼲子，毛皮柔蠕，故天下以为名裘。"
《魏书》卷一《序纪》曰："国有大鲜卑山，因以为号。其后，
世为君长，统幽都之北，广漠之野，畜牧迁徙，射猎为业。"《后
汉书》卷九〇《鲜卑传》曰："种众日多，田畜射猎不足给食，
檀石槐乃自徇行，见乌侯秦水广从数百里，水停不流，其中有
鱼，不能得之。闻倭人善网捕，于是东击倭人国，得千余家，徙
置秦水上，令捕鱼以助粮食。"内蒙古自治区鄂伦春族自治旗嘎
仙洞遗址[42]出土的细石器较多，类型有石镞、石矛、刮削器、尖
状器、石叶等，用以射猎和切割肉食。骨器的数量很多，类型有
镞、匕、骨板、锥、角锥、牙锥等，都是用狍、獐、鹿、野猪等
动物骨骼制作。还出土有狍、獐、鹿、犴、野猪、土豹、鼠类骨
骼，这些动物为早期鲜卑人猎取的主要对象。内蒙古自治区扎赉
诺尔墓葬[43]出土一件狩猎纹骨板，刻一猎人手持弓箭，追射奔跑
的鹿，猎人后面还有一只鹿（图15）。这些说明拓跋鲜卑的采集、
渔猎活动在南迁以前和南迁过程中占有重要的地位。在建立北魏

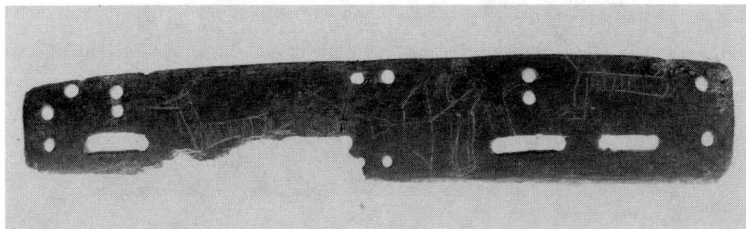

图15　狩猎纹骨板　东汉

政权后，仍然没有放弃狩猎业，来作为经济上的一种补充。内蒙
古自治区和林格尔县鸡鸣驿北魏壁画墓[44]的"狩猎图"，画面由
猎者、猎物、山川、树木组成，一猎人骑马追射奔跑的猛虎，河
流中有游动的鱼，从一个侧面反映了鲜卑的渔猎经济（图16）。

图 16　内蒙古自治区和林格尔县鸡鸣驿墓葬壁画狩猎图　北魏

　　敕勒和柔然的活动范围内，水草丰美，生存着许多野生动
物，猎取虎、狼、鹿、貂等。柔然经常向北魏和南朝政府贡献貂
皮、貂裘、豹皮、虎皮、狮皮等，可见狩猎业的重要性。

　　《北史》卷九九《突厥传》记载："随水草迁徙，以畜牧射猎为事，食肉饮酪，身衣裘褐。"《通典》卷一九八《突厥传》记载："突厥人徒稀少，不及唐家百分之一，所以能与为敌者，正以逐水草，居处无常，射猎为业，人皆习武。"突厥颉利可汗被唐朝擒获后，"郁郁不得志，与其家人或相对悲歌而泣。"唐太宗见其很沮丧，便任命他为出獠及其他野兽的虢州刺史，"纵其畋猎，庶不失其物性。"在蒙古国巴颜楚克图发现的突厥文《暾欲谷碑》上说："吾人时方居总材谷（阳山山谷）及黑沙。吾人居彼，以大兽、野兔自给，民众口食无缺。……此吾人之境况也。"内蒙古自治区苏尼特右旗布图木吉⑮发现的金蹀躞带上，錾刻骑马猎人张弓射猎奔跑雄狮的图案（图17）。说明突厥的狩猎业为社会经济的重要补充。回纥人"善骑射"，其首领菩萨"嗜猎射"，"常以战阵射猎为务"。回鹘地产貂、豹，向唐朝贡奉贵重的貂皮、豹皮。

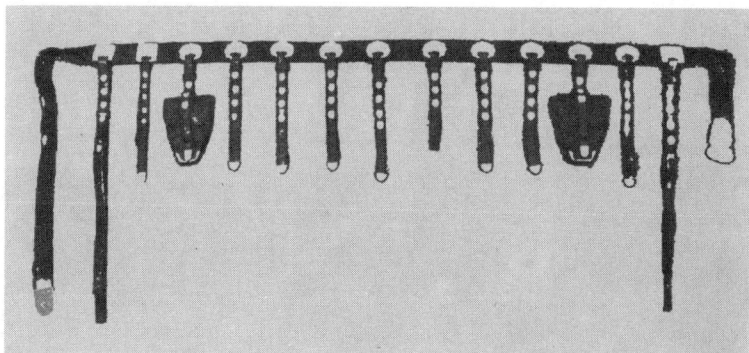

图17 狩猎纹金蹀躞带 唐

契丹的居住地，水草丰美，野生动物出没其间，为渔猎经济提供了便利条件。《辽史》卷三〇《营卫志》上记载："有事则以攻战为务，间暇则畋渔为生。"这种渔猎经济直到建国后仍然如此。在《辽史·本纪》中，多次提到历朝皇帝的渔猎活动，有

"猎寓乐山"、"射虎于乌剌邪里山"、"猎松山"、"渔于土河"、"猎炭山"、"呼鹿射之"、"获鹅于述古水"、"猎赤山"、"如混同江观渔"、"钩鱼于鸭子河"等记述，用渔猎物充军食或宴饮取乐或祭祀，并形成了四时捺钵[46]的定制，即春捺钵捕鹅、钓鱼，夏捺钵避暑障鹰，秋捺钵射虎、鹿，冬捺钵避寒出猎。如《辽史》卷四〇《地理志》记载皇帝在延芳淀春捺钵的情景，"改为县，在京（南京）东南九十里。延芳淀方数百里，春时鹅鹜所聚，夏秋多菱芡。国主春猎，卫士皆衣墨绿，各持连槌、鹰食、刺鹅锥，列水次，相去五七步。上风击鼓，惊鹅稍离水面。国主亲放海东青鹘擒之。鹅坠，恐鹘力不胜，在列者以佩锥刺鹅，急取其脑饲鹘。得头鹅者，例赏银绢。"这不仅是辽代皇帝的活动，也反映了契丹平民的经济活动。《辽史》卷六八《游幸表》记载："朔漠以畜牧射猎为业，犹汉人之劝农，生生资于是乎出。"宋人张舜民在《使辽录》中说："北人打围，一岁各处所，……如南人趁时耕种也。"内蒙古自治区巴林右旗辽庆陵壁画[47]中的四季山水图、库伦旗1号辽墓壁画[48]中的狩猎出行归来图、库伦旗6号辽墓壁画[49]中的出猎图（图18）等，都以绘画的形式反映了契丹族狩猎的生动场面。

狩猎和捕鱼，是大蒙古国和元朝时期蒙古诸部生活资料的补充，在有些部落内甚至居重要地位。森林部落主要从事狩猎业，近水部落兼事渔业，而草原游牧部落则定期被召征参加大汗和各级贵族的围猎。围猎通常在自秋至冬的五六个月中进行，春天冰雪融化时实行"飞放"，用放鹰隼的办法捕捉水禽和野兽。围猎时，属民都得参加，整治通道，布置围场，驱赶野兽，拾取主人射中的猎物。唐麓岭以北和贝加尔湖地区的林中居民，射猎貂、鹿、狍、犴等，巴儿忽和乞儿吉思部出产名贵的鹰鹘。靠近河湖的牧民兼营渔业，有的以"耕钓为业"。捕鱼儿海子（今贝尔湖）、答儿海子（今呼伦湖）和肇州都产鱼，有的鱼作为贡品。

图18　内蒙古自治区库伦旗6号辽墓壁画狩猎出行归来图　辽

漠北克鲁伦河、土拉河也产鱼，牧民"冬至可凿冰而捕"。至元二十六年（公元1289年），"边民乏食"，忽必烈"诏赐网罟，使取鱼自给。"⑩武宗时，西北叛王部民来归者百数十万，住在近水地带的人，政府供给鱼网捕鱼。内蒙古自治区赤峰市三眼井墓葬⑤的"出猎图"、"猎归图"，展示了蒙古贵族围猎的真实场景。明清时期，蒙古族仍然从事狩猎活动，分个人出猎和集体围猎，猎获的动物有黄羊、盘羊、野猪、野牛、野马、野驼、鹿、貂、虎、豹、狼、海狸、猞猁等。如明正统十年（公元1445年），也先部发生饥荒，派人到红崖子山（今内蒙古自治区赤峰市东北）围猎。靠近河湖地区的蒙古人，还从事捕鱼活动，以补充经济生活的不足。直到20世纪末，为了保护生态平衡，禁止打猎，这一作为经济补充的手段才退出历史舞台，采集活动也非常有限，不再是一种经济性质的活动了。

三　农业经济在主营牧业民族中的作用

北方游牧民族主营牧业经济后，农业经济并未消失，在有的民族社会经济发展中起着与牧业同等的作用。从内蒙古自治区伊金霍洛旗朱开沟文化第五阶段遗址[52]看，出土有农业生产工具和陶器，发现有固定的居住遗迹，说明农业经济仍很重要，形成半农半牧的经济类型。夏家店上层文化时期（西周晚期至春秋中期），陶器和农业生产工具虽然简单粗糙，毕竟代表着一个经济类型。在内蒙古自治区克什克腾旗龙头山遗址[53]，发现二十余座房址和百余个窖穴，在窖穴内还发现盛装炭化谷物的陶鬲，说明定居式的农业经济仍然存在。

匈奴的农业在战国时期就已出现，只是零星的种植。西汉以后，随着汉匈和亲局面的出现和双方的战争，农业生产技术和耕种者同时进入匈奴地区，农业才发展起来。在漠北匈奴墓葬[54]中，出土有农作物种子、谷物、农具和大型陶器。《史记》卷一一一《卫将军骠骑列传》记载："遂至寘颜山（今蒙古国杭爱山南部的支脉）赵信城，得匈奴积粟食军。"公元前89年，匈奴地区因连续下雨雪数日，"谷稼不孰"。公元前83年，汉代的降将卫律给单于献计，"穿井筑城，治楼以藏谷。"[55]因此，农业在匈奴社会经济中占有一定地位，而且是在游牧过程中进行。

《后汉书》卷九〇《乌桓鲜卑列传》记载："其土地宜穄（没有黏性的小米）及东墙（葵花子之类）。东墙似蓬草，实如穄子，至十月而熟。见鸟兽孕乳，以别四季。"《三国志·魏志》卷三〇《乌丸传》裴注引王沈《魏书》记载："俗识鸟兽孕乳，时以四节，耕种常用布谷鸟为候。地宜青穄、东墙，东墙似蓬草，实如穄子，至十月熟。"辽宁省西丰县西岔沟墓葬[56]出土铁斧、铁锛、铁镞、铁锄、石磨盘等农业生产工具，多来自于中原地区。乌桓人虽有农业，但在社会经济中不占主要地位，出现"米常仰中国"[57]的现象。曹魏时期，乌桓人活动于辽东、辽西、右北平等郡，与汉族接触的更加频繁，农业生产有了较大的发展。

拓跋鲜卑南迁后，逐渐接近和深入中原地区，受其影响的农业生产逐步发展起来。公元4世纪初，拓跋猗卢从晋并州刺史刘琨手中取得陉岭以北（今晋北一带）的土地后，从雁门一带迁移十万家到此从事耕种⑱。北魏拓跋珪在位期间，在都城盛乐（治所在今内蒙古自治区和林格尔县北）附近"息众课农"，又在河套之北、五原至固阳塞（今内蒙古自治区五原县至包头市北）进行屯田，收获颇丰，大约三万余户的屯田产穄百万余斛⑲。在攻占后燕都城中山及邺城等地后，迁徙山东（太行山以东）六州吏民及徒何（东部鲜卑的一种）等"杂夷"三十六万，百工伎巧十万余口，充实京师，下诏发给这些迁徙的"新民"以耕牛，让他们从事农耕⑳。公元413年，北魏大将奚斤攻破越勤倍泥部于跋那山（今内蒙古自治区五原县北）之后，又迁徙二万余户于大宁川（今河北省张家口市宣化区），也发给这些"新民"农具，从事农业生产。当时，北魏都城平城畿内为农业区，畿外地区设置"八部帅"，对垦田户实行监督，劝课农耕，计算收入。辽西的慕容鲜卑也重视对农业的开发，在慕容皝时期，"躬巡郡县，劝课农桑"。辽宁省朝阳市十二台乡砖厂墓葬㉑的棺板上铺有3厘米厚的谷物。内蒙古自治区呼和浩特市大学路北魏墓㉒出土了猪、鸡、仓、井、磨、碓的陶质模型（图19）。证实鲜卑农业的发展状况。

　　北魏拓跋焘将敕勒南迁濡源至五原阴山后，因受汉族农业经济的影响，"数年之后，渐知粒食，"逐渐学会农耕。敕勒经常得到北魏赏赐粮食，如敕力犍率九百余落高车人"内附"，北魏封他为威远将军，置司马、参军，并"赐谷二万斛"。柔然原本无农业，直到汗国后期才开始出现农业生产。《魏书》卷一〇三《蠕蠕传》记载："正光三年（公元522年）十二月，阿那瓌上表乞粟以为田种，诏给万石。"

　　突厥与回纥，史籍和考古资料均未有关于农业的记载及遗迹，但从河套地区农业发展史看，有从事农业生产的痕迹，不太发达，只是作为牧业经济的补充。突厥文《铁尔痕碑》第四行记

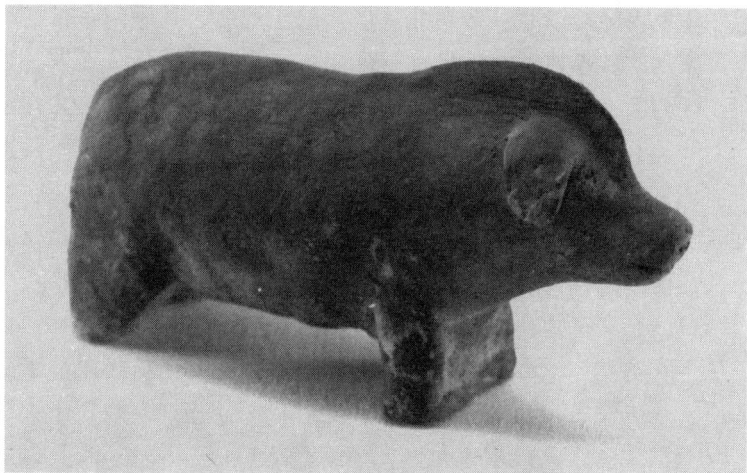

图19 陶猪 北魏

载:"在八条河流之间,那里有我的牲畜和耕地。"⑥说明漠北的回纥人在河谷地带种植农作物。

契丹族在阻午可汗时期(公元734~741年)就开始经营农业,到迭剌部耶律阿保机父亲撒剌时,进一步发展农业,除种植谷类作物外,还种植桑麻。契丹立国后,形成"南农北牧"的经济格局,历代皇帝都重视农业的开发。《辽史》卷五九《食货志》上记载:"太祖平诸弟之乱,弭兵轻赋,专意于农。尝以户口滋繁,糺辖疏远,分北大浓兀为二部,程以树艺,诸部效之。"辽太祖采取一系列措施,加强对农业的管理。公元926年,契丹灭渤海国,第一次显著地扩大农业地区。公元938年,从后晋割来燕、云十六州,占据了今天津市、北京市及河北省北部,第二次显著地扩大了农业地区。这里地厚人稠,物产丰富,又有着传统的农业生产,对契丹社会经济的发展起了巨大的推动作用。公元939年,辽太宗下诏命瓯昆石烈在海拉尔河畔从事农业生产。公元 940 年，又下诏命欧堇突吕、乙斯勃、温纳河剌三石烈，在克鲁伦河、石勒喀河一带农耕。辽世宗、穆宗、景宗时期，农业有较大的发展，无论是供应军需、民食，还是消除战争的消极影响，都需要大量的农产品。《辽史》卷五九《食货志》上记载："应历间（公元 951～969 年），云州进嘉禾，时谓重农所召。保宁七年（公元 975 年），汉有宋兵，使来乞粮，诏赐粟二十万斛助。非经费有余，其能若是？"根据《金史》卷五〇《食货志》五中"月支三斗为率"的记载来计算，二十万斛（即二百万斗）够十万人近七个月的食用，说明这一时期国库的殷实。到辽圣宗、兴宗时期，契丹的农业生产已超越畜牧业，就五京来说，南京（故城在今北京市）和西京（故城在今山西省大同市）南部原本就是农业比较发达的地区，上京（故城在今内蒙古自治区巴林左旗）、中京（故城在今内蒙古自治区宁城县）、东京（故城在今辽宁省辽阳市）地区的各族人民有大批人致力于农业生产，把农业扩大到畜牧、狩猎地，还迁徙居民到农业发达地区从事农耕。在南京地区，"蔬蓏、果实、稻粱之类，靡不毕出；而桑柘麻麦、羊豕雉兔，不问可知，水甘土厚，人多技艺。"[64]这正是当地农田水利大为改善的结果。辽道宗、天祚帝时期，农业继续发展。"西北雨谷三十里"，[65]指的就是道宗时期龙卷风把某地的农业收获物卷到天上，像雨一样洒在方圆三十里的地方，使春州（治所在今吉林省前郭尔罗斯他虎城）的粟价一斗仅为六钱。马人望任中京度支使时，加速农业发展进度，半年就获粟十五万斛。沿边诸州，因为农业不断发展，才有可能进行和籴，经济"出陈易新"。辽代末期，"雅里（梁王）自定其值：粟一车一羊，三车一牛，五车一马，八车一驼。从者曰：'今一羊易粟二斗，尚不可得，比直太轻'。雅里曰：'民有则我有。若今尽偿，众何以堪？'"[66]农业仍很发达。在内蒙古、辽宁、河北等地的辽代遗址中，出土数量较多的铁犁铧（图20）。内蒙古自治区巴林左旗辽

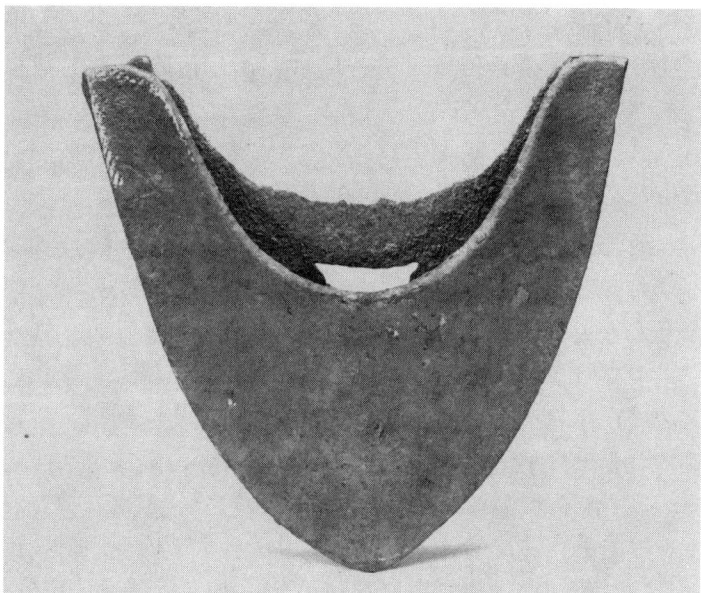

图20 铁犁铧 辽

上京故城南城遗址出土有石磨盘和高粱、荞麦的种子[67]。从农具的改进和农作物遗迹也可见当时农业生产的发达程度。

党项在势力强大后，占据许多农业地区，受汉族文化的影响，发展农业。建立西夏政权后，更加重视农业的开发。西夏的河西和河外十三州（兴、定、环、永、凉、甘、肃、瓜、沙、西宁、乐、廊、积石）以及黄河东岸的灵州，都是"地饶五谷，尤宜稻麦"的地方，农产品有大麦、小麦、粳米、糯米、荜豆、青稞。西夏还兴修水利，筑造河渠，引河水灌溉农田，保证农业的顺利发展。在邻接宋朝的沿边一带，西夏政府掌握了大量的窖藏谷米。德靖镇（治所在今陕西省志丹县西）七里山上，有谷窖大小百余所，共约八万石[68]。桃堆平的"国官窖"是"密密相排，远近约可走一直。"[69]鸣沙州的"御仓"，窖藏米多至百万[70]。在葭芦、米脂地区，有人们称之的"歇头仓"，"良田不啻一二万顷。夏人名为珍珠山、七宝山，言其多出禾黍也。"⑦贺兰山西北还有"摊粮城"，⑫是西夏后方的储粮地。谅祚在西市城（治所在今甘肃省定西县西南），也"建造行廊，置仓积谷。"⑬从储米的地点、储量看，农业有了很大的进步。

蒙古族的农业在诸部林立之时，汪古部和弘吉刺部已经"能种秫、稷"，"食粳稻"，学会经营农业，蔑儿乞部也有了田禾。蒙古国至元朝时期，蒙古族聚居区的军事屯田大为发展，漠南地区的农业逐渐扩展到漠北蒙古族聚居的牧业区，有不少蒙古族牧民参加农业生产，学会了耕种。成吉思汗建国后，曾令镇海屯田于阿鲁欢，经过若干年发展，克鲁伦、鄂尔浑、塔米尔等河沿岸都有人利用河水灌田，种植耐寒的糜、麦等农作物，谦谦州"亦收禾麦"，乞儿吉思人"颇知田作"。

根据《元史》记载，元朝建立后，为给戍军就近解决粮饷，自至元十一年（公元1274年）开始，政府历次调动军队，拨发农具、耕牛、种子，在和林、称海、五条河、海剌秃、兀失蛮、杭爱山、呵扎各处，并远及谦谦州和乞儿吉思人所在地屯田积谷，和林与称海为岭北两大屯田中心。至大元年（公元1308年），和林屯田秋收粮食九万余石。同年，称海屯田收粮二十万斛。英宗时，在五条河、应昌路开垦土地，粮食收获颇丰。沙井、净州、以至延安府境内的汪古人多从事农业，当时被称为"种田白达达"。亦集乃路的黑水河流域，土著的唐兀人也从事农业，元朝政府发给他们耕牛、农具、种粮，还疏浚河渠，扩大耕地。《元史》卷九三《食货志》一记载："农桑，王政之本也。太祖起朔方，其俗不待蚕而衣，不待耕而食，初无所事焉。世祖即位之初，首诏天下，国以民为本，民以衣食为本，衣食以农桑为本。"表明了在元代农业是国家的基本。

元朝灭亡后，蒙古地区由于连年的战争，使农业生产遭受严重的破坏，就连农业较为发达的"兀良哈等处告饥，愿以马易米"。[74]每到春荒时，除打猎外，以"一牛易米豆石余，一羊易杂粮数斗，无畜者或驮盐数斗，易米豆一二斗，挑柴一担，易米二、三升，或解脱衣皮，或执皮张马尾，各易杂粮充食。"[75]随着蒙古诸部的几次统一，使一些地区的农业开始恢复。俺答汗收留和招来大批汉人到漠南地区耕种，汉人带来了农具、种子和农业生产技术，促进了蒙古地区的农业发展。耕作方式仍旧粗放，"但有耕种，惟籍天不籍人。春种秋敛，广种薄收，不能胼胝作劳以倍其入。"[76]当时，种植的农作物有麦、谷、豆、黍、秋、糜子，还经营园艺，栽培瓜、茄、芥、葱、韭类蔬菜。漠南地区的农业一度繁盛起来。

在清朝，涌入蒙古地区的汉人越来越多，更多的耕地被开垦出来。蒙古族中有很多人实行农牧兼营或弃牧就农，许多牧场被开辟为农田，变游牧为定居，耕地面积日益扩大。到18世纪和19世纪之交，农业便在蒙古地区正式形成独立的经济部门。到清朝后期，农区和半农半牧区的蒙古族已经是"农重于牧，操作也如汉人"了。

四 手工业经济开发的状况

北方游牧民族诞生以后，除从事牧业经济外，还兼事农业、渔猎、采集等活动，并产生了相关的手工业经济。夏家店上层文化时期（西周晚期至春秋中期），青铜器的用途很广，应用于礼器、生活器皿、兵器、车马具、装饰品、生产工具等。内蒙古自治区林西县大井发现的开采铜矿遗迹和冶炼青铜遗址[77]，从选矿、采矿到冶炼、铸造，形成一套严格的工序，成为一个独立的手工业部门。陶器多为手制，陶质疏松，火候不高，陶色多呈红褐，器表多素面抹光，富有特色，烧陶也成为一个独立的手工业部门。另外，石器、骨器从造型、工艺看，也有独立的特征，应为单独的手工业部门。

从东胡、匈奴起，北方游牧民族已经有自己传统的手工业部门，如冶铁、铸铜、制陶、酿酒、乳业、毛织业、皮革业等，多为家庭手工业作坊。乌桓的铸铜和冶铁比较发达，"男子能作弓矢鞍勒，锻金铁为兵器。"[78]乌桓人还"能作白酒，而不知作麹蘖。"[79]鲜卑的桦树皮器，类型繁多，制作特别，形成一个专门的行业（图21）。突厥曾为柔然统治下的"锻奴"，"兵器有角弓、鸣镝、稍、刀、剑。"[80]冶铁制造业有着传统的历史。回纥的手工业发展状况，史籍中提到"衣皮"、"毡帐"、"高轮车"等，相应的有畜产品加工、木器制造、毛织、金属制造等行业。

图21　桦树皮壶　东汉

契丹立国前，就有了冶铁、纺织、煮盐等手工业部门。立国后，食盐、矿冶、陶瓷、铸钱、纺织、酿酒、制酪等手工业非常发达，有专门的官府和官吏管辖，如户部司、钱帛司等。食盐作为辽代的一个重要的手工业部门，盛产和食用池盐、海盐。《辽史》卷六〇《食货志》下记载："盐筴之法，则自太祖以所得汉民数多，即八部中分古汉城别为一部治之。城在炭山南，有盐池之利，即后魏滑盐县也，八部皆取食之。及征幽、蓟还，次于鹤刺泺，命取盐给军。自后泺中盐益多，上下足用。"辽代产盐之地很多，如渤海、镇城、海阳、丰州、阳洛城、广济湖等，都处于近海靠湖地带。矿冶指金属矿藏和冶炼。《辽史》卷六〇《食货志》下曰："坑冶，则自太祖始并室韦，其地产铜、铁、金银，其人善作铜、铁器。""圣宗太平间（公元 1021～1031 年），于潢河北阴山及辽河之源，各得金银矿，兴冶采炼自此以迄天祚，国家皆赖其利。"辽代大量酿酒，用以祭祀、宴饮。设置麹院专门酿酒机构，民间也酿造酒。上京就有"酒家"，辽穆宗曾"微行市中，赐酒家银绢，"又"以银百两市酒，命群臣亦市酒，纵饮三夕。"[81]陶瓷烧制，在契丹族传统制陶工艺的基础上，吸收北方系的瓷器技法而独创。辽代早期的瓷器类型繁多，既有契丹族传统的特点，又吸收了中原文化的精髓。内蒙古自治区赤峰市松山区缸瓦窑遗址[82]，是目前所发现的辽代规模最大和品种最齐的一处窑场，以烧制粗白瓷为主。内蒙古、辽宁等地的辽墓出土的瓷器（图22）、金银器[83]，充分说明了辽代陶瓷制作和矿冶的发达程度。

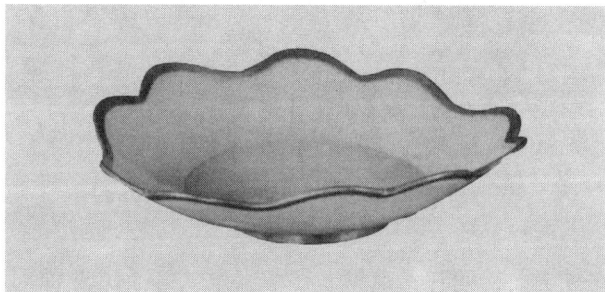

图22 "官"字款白瓷盘 辽

党项及西夏的冶铁、铸币等手工业非常发达，在夏州东境有冶铁务，为"出铁制造兵器之处"。西夏的冶铁技术，曾得到宋人的称赞。田况在《兵策》中说，西夏将士所披铠甲，系"冷锻而成，坚滑光莹，非劲弩可入。"[84]冶铁不仅用于制造兵器，还用于制造饮食器、农具、马具及日常用具。西夏盛产食盐，位于黄河上游、兴庆府南端的盐州，是出产青盐的地方。北宋宋应星的《天工开物》卷五记载："凡池盐，宇内有二，一出宁夏，供食边镇；一出山西解池，供晋、豫诸州县。"宁夏的池盐，就是指盐州所产的青盐。陶瓷的制造，主要用于饮食方面的用具。近年来，在内蒙古、宁夏发现的西夏遗址和墓葬中，出土大量的陶瓷器，以粗白瓷为主，胎质粗糙，施釉厚浊，也有烧制精细的瓷器，如酱釉剔花瓷瓶。酿酒是西夏手工业生产的一个独立部门，党项人盛行饮酒之风，官方设置"榷酤"、"榷酒酤"、"榷酒"、"酒榷"，来管理酒业产销，取得酒利，以增加政府收入。

蒙古族的手工业也很发达，以畜产品加工、制乳、冶铁、金属制品、陶瓷、酿酒、煮盐为主要的生产部门。随着畜牧业、农业的发展，与之相应的畜牧和农业生产工具制造也颇具规模。元代遗址中出土大量的铁制农业生产工具和其他生活用具，证实冶铁锻造已成为独立的手工业部门。内蒙古自治区镶黄旗乌兰沟[85]、兴和县五甲地[86]、敖汉旗[87]等地，都出土了数量很多的金银制品，其中包括许多饮食器具。在多数遗址和墓葬中，都发现陶瓷器，多为饮食器（图23）。这说明金属制造和陶瓷烧制是当时重要的手工业部门。蒙古人盛行饮酒之风，酿酒成为必需的手工业部门，并为政府所控制。元朝在辽代、西夏的盐业基础上，进一步发展煮盐业，也为政府所掌握，成为官府重要的手工业部门。明清时期，蒙古族的传统手工业得到了继续发展。进入近现代时期，蒙古族仍然以传统的手工业为主。从事牧业的蒙古族，有畜产品加工、制乳、酿酒、纺织等行业。

图 23   龙纹青花高足杯   元

第二节   饮食结构与饮食风味

北方游牧民族在自身的发展过程中，形成具有民族性和地域性的饮食文化，其最基本的内容就是饮食结构和饮食风味，这是饮食文化的物质载体和外在形式。游牧民族由于独特的自然环境和经济类型，肉酪、美酒相融的饮食结构一直贯穿于社会生活之中，随着对外文化交流的扩大，粮食、蔬菜、瓜果等食物的比例也在增大，从而衍生出特征显明的饮食制作与开发。

一 饮食结构

在早商或稍早时期（公元前 16 世纪），内蒙古中南部、陕西北部、山西西北部形成半农半牧地区，这里的部落或部族的饮食结构呈现肉粮兼有的现象。饮用水源于河湖，许多人类活动的遗迹都发现于河流的二级台地上，便于汲水饮用和炊煮。酒器的发现，又说明在上层贵族中盛行饮酒之风。西周至春秋时期，分布于内蒙古东南部、河北北部、辽宁西部的山戎部族的饮食结构也出现类似内涵，但肉食比重加大。

匈奴民族"自君王以下，咸食畜肉。"[88]发达的畜牧业和狩猎业，使牛、羊、鹿、狍等成为匈奴食物的主要来源。《史记》卷一一〇《匈奴列传》记载："中行说曰：'匈奴之俗，人食畜肉，饮其汁，衣其皮。'"汉降将卫律给匈奴单于献计，"穿井筑城，治楼以藏谷。"[89]"其攻战，斩首虏赐一卮酒，而所得卤获因以予之。"[90]从中可看出匈奴饮食结构为肉、乳、酒、谷，肉、乳为主要的食物。

乌桓"俗善骑射，弋猎禽兽为事。随水草放牧，居无常处。"[91]决定了其"食肉饮酪"的饮食风俗。种植耐寒的穄、东墙等农作物，又增加了食物的种类。还"能作白酒，而不知作麹蘖。"鲜卑的"言语习俗与乌桓同。……又禽兽异于中国者……"[92]以肉、乳、粮、酒为饮食结构，又有韭菜、胡瓜等蔬菜。《通志略》卷五一《昆虫草木一·草类》记载："孝文韭，人多食之，能行。后魏孝文帝好食此，故得名。"敕勒"迁徙随水草，衣皮食肉，牛羊畜产尽与蠕蠕同。"[93]但不产谷物，不酿酒，此类饮食从周邻民族引进。

突厥"随逐水草迁徙，以畜牧射猎为事，食肉饮酪，身衣裘褐。"[94]从汉地引入粟、穄农作物和农具，并酿酒。回纥建立汗国前，以"肉饭酪浆"[95]为主，而进入中原地区者，则大量食用米、麦。饮用多为酒，在高车时代因"俗无谷，不作酒"，[96]以马酪为饮料。回纥人还喜好饮茶，经常与中原地区用马换取茶叶。

契丹地处燕山山脉和大兴安岭山脉的夹角地带，是衔接华北平原、东北平原、蒙古高原的三角区域，"负山抱海"，"地沃宜耕植"，"水草便畜牧"，加之山峦叠伏，草木茂密，河湖交错，有着十分优越的牧、农、林、渔多种经济资源。契丹兴起后，产业结构以畜牧、射猎为主，兼有微弱的农业。立国后，农业经济迅速壮大，而畜牧、渔猎经济并行不废。这就决定了契丹人米、面、肉、乳、酒、茶、菜、果兼容的饮食结构。

《北史》卷九六《党项传》记载："养犛牛、羊、猪以供食，不知稼穑。"早期党项人以牛羊肉为食物。随着党项势力的不断强盛，受汉族文化的影响，开始从事农业生产，种植农作物、蔬菜、瓜果，改变了传统的食物结构。

蒙古族最初居住在额尔古纳河流域，这里森林草原密盛，宜于狩猎和畜牧。《新唐书》卷二一九《室韦传》记载："小或千户，大数千户，滨散川谷，逐水草而处，不税敛。每弋猎即啸聚，事毕去，不相臣制，故虽猛悍喜战，而卒不能为强国。剡木为犁，人挽以耕，田获其穑。""气候最寒，雪深没马，冬则入山，居土穴中，牛畜多冻死，饶獐鹿，射猎为务，食肉衣皮。凿冰，没水中而网射鱼鳖。"可知蒙古族先祖的食物结构以肉为主，兼有少量的粮食。

蒙古民族形成以后，"其食：肉而不粒。猎而得者，曰兔、曰鹿、曰野彘、曰黄鼠、曰顽羊、曰黄羊、曰野马、曰河源之鱼。牧而庖者，以羊为常，牛次之，非大宴不刑马。"[97]肉食是主要的食物。建立元朝后，重视农业的发展，粮食的比重逐渐增多，而乳、酒、茶却为日常饮用物。明清时期，这一饮食结构没有大的变化，但有的部"农重于牧"，以粮食为主。

杨允孚的《滦京杂咏》曰："不须白粲备晨炊，乳酪羊酥塞北奇。"诗中所咏均为蒙古族传统的牛羊乳制品。蒙古族设宴，尽以肉食为主。根据南宋汪元量记述，元代国宴中都是熊肉、驼肉、麋肉、鹿肉、野雉肉、天鹅肉、鹌鹑肉以及羊肉、马肉。他在元上都赋诗："御厨请给葡萄酒，别赐天鹅与野菌。"[98]蒙古人西征时，有行帐八珍，即麆沆、驼鹿唇、驼乳糜、天鹅炙、醍醐、驼蹄羹、紫玉浆、元玉浆。耶律铸在《行帐八珍》诗序中说："驼鹿，北中有之，肉味非常，唇殊美，上方珍膳之一也。"可见，蒙古族上层贵族的饮食美味珍奇无比，同时也影射下层社会的饮食菜肴也是肉、乳、酒、茶，并流传至今。

比较而言，北方游牧民族的饮食结构与生计方式中诸经济类型的比重有很大的关系，形成相应的风味特色。因牧业经济在社会经济中的主导地位，农业又在有的民族的社会经济中有较大的比例，采集、渔猎作为社会经济的重要补充，饮食结构以肉食为主，兼有米、面、蔬菜等，从而构成具有民族性、地域性的饮食风味。

二　饮食结构与进食方式的演变

中国古代北方游牧民族，主要以青铜、铁质的刀具为进食器，辅以匕或勺，用箸则出现得较晚。在北方草原地区的核心地内蒙古，箸最早见于汉代的墓葬壁画[99]中，实物却见于唐代，但皆为汉族人所使用。到辽代时，契丹族因受中原地区文化的影响，进食具箸才逐渐被接受。如内蒙古自治区赤峰市大营子辽驸马墓[100]出土的银箸（图24）、翁牛特旗解放营子辽墓[101]出土的铜箸、巴林右旗巴彦尔登苏木辽墓出土的骨箸[102]。

东胡和匈奴的考古学资料表明，进食具以刀为主，这种刀具长10~20厘米不等，质地以青铜居多，体态轻薄，便于携带，适宜游牧生活。当时肉食是其主要的食物，用刀可随时切割肉食。青铜勺则用于喝汤，作为进食具的辅助性用具。鲜卑族的进食具从出土的资料看，类型单一，仅见铁刀，一般器身较长，最长者达30多厘米。丁零、乌桓、敕勒、柔然、突厥、回纥等民族，因考古资料

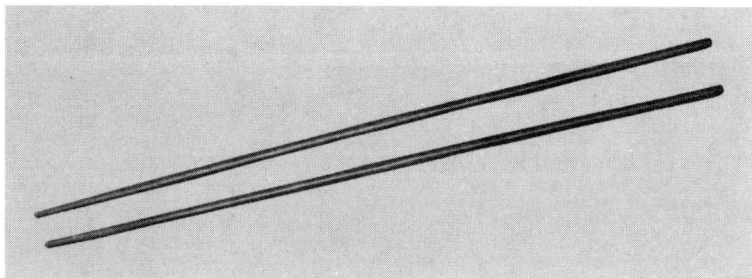

图 24　银箸　辽

少，缺乏实物佐证，生活方式与匈奴、鲜卑相近，进食具也应该是以刀为主。

室韦与蒙古族的族源有着很近的关系，饮食方式对蒙古族有着直接影响。室韦最早活动于契丹北部，约在今内蒙古自治区呼伦贝尔市、通辽市北部一带。《隋书》卷八四《室韦传》记载："室韦，契丹之类也。其南者为契丹，在北者号室韦，分为五部，不相统一，所为南室韦、北室韦、钵室韦、深末怛室韦、大室韦。并无君长，人民贫弱，突厥常以三吐屯统领之"。室韦逐水草迁徙，过着居无常处的游牧生活，主要经营畜牧业，还从事狩猎和少量的农业，家畜、野生动物是日常生活的食物来源。《新唐书》卷二一九《室韦传》记载："小或千户，大数千户，滨散川谷，逐水草而处，不税敛。每弋猎即相啸聚，事毕去，不相臣制，故虽猛悍喜战，而卒不能为强国，剡木为犁，人挽以耕，田获甚褊。其气候多寒，夏雾雨，冬霜霰"。概括了室韦所处的地区，因气候寒冷，多雨雪，选择水草丰盛的地方从事畜牧业，兼营狩猎和捕鱼。由于五部室韦不在同一地方居住，各自的经济主副业有一定的差异。

南室韦在契丹北三千里处活动，这里土地低洼湿泽，到夏季迁移到贷勃、欠对两座山中，这里草木茂盛，生存着很多的飞禽野兽。后来势力逐渐强盛，分二十五部，每部都有酋长，酋长死后由子弟继承酋位，说明私有制已产生，阶级已出现，原始部落制开始瓦解。根据《隋书》卷八四《室韦传》记载，室韦人"乘牛车，篷簟为屋，如突厥毡车之状。"在日常生活中，"渡水则束薪为木伐，或以皮为舟者。马则织草为鞯，结绳为辔。寝则屈为屋，以篷簟覆上，移则载行。以猪皮为席，编木为藉。妇女皆抱膝而座，气候多寒，田收其薄，无羊，少马，多猪牛，造酒食噉，与靺鞨同俗。"南室韦的畜牧业很发达，以养牛、猪为多，马较少，无羊，这一点与其他游牧民族的畜牧经济有较大的差异。南室韦人善射猎，工具有角弓和楛矢，盛产貂，狩猎业也颇有发展。北室韦，"气候最寒，雪深没马，冬则入山，居土穴中，牛畜多冻死，饶獐鹿，射猎为务，食肉衣皮。凿冰，没水中而网射鱼鳖。……俗皆捕貂为业，冠以狐貉，衣以鱼皮。"由于气候寒冷，以土洞为居室。因雪深牛畜多被冻死，不利于畜牧业的发展，狩猎和捕鱼却成为主要的经济类型。钵室韦，"用桦皮盖屋，其余同北室韦。"即经济以渔猎为主，人们食肉穿皮。深末怛室韦，"冬日穴居，以避太阴之气。"经济仍为狩猎和捕鱼，畜牧业居次要地位。大室韦盛产貂和青鼠，狩猎业较为发达。

纵观五部室韦的经济状况，畜牧业、狩猎、捕鱼都比较发达，肉食成为主要的生活资料，刀具为其最重要的进食工具。室韦人饲养牛、猪，射猎獐、鹿等野生动物，捕捞鱼鳖，用刀宰杀去皮，割肉食用。室韦为游牧部族，社会组织基本上处于原始状态，在唐以后逐渐解体，有的室韦部仍然保持着原始的社会形态。这一时期室韦的进食方式较为原始，停留在手食阶段。刀具虽为进食工具之一，但不作为主要的直接进食之用，起分割肉食的功用。因此，室韦人在隋唐时期，进食方式主要用手指，而其食物结构以肉为主，兼有少量的粮食。

在蒙古高原诸部林立的时期，各部落所处的自然环境不同，食物结构也不一样。在森林中居住的部落，如兀良哈、秃马惕、巴儿忽、斡亦剌、乌斯等，从事狩猎业，以渔猎和采集为补充，捕获的野生动物（野牛、野羊）成为主要的食物，还以野生果实为食，以河湖水或桦树汁为饮用。在草原上居住的部落，如塔塔儿、弘吉剌、扎剌儿、蒙古、蔑儿乞、克烈、乃蛮等，主要经营畜牧业，兼营农业，以绵羊、山羊、马、牛为食，有少量的农作物，除河湖水外，畜乳和马奶酒是日常生活中的重要饮用物。

成吉思汗统一蒙古各部后，其社会出现了相对稳定的局面。在漠北、漠南扩大畜牧业，牛、马、羊成为蒙古族主要的食物，而牛、羊为甚。狩猎和捕捞，仍为社会经济的补充手段，野生动物及水生动物成为他们食物的重要补充。因此，肉食是这一时期蒙古族的主要食物。

蒙古族的农业，在诸部林立之时，汪古部和弘吉剌部已经"能种秫、稷"，"食粳稻"，学会经营农业，蔑儿乞部也有了田禾。成吉思汗建国后，曾令镇海屯田于阿鲁欢，经过若干年发展，克鲁伦、鄂尔浑、塔米尔等河沿岸都有人利用河水灌田，种植一些耐寒的糜、麦等农作物，谦谦州"亦收禾麦"，乞儿吉思人"颇知田作"。这样，蒙古族的食物结构又增加了粮食，但不作为主要的食物。

蒙古族建国前及蒙古国时期，考古发掘的资料甚少，不能从实物去考察蒙古族的进食具。根据蒙古人的经济形态和生产方式看，游牧性质还很浓厚，刀具为主要的进食工具，进食方式仍以手食为主。这一时期的居住形式基本为帐幕，在帐内就地架火煮食，人们围灶而手食，刀具用于切割肉食，也可直接进食。靠近汉地的汪古部、弘吉剌部等，在农业民族的影响下，开始向定居生活转变，"筑室而居"，出现了房屋，可能学汉人使用箸，逐渐脱离手食阶段。

元朝建立后，继续扩大牧场面积，增加牲畜数量，使畜牧经济迅速发展，为元代蒙古族的生活资料来源提供了可靠的保证。狩猎和渔业，是蒙古诸部居民生活资料的补充，在有的部落中甚至占重要地位。森林居民主要从事狩猎业，近水居民兼事渔业，草原游牧居民则定期被召征参加大汗和各级贵族的围猎，围猎期间只吃猎获的野物。

元代的农业有了更进一步的发展，为给戍军就近解决粮饷，从至元十一年（公元 1274 年）开始，政府历次调动军队，拨发农具、耕牛、种子，在和林、称海、五条河、海剌秃、兀失蛮、札失蛮、杭爱山、呵札各处，并远至谦谦州和乞儿吉思人所在地屯田积谷，和林与称海为岭北两大屯田中心。亦集乃路的黑水河流域，土著的唐兀人也从事农业，元朝政府发给他们耕牛、农具、种粮，还疏浚河渠，扩大耕地，每年获得很多的粮食。如至大元年（公元 1308 年），和林屯田秋收粮食九万余石，称海屯田收粮二十万斛。元代蒙古人的主体仍以家畜、野生动物、水生动物的肉食为主，粮食的比例增大，食物结构呈多趋发展。

元代漠南地区的蒙古族，多开始转向定居的生活，草原上出现了许多大、中、小城市，饮食团体趋于稳定。随之的进食方式也发生了重大的变化。进食具除刀具外，勺、箸也普遍使用。内蒙古自治区丰镇市八号地元代遗址[103]出土一件铁刀，双面刃，残长 11 厘米。内蒙古自治区赤峰市三眼井元代蒙古贵族墓[104]的墓室壁画"宴饮图"，墓主人端坐在长方形桌后，桌上置碗、勺、箸、食物等，勺为曲柄，箸呈圆柱形。"出猎图"中酒馆的西间三人，主人居中，女侍手中捧一碗欠身向主人进饮，男侍手举一鹰立于旁侧，长方形桌上摆放碗、盘、碟、勺、箸等，主人向女侍接物，箸为圆柱形。箸本为汉民族使用，蒙古族吸收汉族文化因素，在进食方式上也借鉴于汉族风俗，摆脱手食，使用箸具。但是，那些居住在森林里的部落和部分以畜牧为生的蒙古族，手食的比重还很大。

　　蒙古族的饮酒之风盛行，特别在上层社会中颇为流行，婚姻、丧葬、礼仪、日常生活都离不开酒。根据文献记载，元朝有"酒局"和"酒海"之名，都是盛酒用的器皿。考古学资料表明，元代的舀酒器和饮酒器非常发达。内蒙古博物馆曾在锡林郭勒盟征集到一件錾耳金杯，敞口，弧腹，平底，口至腹部附一曲边状錾耳，下饰指环，器外表錾刻双龙戏珠纹，因器型较大，不易饮用，应为舀酒器（图25）。内蒙古自治区兴和县五甲地墓葬[⑩]，出土一件高足金杯，敞口，卷沿，弧腹，倒置喇叭形高圈足，素面，为元代典型的饮酒器。由此可看，元代蒙古贵族的饮酒方式比较讲究，有一套严密的程序。

图25　双龙戏珠纹錾耳金杯　元

　　元朝末年，爆发了以红巾军为首的各族人民大起义，推翻了元朝的统治，使蒙古族主体退居北方草原地区，形成了鞑靼部、瓦剌部、兀良哈三卫（朵颜、福余、泰宁）三大部。在与明朝的连年战争中，破坏了漠南地区蒙古族的安定生活，又恢复了游牧方式。到俺答汗时期，成批的汉族居民进入漠南地区，土木建筑的房屋兴起，出现了村寨，修筑城市，使一些蒙古族的生活走向定居。

　　畜牧业是蒙古族的传统经济类型，元朝灭亡后，同中原地区的经济联系中断，畜牧业就更显的重要了，一切衣食住行都依赖它。明朝中后期，畜牧业得到了较快的恢复和发展，一些封建领主拥有马、牛、羊、驼达几十万头（只），甚至上百万头（只），采取逐水草迁徙的游牧方式，畜种有马、牛、骆驼、绵羊和山羊，以马和羊的数量最多。

渔业在社会经济生活中仍占重要地位，特别是遭受自然灾害侵袭时，主要依靠狩猎来度过饥荒。如正统十年（公元1445年），也先部发生饥荒，派人到红崖子山（今内蒙古自治区赤峰市东北）围猎。在靠近河湖的蒙古人，还从事捕鱼，以补充生活资料的不足。猎获的动物有黄羊、盘羊、野猪、野牛、野马、野驼、鹿、貂、虎、豹、狼、狐、海狸、银鼠、猞猁等。

农业随着与明朝的战争遭到严重的破坏，每到春荒时，除打猎外，以"一牛易米豆石余，一羊易杂粮数斗，无畜者或驮盐数斗，易米豆一二斗，挑柴一担，易米二三升，或解脱皮衣，或执皮张马尾，各易杂粮充食"。[106]俺答汗时期，收留和招来大批汉人到漠南地区耕种，汉人带来了农具、种子和农业生产技术，促进了蒙古地区农业的发展，种植的农作物有麦、谷、豆、黍、秫、糜子等，后来又经营园艺，栽培瓜、茄、芥、葱、韭类蔬菜。

明代蒙古族的食物主要是家畜、野生动物的肉，也有用牛羊的奶汁制作奶油、奶干、奶豆腐为食品。由于明代中后期农业的重新恢复和发展，食物中的米、面、杂粮日益增多，以肉汁煮粥，以乳和面，漠南及兀良哈三卫地区的粮食比重更大，还有蔬菜，食物结构有了明显的变化。

进食具缺乏实物资料，但从其生活方式看，明代早期游牧性质比较浓厚，刀、勺仍为主要的进食具。明代中晚期，漠南蒙古族受汉族文化的影响，逐渐趋于定居生活，用箸进食，但手食仍为蒙古族的进食方式之一。

清代的蒙古诸部，先后归附清朝廷，使其经济逐步恢复。清朝后期，蒙古社会较为稳定，多种经济向纵深发展。在大部分地区，原来占支配地位单一的游牧经济发展为以畜牧业为主，兼营农业、手工业等多种经济。有的地区，农业居于支配地位。在经济发展缓慢的地区，也呈现多种经济的萌芽。

畜牧业，一直是蒙古社会经济的主业。清初，清政府出于统治上的需要，在蒙古地区划地建旗，客观上解决了牧业生产发展上最至关重要的牧地范围的固定和合理使用牧场的问题。在生产技术和经营管理上，实现了改进，如打井、搭棚、筑圈和牧草保护等。到清代中期，农区、半农半牧区基本形成，在半农半牧区普遍实行了打井、搭棚、筑圈、开辟"草甸子"、贮备冬饲料等措施，促进了畜牧业的发展。牲畜数量的增加，是畜牧业发达的另一标志，清皇室、政府、旗札萨克、寺庙所拥有的官用和庙用牲畜，以几十万、几百万头（只）计算，牛、羊、马、驼为主要的牧养牲畜。

狩猎业在社会经济生活中占有一定的地位，封建牧主外出射猎，其性质是为了游乐，尝食野味。贫困牧民虽然有一定数量的牲畜，但往往要靠打猎作为食物的补充。靠近森林的地区，狩猎业为主要的经济部门，牧民猎取的对象有黄羊、野猪、狍、鹿、狼等。

在清代，进入蒙古地区的汉族人越来越多，更多的耕地被开垦出来。蒙古族中有很多人实行农牧兼营或弃牧就农，许多牧场被开辟为农田，变游牧为定居，耕地面积日益扩大。到18世纪至19世纪之交，农业便在蒙古地区正式形成独立的经济部门，农区或半农半牧的蒙古族已经如同汉人一样。种植的农作物有麦、谷、黍、豆、秫等耐寒耐旱作物。

清代蒙古族的食物，以肉类为主，兼食粮、蔬菜。后者的比例增大，有的地区以粮食为主。进食工具发生重大变化，除刀、勺、箸等，出现了刀箸并用的蒙古刀，一般为骨柄木鞘，配有筷子，木鞘多用银镶包，錾有各种纹样。如内蒙古博物馆馆藏的龙纹蒙古刀，木质刀柄、木鞘，上饰银件，錾刻花草及龙纹；鞘内装钢刀，插象牙箸一双，箸尾端包银；鞘外配紫色绶带和火镰，火镰上饰银，嵌珊瑚珠（图26）。至此，我国古代北方民族的箸类型从最初的匕发展到刀、匕，又发展到刀、勺、箸，最后演变为刀箸并用，合二者的功能为一体，这是蒙古民族文化和汉族文化交流的结果。

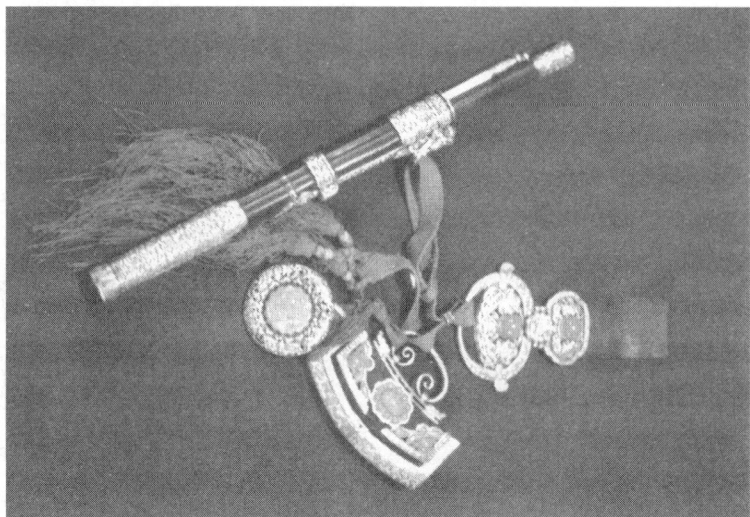

图26　龙纹蒙古刀　清

从居住形式看，各地蒙古族的进食方式有所不同。从事畜牧业的蒙古族，仍过着游牧生活，居住传统的毡幕（蒙古包），平常在毡幕内架火煮食，人们围桌而食。食物结构以肉为主，除刀、箸外，手食的比重仍很大，如手扒肉、炒米、奶食等，都用手直接进食，这是蒙古族传统的进食方式之一。随着农业的发展，部分蒙古族由游牧走向定居，半农半牧地区出现了土木结构的蒙古包，在屋中立一木柱，上盖草顶，圆形墙壁用砖或土坯或涂泥的柳条砌成，开窗户，室内有半圆形土炕，可在室内的炕上围桌而食，即汉文化的程度较高。这部分蒙古族的粮食在食物结构中的比例增大，除刀具外，箸逐渐成为主要的进食具，手食的比重缩小。农区的蒙古族，以汉式的平房为居所，常见有二间和三间，以土墙为外廓组成院落，屋门向南，南北设窗户，东西有厢房，室内有土炕和联炕的灶，把进食地与煮食地分开，完全汉化。主食以粮食为主，以蔬菜、肉类为副食，进食工具的箸居主导地位，手食仅限于传统的食物。

蒙古族多喜饮酒，分马奶酒与粮食酒，而且贯穿于蒙古族的各种礼仪中，如婚礼、丧葬、祭祀、节日等。酒具有敦穆壶、杯、碗等，其中，银碗是蒙古族敬酒礼仪中最讲究的饮酒具。银碗分纯银和木胎包限两种，如内蒙古博物馆馆藏的木胎包银碗，敞口、弧腹、圈足；碗内、口沿、底包银，中腹露木胎；下腹及圈足镂雕卷枝牡丹纹、莲瓣纹和联珠纹。这种银碗为直接饮酒的用具，一般在举行礼仪或待客时使用。

近现代蒙古族因不同地区的经济差异，导致食物结构有很大的差别。由于汉族文化的多重渗透，进食方式的差异在某种程度上逐渐缩小。农区的蒙古族，以经营农业为主，食物主要是粮食，以肉、乳为辅。半农半牧区的蒙古族，经营农业和畜牧业，食物以粮、肉、乳并用。牧区的蒙古族，主要经营畜牧业，以肉、乳为食，辅以粮食。进食工具主要为箸，就是牧区的蒙古族也使用箸，刀具仅限于食肉，手食则停留在蒙古族传统的食物，如奶食品、手扒肉等。

以蒙古族鄂尔多斯部为例说明。传统的饮食以奶食为多，肉食次之，粮食再之，最富特点的是茶饮。

鄂尔多斯蒙古族的奶食品制作原料主要是马奶、牛奶、骆驼奶、绵羊奶和山羊奶，马奶和绵羊奶被视为上等奶，用于祭祀天神和慈佛的供品。奶食被尊为上品，含有"圣洁、崇高"之意，有"白食"和"百食之长"之称，种类有生奶、窝奶、酸奶、奶油、奶豆腐、奶皮子、奶酪、奶酒等。

肉类多食畜肉，即牛、驼、山羊、绵羊肉，也兼食猪、鸡等家畜家禽肉，再就是野生动物肉。鄂尔多斯蒙古族每到冬季初冷宰杀牲畜，以贮存冬春的肉食。夏秋季宰杀的牲畜，如果一次吃不完，挂起肉条于通风处晾干，对于放牧是方便之食。根据牲畜种类的习性，分季节食不同的畜肉，绵羊肉和马肉性温，牛肉、驼肉和山羊肉性寒，冬天多食绵羊肉，夏秋季吃牛肉和山羊肉。吃羊肉一般是新鲜肉，现宰现吃；牛肉则可以储存待用，故有谚云："羊肉过百天变成毒、牛肉过百天变良药"。主要的肉食有马肉、整羊、羊背子、手扒羊肉、炸肉串、涮羊肉、烤肉、胸脯肉、牛羊内脏、野生动物（黄羊、野兔）等，随着汉族人的移居，受其影响开始食猪、鸡肉，如炖猪肉、勾鸡肉、肉炖菜、炒菜等不同吃法。

粮食中最普遍的食品是炒米，以面食居多。种类有炒米、肉粥、奶粥、奶枣粥、饼食、炸面食、羊肉面条、馅食、青稞炒面等。

茶是鄂尔多斯蒙古族重要的饮品，有民谚曰："茶水虽淡乃百食之最"，一日三餐中，早午两餐必饮茶。所饮茶为砖茶，多熬煮，非泡茶。饮用茶分红茶、奶茶、面茶等，饮茶时常有食品相佐，有炒米、馓子、奶酪、奶皮子、酥油、糖、盐等。

根据以上所述的食物结构看，刀具仍为主要的食肉用具，因受汉族饮食风习的影响，箸的比例逐渐增大，有的食物（如手扒羊肉、奶食）用手直接进食。饮茶及佐食，用碗盛茶泡食，直接饮用。

在蒙古族的发展历史过程中，由于地处中国北方草原地区，独特的生态环境造就了长期以来的游牧生活。这种以畜牧生计为主，兼事狩猎、农业的活动方式，形成了有别于其他民族的食物结构和进食特点，即肉食、奶食贯穿于蒙古族的日常生活中。随着时代的发展，饮食文化的交流，不同阶段和不同地区的食物结构和进食方式发生着较为显著的变化。食物除保留有传统的肉食、奶食外，不断增加粮食和蔬菜的比例。进食工具也由刀具演变为刀、箸并用，进食方式不再单纯的依靠刀具、手食，而用箸进食。这些变化，反映了蒙古族传统的饮食文化正在融入现代意识，也是牧业民族与农业民族文化互动的结果。

三　饮食风味

北方游牧民族的经济类型和饮食结构有别于其他地区，形成地域性、民族性的饮食风味。在中国"菜系"说争议之中，只有"六系说"、"十二系说"、"二十系说"涉及民族的"菜系"，[107]这个涵义覆盖面太大，因为中国从古至今有很多少数民族，分布于全国各地，由于地理环境的不同，造成多种生计方式中的经济类型，诸民族的饮食结构有很大的差异，各自形成地域性或地方性的饮食风味。

汉朝时期，史籍中就出现"胡食"的记载，指北方少数民族的食品，以肉食、乳食和面食为特色。其实，在北方游牧民族诞生以后，就形成了地域性的饮食风味。内蒙古自治区宁城县小黑石沟墓葬[108]出土的青铜双联罐、四联罐内，都装有肉食、瓜果、韭菜、野葱，可以看出当时山戎部族贵族阶层的饮食风味。

"食肉饮酪"一直是北方游牧民族的主要餐饮，面食、酒以及蔬菜、野菜、瓜果也常见于食餐之中。茶在北魏或更早时期传入北方地区，为各民族所嗜好。甘肃省嘉峪关市西晋墓葬[109]和辽宁省朝阳市袁台子东晋墓葬[110]的壁画，发现"家居宴饮图"、"膳食图"、"奉食图"，绘有肉、面、菜、酒等饮食物。

党项初始时，以游牧生活为主，"饮酪食肉"。占领农业地区后，粮食的比重逐渐增大，改变了其饮食结构。另外，饮茶喝酒成为党项的一种风尚，茶来自于宋朝，酒则自酿。

契丹族的饮食风味从其结构看，以肉食、乳食为主，其次为粮食，还有蔬菜、瓜果、酒、茶等。公元 1008 年，宋朝大臣路振奉使契丹，归来后作《乘轺录》，记述了参加辽筵的情况，即"以驸马都尉兰陵君王宁侑宴。文木器盛虏食，先荐骆糜，用杓而啖焉。熊肪羊豚雉兔之肉为濡肉，牛鹿雁鹜熊貉之肉为腊肉，割之令方正，杂置大盘中，二胡雏衣鲜洁衣，持悦巾，执刀匕，通割诸肉，以啖汉使。"骆糜指用骆驼肉制作的米粥，濡肉为煮熟的新鲜肉，腊肉为加工腌晒的干肉。一次宴会包括了肉粥以及用熊、羊、鸡、兔、牛、鹿、雁、鹜、貉、野猪肉做成的菜肴，可谓风味独特。宋人王安石在《北客置酒》诗中曰："山蔬野果杂饴密，獾脯豕腊加炰煎。"也说出了辽代契丹人待客时的饮食菜肴。

奶酪是契丹人的传统食品，以奶粥为主食，有时为了调味，还要添加蔬菜、生油。宋人王珠的《可谈》记述："契丹主馈客以乳粥，亦北方之珍。其中铁角草，采用阴干，投沸汤中，顷之，茎草舒展如生。"朱彧的《萍洲可谈》记载："先公至辽，日供乳粥一碗。其珍，但沃以生油，不入口。"契丹的生油应为奶油，加入粥中美味十足，而宋人不习惯，故不合口味。还有肉粥，如"骆糜"、"鹿糜"。根据《燕京风俗录》的记载，豆汁是辽国的民间食品，以绿豆为原料，颜色不鲜，味道甜酸。

契丹人的头鹅宴、头鱼宴很流行，每当春季捕获第一只鹅或鱼，都要设宴庆贺，以品尝鹅、鱼的鲜味。《契丹国志》卷二三记载："每初获，即拔毛插之，以鼓为坐，遂纵饮，最以此为乐。"辽穆宗最爱吃鹅肉，每获其肉"皆饮达旦"。[11]天祚帝"天庆二年（公元1112年）。春，天祚如混同江钓鱼，界外生女真酋长在千里内者，以故事皆来会。适遇头鱼酒筵，酒半酣，天祚临轩，使者酉次第歌舞为乐。"⑫《辽史》卷一一六《国语解》曰：
"上岁时钩鱼，得头鱼，辄置酒张宴，与头鹅宴同。"

　　契丹人还注重面食。《辽史》卷五〇《礼志》二记载："大
臣进酒，皇帝饮酒。契丹通，汉人赞，殿上臣僚皆拜，称'万
岁'。赞各就坐，行酒殽、茶膳、馒头毕，从人出水饭毕，臣僚
皆起。"馒头即肉包，在许多宴饮的场合中都要"行馒头"。内蒙
古自治区巴林左旗滴水壶辽墓⑬壁画的"备餐图"，两位髡发少
年侍者抬着一个木质红漆大盘，内装馒头、馍、麻花、点心四样
面食，应为当时常见的主食（图27）。契丹人在每年的正月初七
日，在庭院中烙煎饼，谓之"薰天"。

图27　内蒙古自治区巴林左旗滴水壶辽墓壁画备餐图　辽

除主要食物外，契丹人的副食包括以肉做成的各种菜肴、蔬菜、水果和面点等。契丹的菜肴独具风味，以各种腊肉、肉脯和肉酱最为著名，常作为"国珍"献给北宋的皇帝，技艺高超的厨师有时到北宋都城汴京（今河南省开封市）给北宋皇帝烹制辽菜。在所有的风味美食中，最有影响的是一种特制的貔狸（内蒙古西部俗称地牢），其肉极其肥美。宋人王闢之的《渑水燕谈录》卷八《事志》记载："契丹国产貔狸，形类大鼠而足短，极肥，其国以为殊味，穴地取之，以供国主之馔，自公相以下，不可得而尝。常以羊乳饲之。顷年虏使尝携至京，烹以进御。今朝臣奉使其国者，皆得食之，然中国人亦不嗜其味也。"辽亡以后，这种珍品被金、元所推崇。

契丹地区盛产桃、李、梨、杏、枣、板栗等干鲜水果，还有欧李、山丁子、山梨等野生山果，培植了西瓜。胡峤的《陷北记》载："自上京东去四十里，至真珠寨，始食菜。明日东行，地势渐高，西望平地松林，郁然数十里。遂入平川，多草木，始食西瓜，云契丹破回纥得此种，以牛粪覆盆而种，大如中国冬瓜而味甘。"内蒙古自治区敖汉旗羊山1号辽墓[114]壁画中，发现一幅"西瓜图"，在墓主人面前放置一张木桌，桌上置两个大果盘，一盘放石榴、桃、杏等水果，另一盘盛三个碧绿的长圆形西瓜（图28）。冻梨是契丹人的一种特产，宋人庞元善的《文昌杂录》说："余奉使北辽，至松子岭，……坐上有上京压沙梨，冰冻不可食，接伴使耶律筠取冷水浸良久，冰皆外结，已而敲去，梨已融释，……味即如故也。"证实了契丹人食水果的状况和水果种类。

契丹人以酒成礼、以酒行事，在日常餐饮和各种宴饮中都离不开酒。内蒙古自治区敖汉旗羊山1号辽墓壁画"备饮图"，在桌前置一大酒瓮和酒器架，架上置四个酒瓶，桌上放有盛酒器、饮酒器。契丹人还有饮茶之风，采用煮茶和点茶的方法，茶叶主要通过与五代和北宋的贸易及馈赠而获取。《契丹国志》卷二一

图 28　内蒙古自治区敖汉旗羊山 1 号辽墓壁画西瓜图　辽

《南北朝馈献礼物》记载，契丹皇帝举行生辰仪式，北宋给他的贺礼中有"金酒、食、茶器三十七件，……乳茶十斤，岳麓茶五斤。"内蒙古自治区敖汉旗羊山 1 号辽墓壁画的"茶道图"，描述了当时契丹人煮茶的实景。

党项早期以肉食为主，还把畜乳制成干酪，后来渐食粮食。党项人饮畜乳和酒，从考古发掘的大量酒器和壁画中的"酿酒图"、"宴饮图"看，饮酒之风在当时非常流行，用于各种礼仪中。西夏从宋朝输入茶叶或用贸易的形式交换茶叶，宋朝每年要赐给西夏三万斤茶叶，茶成为西夏党项上层贵族的必饮品。

蒙古族的饮食佳肴仍以肉食、乳食为主。《黑鞑事略》记载了蒙古族食肉的种类，有羊、牛、马、兔、鹿、野猪、黄鼠、顽羊、黄羊、野马、鱼等，包括了牧养家畜和猎取的野生动物及水生动物。宋人徐霆给该书补注云："初到金帐，鞑主饮以马奶，色清而味甜，与寻常白而浊、味酸而膻者大不同，名曰黑马奶，盖清则黑。"在元代，宫廷里盛行的"诈马筵"最为著名，蒙古上层社会的饮食美味由此可见一斑。

元上都（故城在今内蒙古自治区正蓝旗东）的"诈马筵"多在每年夏历的六月举行，地点设在可容纳数千人的蒙古包式建筑昔剌斡尔朵（棕毛殿），持续三天左右。杨允孚的《滦京杂咏》曰："嘉鱼贡在黑龙江，西域葡萄酒更良。南土至奇夸凤髓（茶叶名），北陲异品是黄羊。"每一次"诈马筵"要用羊二千只、马三匹，山珍海味应有尽有。在"诈马筵"上，"盛陈奇兽，宴享既具。"[115]正如元代诗人贡师泰写道："马湩浮犀椀，驼峰落宝刀。暖菌攒芍药，凉瓮酌葡萄。"[116]

近现代牧区的蒙古族饮食基本上分为奶食、肉食和粮食，尤以前二者为主，又称为"白食"和"红食"，把奶和肉制作成各种风味食品。奶食，蒙古语称"查干伊德"，为纯洁、吉祥之意，分吃和饮两种。食品有白油、黄油、奶皮子、奶豆腐、奶酪、奶果子，饮品有鲜奶、酸奶、奶茶、奶酒等。白油、黄油、奶皮子是奶中精华，味道纯正清香，营养丰富；酸奶有生津、止渴、解热、清暑的作用；奶酒无色透明，醇香甜美，可益智提神；奶茶具有解渴、充饥、助消化的功能，尤其是早餐为必饮之品，有"宁可一日无食，不可一日无茶"之说。肉食，蒙古语称"乌兰伊德"，以牛、羊肉为主，可制作很多种类的菜肴，如手扒肉（图29）、羊背子、涮牛羊肉、肉干饭、烤羊肉、血肠、头蹄肉等，肉味鲜嫩醇香。蒙古族讲究的宴席有整牛、整羊席，用以招待贵宾和婚礼。如整羊席，分烤全羊和煮全羊，并有一套食羊的礼仪。半农半牧区的蒙古族，米、面比重较大，牛、羊肉在节日、婚宴上可以吃到。农区的蒙古族饮食如同汉人。

图 29　蒙古族的手扒肉

第三节　饮食制作

　　饮食的制作因火的发明而有了决定性的进步，陶器、铜器、铁器的不断改善，调味品种类的增加，为饮食制作技艺的提高奠定了基础，北方游牧民族也经历了这样的过程。如今，在现代科技的冲击之下，食品科技迅速发展起来，开创出饮食品的名牌产品。

　　北方游牧民族有着传统的手工业生产方式，饮食谈不上有科技含量，只能说是制作，即食物和菜肴的做法。饮食结构和菜肴美味的地域性、民族性特点，决定了有一套相应的制作方法。

　　就肉食而言，形成炙、脯、烤、煮、腊等做法。宋人路振的《乘轺录》中记述了契丹人在招待宋使的宴席上有鹿、雁、牛、熊、貉的腊肉，还有羊、豚、雉、兔的濡肉。在猎取动物后，为了防止腐坏，腌晒加工成腊肉。在《辽史》中有很多"以酒脯祀天地"之类的记载，脯肉就是干肉。内蒙古、辽宁等地的辽墓壁画中，常见煮肉的场面。其中，内蒙古自治区敖汉旗羊山1号辽墓⑪壁画的"烹饪宴饮图"，左侧绘一深腹大鼎，内煮兽腿和肉块，一契丹人用棍插入鼎内搅动，另一侍者蹲在方案后持刀准备切肉（图30）。

　　蒙古族的肉食制作也有多种方法。《饮膳正要》卷三记载：

图30　内蒙古自治区敖汉旗羊山1号辽墓壁画烹饪宴饮图　辽

"塔剌不花，一名土拨鼠，味甘，无毒，……煮食之。"举办宴会时，要摆列烧烤器具，烤食野味。《居家必用事类全集》介绍了宴席上烤肉的方式，野味有塔剌不花、黄鼠、野鸭、川雁、黄羊、獐、鹿，烤肉时洒抹油、盐、酱、醋等调料。内蒙古自治区元代遗址和窖藏中常见烤肉的铁火盆、铁烤架，说明这种制作方法比较普遍。元代蒙古族烹制鹿尾和鹿唇时，要"冷水下，慢火煮。"[118]烹煮熊掌工艺为"得酒、醋、水三件同煮，熟，即大如皮球，且易软也。"[119]现代蒙古族食牛、羊肉，多用煮、烤、炒、涮，还制作肉脯、血肠（图31）等。

图31 蒙古族煮血肠

乳食是北方游牧民族传统的饮食，在北魏贾思勰的《齐民要术》卷六养羊第五七条记载了"作酪法"。根据石汉声先生的译文说："作酪法，牛奶、羊奶都可以作，分开来或混合着作，任随人意。把奶倒入锅里，用慢火熬。火急，就会焦糊。最好在正月或二月，预先收集牛羊屎，干燥，用来熬奶第一好；烧草，草灰飞起，会落在奶里；烧柴，容易焦底；干牛羊粪作燃料，火力软弱，能避免这两种毛病。熬奶时，常用杓子搅动奶。四、五沸后，停止熬奶，稍微晾一晾，用树枝弯一个圈，撑着生绢作袋子，让热奶通过袋子滤到瓦罐中，卧奶。用‘甜酪’作酵，一升热奶，用小半勺‘酵’，倒进奶中，搅化匀合。卧奶，靠温度调节，暖暖的，稍微比人体温度高一些，最合适。太热，酪会变酸；太冷，酪作不成。用毡子包着瓦罐，使它暖暖的，过一会，用单布盖上。明早，酪就作成了。用酸酪作酵，作成的酪也酸；用甜酪作酵，如果放得太多，作成的酪也是酸的。”[20]

契丹族的奶酪、奶粥是传统的食品。奶粥以奶加米煮制而成，有时为了调味，要添加蔬菜和生油。

元人鲁明善的《农桑衣食撮要》卷上记载了蒙古人作酪的方法，“奶子半勺，锅内炒过后，倾余奶熬数十沸，盛于罐中，候温，用旧酪少许，于奶子内搅匀，以纸封罐口。冬月暖处，夏月凉处顿放，则成酪。”“将好酪于锅内，慢火熬，令稠，去其清水，摊于板上，晒成小块，候极干，收贮。”就制成干酪。将酪盛在桶中，用搅奶棒搅拌，倒入凉水中凝固，再用慢火炼，成为奶酪。熬奶冷却，奶面结皮，去皮再熬，油出去渣，便成酥油。现代蒙古族制酪的方法与以前大致相同，用模具制成奶豆腐（图32）。

面食常见蒸、煮、炸、煎等方法。在辽墓壁画的“宴饮图”、“备食图”中，常出现馒头、馍、点心等面食，采用蒸、炸的方法。辽墓中还出土铁鏊，用以做煎饼，《辽史·礼志》中也记载了契丹人每逢正月初七日都要在庭院中做煎饼。宋人王曾的《行程录》曰：“食止麋粥、秒糯。”麋粥即肉粥，煮食。秒糯即炒米，用糜子蒸煮烘干做成。

契丹人把鲜果制作加工成蜜饯。《契丹国志》卷二一记载，在契丹贺宋朝生日礼单中，有“密晒山果十束梂椀，密渍山果十束梂，匹列山梨柿四束梂，榛栗、松子、郁李子、黑郁李子、面

图 32　蒙古族制作奶食品

枣、楞梨、棠梨二十箱。""密晒山果"、"密渍山果"就是类似今天的果脯。

　　从新石器时代晚期诸遗址出土的陶质酒器看，就知道当时已经酿造酒。其后的历代北方游牧民族的遗迹中，发现有大量各种质地的酒器，说明酿酒、饮酒之风一直盛行。乌桓人"能作白酒，而不知作麹蘖。"[120]匈奴人制作奶酒，并为后代民族所继承。《汉书》卷一九《百官公卿表》记载："武帝太初元年（公元前104 年），更'家马'为'挏马'。"注引应劭曰："主乳马，取其汁，挏治之，味酢可饮，因以名官也。"如淳曰："……今梁州亦名马酪为马酒。"《汉书》卷二二《礼乐志》记载："其七十二人给大官挏马酒。"李奇注："以马乳为酒，撞挏乃成也。"此时的奶酒不掺任何附加物，现代的奶酒添加食用酒精。高度白酒应从辽代开始酿造，内蒙古自治区巴林左旗辽上京故城发现有蒸馏制酒蒸锅，说明已经酿造烧酒。甘肃省敦煌市安西榆林石窟第四窟的"西夏人酿酒图"，画面置一方座塔式酿酒炉，炉前一妇人蹲着控制火苗，旁侧置长颈瓶、高足杯、提梁木桶。明人李时珍的《本草纲目》曰："烧酒非古法也，自元时始创。其法用浓酒和糟如甑，蒸气令上，用器承取滴露。……其清如水，味极浓烈，盖酒露也。"2002 年，在江西省李渡酒业有限公司改造老厂房时，发现大型酿造烧酒的作坊遗址，证实了元朝时期已盛行高度白酒，但不是首创。

　　茶在南北朝时期传入北方游牧民族地区，为诸民族所喜好。契丹人的饮茶方法有两种，在辽代早、中期为煎茶，辽代晚期为点茶。河北省宣化市辽张文藻壁画墓[12]的"茶道图"，在人物中间绘茶碾、朱漆盘，盘内有锯子、毛刷、茶砖，茶炉上置一执壶，炉前有一曲柄团扇。其煮茶用具就是点茶的表现，而且有一套碾茶、煮茶、点茶、贮茶等工序，可想当时人们对茶的热衷程度（图33）。

图33　河北省宣化辽张文藻墓葬壁画茶道图　辽

① 林耀华主编：《民族学通论》（修订本），第86页，中央民族大学出版社，1997年。

② 内蒙古自治区文物考古研究所、鄂尔多斯博物馆：《朱开沟——青铜时代早期遗址发掘报告》，文物出版社，2000年。

③ 项春松、李义：《宁城县小黑石沟石椁墓调查清理报告》，《文物》1995年第5期。

④ 朱贵：《辽宁朝阳十二台营子青铜短剑墓》，《考古学报》1960年第1期。

⑤ 锦州博物馆：《辽宁锦西乌金塘东周墓调查记》，《考古》1960年第5期。

⑥ 曾庸：《辽宁西丰西岔沟古墓群为乌桓文化遗迹论》，《考古》1961年第6期。

⑦ 中国科学院考古研究所内蒙古工作队：《内蒙古巴林左旗南杨家营子的遗址和墓葬》，《考古》1964年第1期。

⑧ 乌兰察布博物馆：《察右后旗三道湾墓地》，《内蒙古文物考古文集》第一辑，第407~433页，中国大百科全书出版社，1994年。

⑨ ［唐］房玄龄等撰：《晋书》卷一一三《苻坚载记》，中华书局，1974年标点本。

⑩ ［宋］司马光撰：《资治通鉴》卷一〇八晋太元二十年条，中华书局，1956年标点本。

⑪ ［北齐］魏收撰：《魏书》卷三五《崔浩传》，中华书局，1974年标点本。

⑫ ［北齐］魏收撰：《魏书》卷一〇三《高车传》，中华书局，1974年标点本。

⑬ ［北齐］魏收撰：《魏书》卷一一〇《食货志》，中华书局，1974年标点本。

⑭ ［梁］萧子显撰：《南齐书》卷五九《芮芮虏传》。中华书局，1972年标点本。

⑮ ［唐］魏征等撰：《隋书》卷八四《突厥传》，中华书局，1973年标点本。

⑯ ［后晋］刘昫等撰：《旧唐书》卷一九四《突厥传》，中华书局，1975年标点本。

⑰ ［后晋］刘昫等撰：《旧唐书》卷六二《郑元璹传》，中华书局，1975年标点本。

⑱ ［元］脱脱等撰：《辽史》卷五九《食货志》上，中华书局，1974年标点本。

⑲ ［宋］司马光撰：《资治通鉴》卷二七一后梁龙德元年冬十一月条，中华书局，1956年标点本。

⑳ ［元］脱脱等撰：《辽史》卷六〇《食货志》下，中华书局，1974年标点本。

㉑ 同⑳。

㉒ 同⑳。

㉓　项春松：《克什克腾旗二八地辽墓》，《内蒙古文物考古》第 3 期，1984 年。

㉔　[宋] 孟珙：《蒙鞑备录》，王国维笺证本，载《蒙古史料校注四种》上卷，北京，1926 年刊印。

㉕　长春真人：《西游记》，王国维笺证本，载《蒙古史料校注四种》上卷，北京，1926 年刊印。

㉖　冯承钧译本：《多桑蒙古史》上册，中华书局，1962 年。

㉗　同㉖。

㉘　洪钧：《元史译文证补》卷一上，光绪二十三年版。

㉙　同㉘。

㉚　冯承钧译本：《多桑蒙古史》上册，中华书局，1962 年。

㉛　[宋] 彭大雅、徐霆：《黑鞑事略》，王国维笺证本，载《蒙古史料校注四种》上卷，北京，1926 年刊印。

㉜　同㉛。

㉝　[宋] 孟珙：《蒙鞑备录》，王国维笺证本，载《蒙古史料校注四种》上卷，北京，1926 年刊印。

㉞　朱风、贾敬颜译：《汉译蒙古黄金史纲》，内蒙古人民出版社，1985 年。

㉟　郝维民：《内蒙古自治区史》，内蒙古人民出版社，1991 年。

㊱　梁铁城主编：《三色星火——草业》，第 14 页，内蒙古文化出版社，2001 年。

㊲　中国社会科学院考古研究所东北工作队：《内蒙古宁城县南山根 101 号石椁墓》，《考古》1981 年第 4 期。

㊳　朱贵：《辽宁朝阳十二台营子青铜短剑墓》，《考古学报》1960 年第 1 期。

㊴　[汉] 班固撰：《汉书》卷九四《匈奴传》下，中华书局，1962 年标点本。

㊵　[汉] 司马迁撰：《史记》卷一一〇《匈奴列传》，中华书局，1959 年标点本。

㊶　曾庸：《辽宁西丰西岔沟古墓群为乌桓文化遗迹论》，《考古》1961 年第 6 期。

㊷　呼伦贝尔盟文物管理站：《鄂伦春自治旗嘎仙洞遗址 1980 年清理简报》，《内蒙古文物考古文集》第二辑，第 444～452 页，中国大百科全书出版社，1997 年。

㊸　内蒙古文物工作队：《内蒙古扎赉诺尔古墓群发掘简报》，《考古》1961 年第 12 期。

㊹　壁画现藏于内蒙古博物馆。

㊺　丁学芸：《布图木吉金带饰及其研究》，《内蒙古文物考古文集》第二辑，第 463～473 页，中国大百科全书出版社，1997 年。

㊻　捺钵，系契丹语的汉语译音，汉语译为"行营"、"营盘"。《辽史》卷三一《营卫志》记载："有辽始大，设制尤密，居有宫卫，谓之斡鲁朵；出有行营，

谓之捺钵。”

㊼ ［日］田村实造、小林行雄：《庆陵》，京都大学文学部，1952年。

㊽ 王健群、陈相伟：《库伦辽代壁画墓》，文物出版社，1989年。

㊾ 哲里木盟博物馆等：《库伦旗第五、六号辽墓》，《内蒙古文物考古》第2期，1982年。

㊿ ［明］宋濂等撰：《元史》卷一五《世祖纪》一二，中华书局，1976年标点本。

(51) 项春松、王建国：《内蒙古昭盟赤峰三眼井元代壁画》，《文物》1982年第1期。

(52) 内蒙古自治区文物考古研究所、鄂尔多斯博物馆：《朱开沟——青铜时代早期遗址发掘报告》，文物出版社，2000年。

(53) 内蒙古自治区文物考古研究所：《内蒙古克什克腾旗龙头山遗址第一、二次发掘简报》，《考古》1991年第8期。

(54) ［蒙古］策·道尔吉苏荣：《北匈奴》，乌兰巴托出版社，1961年。

(55) ［汉］班固撰：《汉书》卷九四《匈奴传》上，中华书局，1962年标点本。

(56) 孙守道：《“匈奴西岔沟文化”古墓群的发现》，《文物》1960年第8、9期合刊；根据考证，应为乌桓的遗迹，见曾庸：《辽宁西丰西岔沟古墓群为乌桓文化遗迹论》，《考古》1961年第6期。

(57) ［晋］陈寿撰：《三国志·魏志》卷三〇《乌丸传》裴注引王沈《魏书》，中华书局，1959年标点本。

(58) ［北齐］魏收撰：《魏书》卷一《序纪》，中华书局，1974年标点本。

(59) ［北齐］魏收撰：《魏书》卷三《太宗纪》，中华书局，1974年标点本。

(60) ［北齐］魏收撰：《魏书》卷一一〇《食货志》，中华书局，1974年标点本。

(61) 辽宁省文物考古研究所等：《朝阳十二台乡砖厂88M1发掘简报》，《文物》1997年第11期。

(62) 郭素新：《内蒙古呼和浩特北魏墓》，《文物》1977年第5期。

(63) 突厥文《铁尔痕碑》，1957年发现于蒙古国杭爱山西北铁尔痕河谷，为回鹘汗国早期遗物。

(64) ［宋］叶隆礼撰：《契丹国志》卷二三《四京始末》，上海古籍出版社，1985年标点本。

(65) ［元］脱脱等撰：《辽史》卷二一《道宗纪》，中华书局，1974年标点本。

(66) ［元］脱脱等撰：《辽史》卷六〇《食货志》下，中华书局，1974年标点本。

(67) 遗物藏于内蒙古巴林左旗博物馆，资料未发表。

(68) ［宋］李焘撰：《续资治通鉴长编》卷三一八，中华书局，1979年标点本。

⑥　［宋］李焘撰：《续资治通鉴长编》卷三一九，中华书局，1979 年标点本。

⑦　［清］吴广成：《西夏书事》卷二五。

⑦　［元］脱脱等撰：《宋史》卷一七五《食货志》上三，中华书局，1977 年标点本。

⑦　［元］李焘撰：《续资治通鉴长编》卷一六八，中华书局，1979 年标点本。

⑦　［清］戴锡章：《西夏纪》卷一三，银川，宁夏人民出版社，1988 年。

⑦　《明太宗实录》卷四七。

⑦　王崇古：《酌许房王请乞四事疏》，载《明经世文编》卷三一八，中华书局，1962 年。

⑦　［明］萧大亨：《夷俗记·耕猎》。

⑦　辽宁省博物馆文物工作队：《辽宁林西县大井古铜矿1976年试掘简报》，《文物资料丛刊》7，1983 年。

⑦　［宋］范晔撰：《后汉书》卷九〇《乌桓传》，中华书局，1965 年标点本。

⑦　［晋］陈寿撰：《三国志·魏志》卷三〇《乌丸传》裴注引王沈《魏书》，中华书局，1959 年标点本。

⑧　［唐］李延寿撰：《北史》卷九九《突厥传》，中华书局，1974 年标点本。

⑧　［元］脱脱等撰：《辽史》卷七《穆宗纪》下，中华书局，1974 年标点本。

⑧　洲杰：《赤峰缸瓦窑村辽代瓷窑调查记》，《考古》1973 年第 4 期。

⑧　张景明：《论辽代金银器》，《考古与文物》2001 年第 2 期。

⑧　［宋］李焘撰：《续资治通鉴长编》卷一三二，中华书局，1979 年标点本。

⑧　内蒙古博物馆等：《镶黄旗乌兰沟出土一批蒙元时期金器》，《内蒙古文物考古文集》第一辑，第 605～609 页，中国大百科全书出版社，1994 年。

⑧　盖山林：《兴和县五甲地古墓》，《内蒙古文物考古》第 3 期，1984 年。

⑧　内蒙古自治区敖汉旗博物馆：《敖汉旗发现的元代金银器窖藏》，《内蒙古文物考古》1991 年第 1 期。

⑧　［汉］司马迁撰：《史记》卷一一〇《匈奴列传》，中华书局，1959 年标点本。

⑧　［汉］班固撰：《汉书》卷九四《匈奴传》上，中华书局，1962 年标点本。

⑨　同⑧。

⑨　［宋］范晔撰：《后汉书》卷九〇《乌桓传》，中华书局，1965 年标点本。

⑨　［宋］范晔撰：《后汉书》卷九〇《鲜卑传》，中华书局，1965 年标点本。

⑨　［北齐］魏收撰：《魏书》卷一〇三《高车传》，中华书局，1974 年标点本。

⑨　［唐］李延寿撰：《北史》卷九九《突厥传》，中华书局，1974 年标点本。

⑨　［清］董诰等编：《全唐文》卷六九九《赐太和公主敕书》，中华书局，

1983 年。

⑨⑥ ［北齐］魏收撰：《魏书》卷一〇三《高车传》，中华书局，1974 年标点本。

⑨⑦ ［宋］彭大雅、徐霆：《黑鞑事略》，王国维笺证本，载《蒙古史料校注四种》上卷，北京，1926 年刊印。

⑨⑧ ［宋］汪元量：《湖山类稿》卷三，中华书局，1985 年。

⑨⑨ 魏坚主编：《内蒙古中南部汉代墓葬》之《凤凰山墓葬》，中国大百科全书出版社，1998 年。

⑩⓪ 前热河省博物馆筹备组：《赤峰县大营子辽墓发掘简报》，《考古学报》1956 年第 3 期。

⑩① 昭盟文物工作站：《内蒙古解放营子辽墓发掘简报》，《考古》1979 年第 4 期。

⑩② 骨箸现藏于内蒙古自治区巴林右旗博物馆。

⑩③ 内蒙古自治区文物考古研究所：《丰镇市八号地元代遗址发掘简报》，《内蒙古文物考古文集》第一辑，第 636～638 页，中国大百科全书出版社，1994 年。

⑩④ 项春松、王建国：《内蒙古昭盟赤峰三眼井元代壁画》，《文物》1982 年第 1 期。

⑩⑤ 盖山林：《兴和县五甲地古墓》，《内蒙古文物考古》第 3 期，1984 年。

⑩⑥ 王崇古：《酌许房王请乞四事疏》，《明经世文编》卷三一八，中华书局，1962 年。

⑩⑦ 赵荣光、谢定源：《饮食文化概论》，第 43～44 页，中国轻工业出版社，2000 年。

⑩⑧ 项春松、李义：《宁城县小黑石沟石椁墓调查清理报告》，《文物》1995 年第 5 期。

⑩⑨ 甘肃博物馆：《酒泉、嘉峪关晋墓的发掘》，《文物》1979 年第 6 期。

⑩⑩ 辽宁省博物馆文物队等：《朝阳袁台子东晋壁画墓》，《文物》1984 年第 6 期。

⑪① ［元］脱脱等撰：《辽史》卷七《穆宗纪》下，中华书局，1974 年标点本。

⑪② ［宋］叶隆礼撰：《契丹国志》卷一〇《天祚皇帝》上，上海古籍出版社，1985 年标点本。

⑪③ 内蒙古自治区巴林左旗博物馆：《内蒙古巴林左旗滴水壶辽代壁画墓》，《考古》1999 年第 8 期。

⑪④ 邵国田：《敖汉旗羊山 1—3 号辽墓清理报告》，《内蒙古文物考古》1999 年第 1 期。

⑪⑤ ［元］杨允孚：《滦京杂咏》，《知不足斋丛书》本，民国十年影印本。

⑪⑥ ［元］贡泰师：《上京大宴和樊时中侍御》，《玩斋集》，顾嗣立编《元诗选》，

初集，戊集。

⑰ 邵国田：《敖汉旗羊山 1—3 号辽墓清理简报》，《内蒙古文物考古》1999 年第 1 期。

⑱ ［元］《居家必用事类全集·庚集》，选自《四库全书·子部》，上海古籍出版社，2002 年。

⑲ ［元］贾铭撰：《饮食须知》卷八，中国商业出版社，1985 年。

⑳ 石声汉：《齐民要术今译》，科学出版社，1957 年。

㉑ ［晋］陈寿撰：《三国志·魏志》卷三〇《乌丸传》裴注引王沈《魏书》，中华书局，1959 年标点本。

㉒ 河北省文物研究所等：《河北宣化辽张文藻壁画墓发掘简报》，《文物》1996 年第 9 期。

第四章 北方游牧民族饮食器的分类

饮食器在饮食文化中属于物质组成部分，与饮食结构、菜肴美味相对应，讲究实用性和外观的审美性。北方游牧民族也经历了"汙尊而抔饮"的原始时代，以及从无食器向有食器转变的时期。饮食器从质地上分石、木、皮、陶、瓷、铜、铁、金、银等，从用途上分炊煮器、贮藏器、盛食器、进食器、饮用器等。现根据民族的族系①分别介绍。

第一节 东胡系民族的饮食器

东胡系民族包括山戎、东胡、乌桓、鲜卑、柔然、契丹、库莫奚、室韦、蒙古等。因山戎、东胡、乌桓、鲜卑、契丹、蒙古的遗迹保留下来的较多，出土的饮食器比较丰富，以此为例。这一族系的饮食器基本上分为本民族型和外来民族型两类，既有诸民族传统的特征，又受中原地区、西方国家的影响，有的器物为直接的输入品。

一 山戎、东胡的饮食器

从考古学资料看，山戎、东胡的遗迹主要发现于内蒙古东南部、辽宁省西部、河北省北部、北京市等地区。以夏家店上层文化遗址和辽宁省发现的战国时期的遗迹为代表，时代从西周延续至战国，前者为山戎的遗迹，后者为东胡的遗迹。

夏家店上层文化遗址，出土的饮食器分陶、铜两种。陶器多为夹砂红褐陶，有少量的灰褐和黑褐陶，陶质疏松，火候较低，均为手制，器表多素面抹光。铜器为铜、锡、铅的合金，采用模铸和分范合铸的技法，制作较精致。内蒙古自治区克什克腾旗龙头山遗址②出土的陶器，分炊煮器、贮藏器、盛食器。炊煮器有鬲、甗。鬲分四种类型，有筒腹鬲、鼓腹鬲、扁腹鬲、乳足鬲，口下多饰錾耳，三足（图34）。甗为鬲与甑的组合体，腹稍鼓或

图34　红褐陶鬲　西周

呈筒形，口下饰錾耳，三足。贮藏器有瓮、罐。瓮为敛口，鼓腹，平底，器型大。罐的类型很多，有高领、矮领、敛口、筒形之分，筒式腹或鼓腹，平底。盛食器有钵、碗、豆。钵依口部变化分敞口钵、敛口钵、凹口钵、方口钵，弧腹或曲腹，平底或圈底或假圈足。碗为敞口，腹部较浅，大平底。豆有两种，即浅盘、束腹喇叭形座和双腹浅盘，个别豆座镂孔。炊煮器为三足，足间可生火，使器物底部受火面积扩大，起到熟食快的作用。盛食器、贮藏器多为平底器，少量为圈底和圈足，钵、盆、鬲多附錾耳，个别罐附桥形耳，便于搬运和携带。

内蒙古自治区宁城县小黑石沟遗址与墓葬[③]出土的陶器和铜器，分炊煮器、贮藏器、盛食器、进食器、分食器和饮用器（图35）。陶器的用途和器类与龙头山遗址相同，以铜器为例。炊煮器有鬲，为侈口，鼓腹，三实心足，肩部附云雷纹兽耳。贮藏器有罐，分平底罐、圈底罐、瓜棱罐。盛食器有簋、豆、盨、联罐。簋分两类，一为方座，平口，腹稍鼓，腹两侧接铸兽形双耳；一为敞

图35　单耳青铜杯　西周晚期至春秋中期

口，弧腹，圜底，高圈足，肩下部饰一周鸟纹。豆为平口，浅盘，细长柄，喇叭形底或镂空底座；六联豆正中为一圜底罐，沿肩部一周分铸六个小錾耳，耳接铸六个浅盘，细长柄，喇叭形底。盨仅见盖，长方形，平口。联罐分双联罐和四联罐，腹部相连不相通。进食器有铜刀，为弧背凹刃，柄部的装饰图案与柄首变化大。分食器有勺，分祖柄和长柄。饮用器有罍、壶、盉、尊。罍为敞口，斜腹，圈足，腹部接铸兽形耳。壶为长弧腹，平底，子母口有盖，肩两侧各有一桥形竖耳，肩与盖之间饰一作攀附状的兽。盉为子母口盖，折腹，长流，平底内凹，一侧附兽形把。尊为敞口，直腹，高圈足。其中，鬲、簋、豆、盨、罍、盉、尊又可作礼器，具有中原地区的特征，当为输入品。刀、联罐、联豆为游牧民族特色的饮食器，六联豆应为涮肉用具，联罐分格盛食，用餐讲究。

东胡的遗迹发现较少，辽宁省朝阳市十二台营子墓葬[④]和锦西县乌金塘墓葬[⑤]，出土的饮食器仅见青铜刀和陶器，陶器因残而形状不清。内蒙古自治区林西县井沟子东胡墓葬[⑥]出土的饮食器主要为陶器，多数是夹砂红褐陶，还有夹砂灰褐陶和泥质灰陶。陶器烧制的火候不高，表面色泽不均，系泥圈套接法成形。炊煮器有鬲、罐。鬲为筒形腹，下附四个或三个足。罐的口部变化大，鼓腹，平底，下腹或器表有烟熏痕迹。盛食器有钵，敞口，圆唇，沿外加厚形成外叠唇，腹中部缓折，平底。贮藏器有罐、壶。罐的形状与同类器型的炊煮器相同。壶为斜直口，圆唇，束颈，鼓腹，平底。进食器有铜刀、骨匕。铜刀为弧背弧刃，刀首上翘，齿柄。骨匕呈窄长条形，首部为扁平铲状，柄端钻孔。

二 乌桓、鲜卑的饮食器

乌桓的考古学资料发现甚少，只有辽宁省西丰县西岔沟墓葬确定为乌桓的遗迹⑦。出土的饮食器主要为陶器，多为夹砂粗陶，陶色分红褐和灰黑色，器形有壶、罐、碗、杯。壶为装水或装酒之用，敞口，长颈，鼓腹，平底；还有一种注壶，一侧带流。罐为贮食之用，敛口，短颈，鼓腹，平底。碗为盛食器，敞口，弧腹，平底。杯为饮用器，敞口，斜腹，平底，一侧带环形把。进食器有铜刀，弧背凹刃，兽首柄。炊煮器有铁釜。饮食器的器类简单，制作粗糙，具有明显的游牧生活特点。

根据内蒙古自治区满洲里市扎赉诺尔墓葬、额尔古纳市拉布达林墓葬、陈巴尔虎旗完工墓葬、巴林左旗南杨家营子墓葬、察右后旗三道湾墓葬的资料看，东汉时期，拓跋鲜卑从大兴安岭北段不断南迁的过程中，饮食器基本保持一致，只在形状上略有区别。以额尔古纳市拉布达林墓葬⑧为例。

饮食器主要是陶器、桦树皮器，还有少量的铁器。陶器以夹砂粗陶为主，陶色分红褐和黑褐，有少量的细泥灰陶。器形有罐、壶、钵、碗、尊。罐有大小之分，器形基本相同，大口外敞，有方唇和尖唇两种，颈部短，长鼓腹，平底假圈足，大型罐作贮藏器，小型罐可盛食。壶为敞口，方唇，短颈，长弧腹，平底，为盛水或盛酒器。钵为直口，方圆唇，假圈足。碗为斜口，方唇，弧腹，假圈足，作盛食之用。尊为敛口，平唇，长弧腹，假圈足，腹部附环形单耳，作饮用器。桦树皮器是鲜卑物质文化的重要组成部分，有着独特的制作工艺，器形有壶、罐、筒，作盛食、盛水之用。壶为直口，高领，斜肩，直腹，平底内凹。罐为小口，斜折肩，直腹，双层平底内凹。筒为直口，筒腹，平底内凹。

内蒙古自治区满洲里市扎赉诺尔墓葬⑨出土铜镎、铁刀、木勺和陶器（图36）。铜镎为炊煮器，侈口，圆腹，圈足，双耳（图37）。木勺用松木制作，外涂红色。铁刀分弧背凹刃和直背直刃两种，为进食器。

北魏时期，拓跋鲜卑的大部进入中原地区，留者主要活动于阴山以南的内蒙古中南部、山西省北部、宁夏北部。以内蒙古自治区呼和浩特市美岱村墓葬[⑩]为例。

图36 单耳褐陶杯 东汉

图37 铜镂 东汉

出土的饮食器以陶器为主，分夹砂陶和泥质陶两种，还有铜器。器形有罐、壶、镂、勺。罐为陶质，敞口，深腹，平底，用作贮藏和盛食。壶为陶质，分短颈陶壶、细颈陶壶、粗颈陶壶、带流陶壶，皆为鼓腹，平底，作盛水之用。镂为铜质，深腹，双耳，高圈足镂孔，为炊煮器。勺为铜质，椭圆形勺头，作进食器。

慕容鲜卑入居辽西地区后，在今辽宁省留下许多遗迹，以朝阳市王子坟山两晋时期墓葬[⑪]为例。

饮食器主要为陶器，还有少量铁器。陶器以泥质灰陶为主，夹砂褐陶占有一定的比例，器形有罐、壶、尊。壶分盘口、杯口、联腹式三种类型，为鼓腹，平底，盛水之用。罐有侈口罐、束颈罐、侈口折肩罐、卷沿鼓腹罐，为平底，作贮藏或盛食之用。尊为酒器，敞口，圆唇，深腹，直壁或曲腹，平底。进食器有铁刀，弧背凹刃，长方形柄。

　　乌桓、鲜卑的饮食器以平底器居多，还有圈足器和假圈足器，缺少三足器，耳、鋬不发达（图38）。铜鍑、铁鍑的造型比较独特，成为鲜卑的典型器物。桦树皮器以其别具一格的造型艺术，对后代东胡系和肃慎系民族有很大影响。

图38　群马纹灰陶壶　北魏

三　契丹的饮食器

契丹立国前发现的遗迹比较少，以内蒙古自治区巴林右旗塔布敖包墓葬⑫为例。饮食器多为陶器，还有少量的铁器。陶器分泥质灰陶和夹砂灰陶，有的施黑色陶衣，多数为轮制，器形有壶、罐、碗。壶分小口高领壶和盘口壶，为盛水或盛乳器。小口高领壶，敞口，圆唇，直领稍外倾，鼓腹，底内凹；盘口壶，盘口，卷唇，束颈，鼓腹斜收，平底。罐分敞口罐和高领罐。敞口罐，大敞口，颈微束，圆腹，小平底略内凹，作贮藏或炊煮之用；高领罐，敞口，圆唇，鼓腹，底内凹，作盛食之用。碗为盛食器，敞口，圆唇，曲腹，平底。铁刀呈平背或弧背，弧刃或复刃，细柄，配鞘，为进食器。从契丹人早期的游牧生活看，皮制、木制的饮食器比较普遍，但目前缺乏实物佐证。

契丹立国后的饮食器，文献和考古发掘资料都很丰富。从质地上分陶器、瓷器、金器、银器、铜器、铁器、木器、皮革器等，种类繁多，在中国古代饮食器的发展史上占有重要地位。以内蒙古自治区阿鲁科尔沁旗耶律羽之墓⑬、奈曼旗陈国公主墓⑭和辽宁省朝阳市南大街窖藏⑮为例。

耶律羽之墓为辽代早期的遗迹，出土的饮食器有金杯、银碗、银盘、银勺、釜形铁鼎、铁执壶、瓷鸡冠壶、瓷瓶、瓷罐、瓷钵、瓷碗等。五瓣花形金杯，花式口，曲腹，圈足，外腹饰卷草芦雁纹，内底模压双鱼纹（图39）。金花银碗，敞口，弧腹，圈足，内底錾刻摩羯纹。鎏金錾花银把杯，敞口呈七边形，平沿，腹作七面，圈足，腹部錾刻形态各异的人物像，似“高士图”。鎏金錾花银盘，口沿立折，呈五曲形，内平沿，腹部斜垂，圈足，盘底錾刻双凤纹。鎏金錾花银壶，圆唇外卷，高领，圆腹，平底，腹部錾刻“孝子图”。银勺，勺头呈椭圆形，细长柄。

图 39　五瓣花形芦雁纹金杯　辽

铁鼎，呈釜形，敛口，圜底，下附三兽足。铁执壶，直口，高
领，折肩，斜腹内收，矮圈足，肩部有流，另一侧肩腹部附执
柄。瓜棱腹陶壶，灰陶，施黑色陶衣，圆唇，喇叭形口，颈外
张，鼓腹斜收，凹底，上腹竖饰七条等分线，形如瓜棱。白瓷皮
囊式鸡冠壶，直流，半圆形提梁，扁圆腹，平底。白瓷盘口瓶，
盘口，细长颈，圆腹弧收，圈足略外撇，两侧肩部和下腹附对称
的桥形带穿。白瓷盖罐，子母口，矮领，五瓣形腹，圈足，器盖
正中饰扁圆钮。白瓷钵，敞口，圆唇，束颈，腹略鼓，圈足。白
瓷碗，五曲葵口外撇，方唇，斜腹，圈足。浅酱釉瓷壶，喇叭
口，颈外张，鼓腹斜收，圈足外撇。青瓷双耳四系盖罐，直口，
平唇，圆腹斜收，圈足，肩部竖置长方形穿孔鋬耳一对，间有两
对半圆形双系。"盈"字款白瓷碗，敞口，圆唇，腹部弧收，假
圈足，底正中刻行书"盈"字。葵口青瓷碗，敞口，圆唇，腹部
稍弧，器身呈五瓣状，圈足。杯为饮酒器，碗、钵、盘为盛食
器，壶、瓶为盛水或盛酒器，罐为贮藏器，鼎为炊煮器，执壶为
茶具，勺为进食器。

　　陈国公主墓为辽代中期遗迹。出土的饮食器有银钵、银执壶、银盏托、银匙、银刀、铜盘、瓷壶、鸡腿瓶、瓷罐、瓷碗、瓷盘、玻璃杯、玻璃盘、木鸡冠壶等。银钵，直口微敛，方唇，弧腹，平底，内底錾刻缠枝荷叶莲花纹，图案鎏金。银执壶，直口，广肩，鼓腹，矮圈足，肩一侧焊接管状直流，另一侧为宽扁的把，把上部焊小环形钮，有银链与壶盖相连。银盏托，由托、托盘组成，托为直口，平底；托盘为敞口，弧腹，高圈足（图40）。银匙，匙头呈扁平椭圆形，后有弯曲的细长柄。银刀，刀身细长，厚脊单面刃，圆柱状玉柄，平头，银鞘鎏金。铜盘，花口，浅腹，平底，内底錾刻卷云纹，外缘錾联珠纹。绿釉长颈盖壶，子母口，长颈，鼓腹，平底微凹，盖上饰钮。茶绿釉鸡腿瓶，小口，短颈，溜肩，筒腹，平底。绿釉罐，侈口，圆唇，短颈，溜肩，鼓腹，圈足。花口白瓷碗，敞口作十二曲花瓣状，深

图40　银盏托　辽

腹，圈足。青瓷碗，敞口，圆唇，腹壁斜收，小圈足。青瓷盘，侈口呈六曲花瓣形，弧腹，圈足外撇，内底印双蝶纹。玻璃杯，

口微敛，鼓腹，假圈足，口腹部附环形把，上端有扁圆状突起。玻璃盘，敞口，圆唇，弧腹，圈足，腹壁饰棱锥形乳钉（图41）。木鸡冠壶，方形直口，器身扁宽，平底。器物用途如同耶律羽之墓出土的饮食器，只是在器形、质地上发生了变化。木鸡冠壶属于首次发现，契丹人传统的器物，马上携带用于盛酒或盛水。玻璃器形状与中亚一带的同类器相近，为输入的舶来品。

图41　乳钉纹玻璃盘　辽

辽宁省朝阳市南大街窖藏出土的饮食器有铜釜、铜镳斗、铜勺、铁壶等。铜釜，敛口，斜方唇，弧腹，圜底，下附三足，盖为覆钵式，为炊煮器。铜镳斗，直口，斜沿，腹壁内斜，平底略下凹，口沿上有流，与直柄呈直角，为温酒器或热水之用。铜勺，勺面作莲花式，曲口，花式长柄，为分食器。铁壶，直口，圆唇，鼓腹，平底，肩下有圆管流，为盛水器。

在辽代契丹人的饮食器中，最典型的是仿皮囊式制作的鸡冠壶，用以盛酒或装水，质地有陶、瓷、木、银等，根据器形变化可以分为三期。辽代早期的鸡冠壶分两种，一类见于契丹立国之初，环状提梁，直流，口部有仿皮钉装饰，扁圆腹，腹上有凸棱似如皮囊缝合，平底（图42）；另一类为直流，单孔鋬耳，似鸡冠状，腹扁圆，器身矮，平底或内凹，个别的带矮圈足（图43）。辽代中期的鸡冠壶，直口，单孔或双孔耳，耳呈长方形或鸡冠状，有的在耳上堆塑猴、蜥蜴等动物，器身扁且增高，平底或圈足，也有仿皮囊缝合装饰。辽代晚期的鸡冠壶，直流，高提梁，瘦长腹，有的也有仿皮囊缝合，圈足，原来的鸡冠耳已变为扭索式或环形提梁，器体变高（图44）。这种鸡冠壶的原型是皮囊壶，为契丹人传统的饮食器。

辽代的三彩器是在继承唐三彩的基础上所独创，有黄、绿、白三色，缺乏唐三彩中的靛蓝，以辽代中晚期出现的居多。常见的饮食器有长盘、圆盘、海棠式盘、方碟、执壶、果盒等，还有仿生造型，如鸳鸯壶、摩羯壶、龟形壶等。这也是辽代契丹人饮食器的一个主要特征。

图42　白釉提梁皮囊式鸡冠壶　辽　　　图43　白釉单孔鸡冠壶　辽

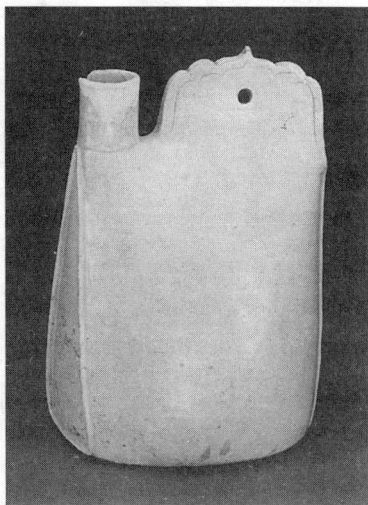

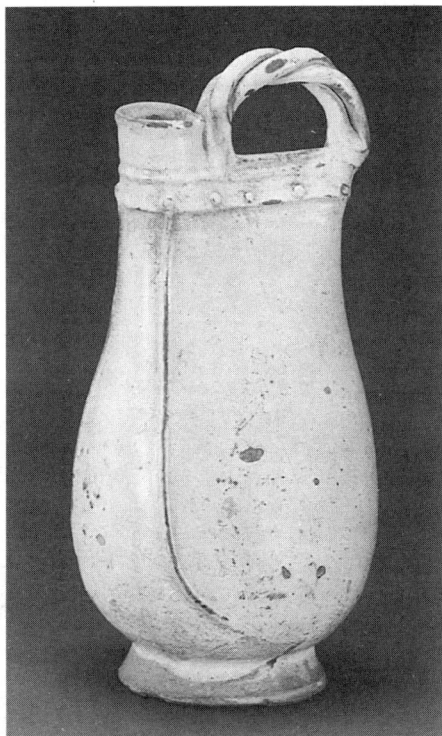

图44 白釉提梁鸡冠壶 辽

辽代壁画中，有很多反映饮食内容的场面，其中陈设有许多
类型的饮食器。内蒙古自治区敖汉旗羊山1号辽墓[16]壁画的"茶
道图"，桌前置一盛食的竹筒，右侧有一个三足铁火盆，盆上放
两个煮茶的执壶；桌上放四套带托的盏杯，一杯内盛枣，还有
盘、碗、盖壶各一件，盘内盛果子；桌左侧一侍者双手端盛果子
的盘正欲放置，右侧一侍者手端小盏正往盏托上放（图45）。画
中涉及的饮食器达七种之多。

辽代契丹人的进食器类型也发生了很大的变化，除传统的

图45 内蒙古自治区敖汉旗羊山1号辽墓壁画茶道图 辽

刀、匙外，普遍出现了箸，这在实物和墓葬壁画中都能反映出来。箸分银箸、铜箸、骨箸、漆木箸，形状有锥形、柱形、扁方形，已接近现代的筷子，打破了北方游牧民族进食器的刀、匙传统⑰。

契丹人的盛酒器和饮酒器种类很多，文献中出现浑脱、鹿瓶、爵、瓠、琥珀杯等。《辽史》卷七《穆宗纪》下载："造大酒器，刻为鹿文，名曰'鹿瓶'，贮酒以祭天。"在辽怀州城曾发现窖藏大型陶器，器形多为瓶、罐、壶，其中一件灰陶罐，器身刻双鹿，可能与"鹿瓶"酒器有关。《全辽诗语》引《宋史》曰："辽宴宋使，劝酒器不一。其间最大者，剖大瓠之半，范以金，受三升。前后使者无能饮者，惟方偕一举而尽，辽主大喜，遂目其器为方家瓠，每宴宋使即出之。"⑱这种大瓠为经加工过的瓢形葫芦器，成为宴请宋使的必备酒器。

四　蒙古族的饮食器

由于蒙古民族共同体形成以前和建立蒙古国时期的遗迹、遗物发现的特别少，不能以实物对饮食器进行论述。根据早期蒙古族从事的畜牧业经济类型看，皮制、木制饮食器比较普遍，蒙古国时期还有金、银、陶、瓷等饮食器，多为征战获得。《元史》卷一《太祖纪》记载："常与诸族及薛彻别吉之母忽儿真之前，共置马湩三革囊；薛彻别吉次母野别该之前，独置一革囊。"皮囊是当时盛装饮料的主要器物。

建元以后，饮食器除本民族传统的以外，主要受中原地区的影响，以内蒙古自治区兴和县五甲地墓葬[⑲]和凉城县后德胜墓葬[⑳]为例，前者是元代蒙古族汪古部的遗迹，后者为元代蒙古族遗迹。

图 46　高足金杯　元

兴和县五甲地墓葬出土的饮食器为金器，器形有高足金杯、錾耳金杯。高足金杯，敞口，卷沿，弧腹，倒置喇叭形高圈足（图 46）。錾耳金杯，花式口，腹稍弧，平底，沿外附一曲式錾耳，下附圆指环；器内底及錾耳上錾刻牡丹、忍冬等花纹。二者都为饮酒器。

凉城县后德胜墓葬出土的饮食器有陶器、瓷器，器形有罐、瓶、盘、盏。陶罐，大口，圆唇，鼓腹，凹底，作贮藏食物之用。陶盘，敛口，圆唇，折腹，平底，用于盛食。白瓷四系瓶，小口，圆唇，短颈，长弧腹，圈足，颈部附四个对称的系，作盛酒之用。黑瓷盏，直口，圆唇，斜腹，平底，为饮茶或饮酒器。

在内蒙古自治区克什克腾旗应昌路故城、锡林郭勒盟等地，还出土有六耳铁锅（图47）、铁釜、铁火盆、铁烤架、铜酿酒锅（图48），为炊煮器和酿酒器。

图 47　六耳铁锅　元

内蒙古自治区凉城县后德胜墓葬壁画的"家居图"，侍者手中持着和桌上、几上摆放着执壶、高足杯、碟、碗、玉壶春瓶、渣斗等，渣斗为饭后漱口和放残食之用，其他器物为盛水、盛酒、盛食之用（图49）。内蒙古自治区赤峰市三眼井墓葬[21]壁画的"出猎图"，酒馆的长方形桌子上置碗、盘、碟、勺、箸等盛食器和进食器。

根据文献记载，蒙古国、元朝时期有"酒局"和"酒海"之名，都是盛酒用的器皿。《蒙古秘史》卷七记载："成吉思合罕又降旨曰：缘巴歹、乞失里黑二人之功，赐以王罕只全副金褐之

图48　铜酿酒锅　元

帐，金制酒局，器皿并其执事人等。"酒局是放置于帐门的巨大盛酒器皿，其形状有学者曾考证。韩儒林在《元秘史之酒局》中说："冯云鹏金石索金索三杂器之属收录，元至正辛丑（公元1361年），朱碧山曾制银槎杯图，并附朱竹坨银渣歌一首。据云：'杯以银为之，形如槎，空其中，有口，以出入酒。……今读鲁不鲁乞纪行所记和林酒树，颇疑所谓银槎杯者，乃朱碧山仿制之蒙古酒局也。'"《鲁不鲁乞东游记》中所记述的酒局形状为一棵大银树，其根部有四只银狮，每一只银狮嘴里有一根管子，每一根管子喷出一种饮料。树顶上有一手持喇叭的天使，宫殿外另一房间的仆人听到天使喇叭，就把饮料输入。《南村缀耕录》卷二一《宫阙制度》条记载："（大明殿）中设七宝云龙御榻，……

图 49　内蒙古自治区凉城县崞县窑元墓壁画家居图　元

前置灯漏，贮水运机，小偶人当时捧牌而出，木质银裹漆瓮一，金云龙蛇绕之，高一丈七尺，贮酒五十余石。"《元史》卷一三《世祖纪》载："（至元）二十二年（公元1285年）春正月壬寅，造大樽于殿，樽以木为质，银内，而外镂为云龙，高一丈七尺。"这两段记载虽无"酒海"一词出现，但《南村缀耕录》卷五《劈石斧》条可佐证，云："天子登极，正旦、天寿节，御大明殿全朝时，则一人执之，（劈石斧）立于陛下酒海之前。"这里的酒海与漆瓮、大樽应为一物，皆为元代宫廷盛酒之器。

明清时期蒙古族的饮食器有金器、银器、铜器、铁器、锡器、木器等，尤其是木碗和木胎包银碗，是清代蒙古族的主要饮酒器。随着商贸往来，内地的瓷玉饮食器不断传入蒙古地区，类别有罐、瓶、碗、盅、杯等，作盛食器、贮藏器、饮酒器等。进食器中的蒙古刀，常见骨柄木鞘，配有筷子，木鞘多用银镶包，錾有各种纹样。北方游牧民族从最初的刀、匕，发展到刀、勺、箸，最后演变为刀箸并用，合二者的功能为一体，这是蒙古民族文化和汉文化交流的结果。

近现代蒙古族的饮食器，从居住的蒙古包内的陈设品可以看出。包内中央置火灶或铁火架、铁火盆、铁锅（图50），炊煮饭菜；灶后置

图50　蒙古族铁火架、铁锅

小木桌，桌上放铜壶、木碗、瓷碗、酒瓶、酒壶、酒杯、瓷盘、
筷子、刀等，盘内盛食，碗可饮茶、饮酒、盛食，讲究者有敦穆
壶（图51），盛茶之用，招待宾客用银碗敬酒。蒙古包外有木制
的挤奶桶、捣奶桶（图52）、捣米桶等，制作奶豆腐有木制模具。
出行时有的带抿酒壶、蒙古刀。因外来文化的影响，蒙古族传统
的饮食器逐渐消失，更多的被瓷质饮食器所代替，甚至与汉族的
饮食器几无差异。

图51　蒙古族敦穆壶

图52　蒙古族捣奶桶

第二节　匈奴系民族的饮食器

匈奴系民族包括匈奴、屠各、卢水胡、铁弗。公元48年，匈奴分为南、北二部。公元407年，铁弗匈奴建大夏国。其中，匈奴的饮食器发现的比较多。

战国晚期，匈奴的势力逐渐壮大，在内蒙古自治区阴山以南、陕西省北部、宁夏北部、山西省北部留有很多遗迹，以内蒙古自治区杭锦旗桃红巴拉墓葬㉒为例。

桃红巴拉匈奴墓出土的饮食器有陶器、铜器、铁器、石器（图53）。陶器有罐、碗。罐分两类，一类为筒状，侈口，平底，肩部附一桥形耳；另一类为侈口，鼓腹，小平底，肩上部饰一月牙形钮，罐底有烟熏痕迹，为炊煮器。陶碗呈椭圆形，大口，带流，小平底，为饮水或饮酒器。铜器和铁器有刀，弧背凹刃，为进食器。石器有杯形器，红砂岩凿制，大口，小平底，底部有烟熏痕。出土的陶器造型简单，制作粗糙，数量少，这显然是受游牧生活的制约。为了防止陶器易破碎，匈奴人就地取材，以红砂岩凿成器皿，代替陶器。石制杯形器用作炊煮，小型的为饮用器。

西汉时期，随着汉匈和亲关系的进一步缓和，经济、文化往来频

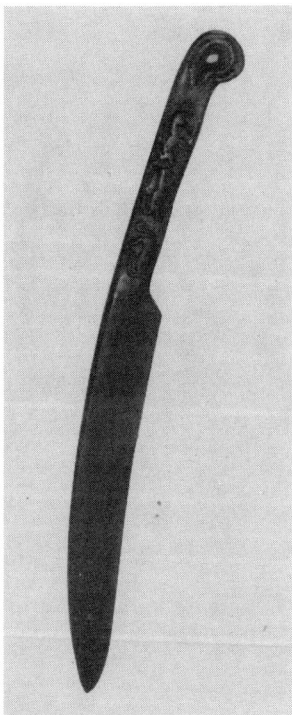

图53　兽纹青铜刀　战国晚期

繁，饮食器较之战国时期精致。以内蒙古自治区准格尔旗西沟畔
4号墓㉓和鄂尔多斯市补洞沟墓葬㉔为例。

西沟畔4号墓出土的饮食器有陶器、铜器、银器、铁器。陶
器以泥质灰陶为主，还有泥质褐陶，器表多为素面，陶胎较薄，
均为轮制，器形有罐、瓮、瓶，为炊煮器、贮藏器和盛食器。罐
分两种，一为小口，鼓腹，小平底；一为小口，圆唇外卷，细
颈，瘦长腹，小平底，近底处有一小口。瓮为敛口，鼓腹，平
底，肩部刻汉字。瓶为喇叭口，细长颈，圆肩，小平底。铜器、
铁器仅发现刀，弧背凹刃，为进食器。银器有匙，也是进食器。

补洞沟墓葬出土的饮食器有陶
器、铁器、铜器、骨器（图54）。陶
器以泥质灰陶为主，还有泥质褐陶，
均为轮制，有的器表磨光。陶罐分两
种，为贮藏器或盛食器。一为大口，
卷沿，鼓腹，腹最大径在上部，小平
底；一为小口，口沿外卷，鼓腹，小
平底。铁器有鼎、镂，为炊煮器。
鼎，敛口，圆腹，圜底，马蹄形足，
肩部附两个竖立的环状耳。镂分三
类：其一，大口，鼓腹，平底，口部
附两个竖立的半圆形耳；其二，耳为
长方形；其三，直口，鼓腹，圈足镂
空。铜器有刀，分直背凸刃和弧背凹
刃两种。骨器有匙，正面稍凹，柄部
呈长条形，为进食器。

另外，内蒙古自治区乌审旗翁滚
梁大夏国墓葬㉕出土的陶质饮食器，
器形有罐、壶、钵。罐，敞口，方

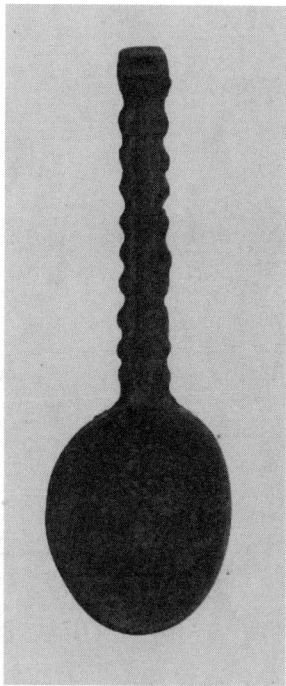

图54　青铜勺　汉

唇，短颈，鼓腹，平底，为贮藏器。壶，喇叭口，长颈，鼓腹，平底，为盛水器。钵，敛口，弧腹，矮假圈足或平底。

第三节　突厥系民族的饮食器

突厥系民族包括丁零、高车、铁勒、突厥、回纥、薛延陀、黠戛斯、畏兀儿，因突厥、回纥的影响较大，以其饮食器来论述。

一　突厥的饮食器

突厥的饮食器与其游牧生活相适应，木制、皮制的器物较为普遍，因遗迹甚少，且不易保存，缺乏实物的佐证。

新疆维吾尔自治区温宿县包孜东墓葬群[26]1 号墓前有石堆、石人，墓中出土 10 块刻有突厥文字的石板和砺石，断定为突厥墓。墓内出土的饮食器有陶器、铁器。陶器分夹砂和泥质两种，器表多抹光，均手制，器形有带流圜底器、盂、盘、单耳罐、单耳杯、带流罐、鸭形壶等。带流圜底器，口微敞，折肩，圜底，单耳带流。带流罐，鼓腹，圜底，单耳，带流。这两种器应为酒器。盘，口沿稍外卷，折肩，平底，为盛器。单耳罐，敞口，高领，折肩，平底，带耳，为盛食器。单耳杯，敞口，弧腹，圜底或平底，为饮水或饮酒器。鸭形壶，流口似鸭嘴，背上贴有凸棱似鸭翅，为盛水或盛酒器。铁刀，呈环首，作进食器。

内蒙古自治区苏尼特右旗布图木吉苏木[27]出土一套金蹀躞带，带上佩金鞘刀，刀为骨柄，直背，弧刃。蹀躞带是北方游牧民族特有的带饰，带上的佩挂物都为日常生活用品，刀可作进食之用。

在我国内蒙古、新疆以及俄罗斯境内的突厥墓葬和辽代墓葬中，常见一种折肩鋬耳杯，孙机先生定为突厥或突厥式的遗物^㉘，这种杯在中亚一带很流行，作为酒器使用。

突厥与隋唐政府的经济贸易、赐贡等往来活动，都会从中原地区得到生活用品，包括饮食器。《隋书》卷八四《突厥传》记载，隋炀帝幸启民住所，"帝赐启民及主金瓮各一及衣服被褥锦采，特勤以下各有差。"《契苾明碑》记载契苾明受"赐锦袍、宝带、金银器物、杂采绫锦等数千件。"类似的记载很多，突厥得到的金银饮食器有盛食器、饮酒器等。

二　回纥的饮食器

回纥的经济以畜牧业和狩猎业为主，饮食器以适宜游牧生活为多，如便于携带的皮制器、木制器，因缺乏考古学资料，不能详细论述。

回纥在与隋唐政府的经济、文化交流中，必有金、银、陶、瓷饮食器传入回纥地。《新唐书》卷二一七《回鹘传》记载："明年（公元630年）复入朝。乃以回纥部为瀚海，……其都督、刺史给玄金鱼符，黄金为文，乐天子方招宠远夷，作绛黄瑞锦文袍、宝刀、珍器赐之。""肃宗即位（公元756年），使者来请助讨禄山，……既行，日赐牛四十角、羊八百蹄、米四十斛。……叶护还京师，帝遣群臣劳之长乐，帝坐前殿，召叶护升阶，席酋领于下，宴且劳之，人人赐锦绁缯器。"从这两段记载看，回纥上层贵族经常得到唐朝的赐赠，"珍器"、"锦绁缯器"中包括了贵重的饮食器。

第四节　党项的饮食器

党项早期以经营畜牧业为主，饮食器多为木制、皮制，器形比较简单，并用牲畜换取其他质地的饮食器。建立西夏政权后，所控制的部分地区本身就是农业区，加之与宋朝的互相贸易，受汉族文化的影响，烧制陶瓷器，制作金、银、铜、铁饮食器。以内蒙古自治区准格尔旗敖包渠窖藏[29]、伊金霍洛旗瓦尔土沟窖藏[30]和临河市高油房窖藏[31]为例。

敖包渠窖藏出土的饮食器有铁器、瓷器。铁器种类有镂、鏊、锅、釜、铛、勺。镂，敛口，折沿，口上附对称的双耳，圜底。鏊，沿下折，面鼓，三扁足。锅，直口，尖唇，直领，弧腹，圜底。釜，侈口，折领，鼓腹，圜底，颈部附对称的环钮。铛，侈口，直腹，平底微凸，口上附对称的双耳。勺，敛口，带流，圜底。勺为分食器，其余都为炊煮器。瓷器种类有瓮、瓶、碗、钵、碟。褐釉瓷瓮，方唇，折沿，短颈，鼓腹，平底。褐釉剔花瓷瓶，花口，直领，圆腹，高圈足，腹部剔牡丹纹（图55）。白瓷瓶，小口，圆唇，折肩，下腹内收，底内凹。白釉瓷碗，敞口，圆唇稍卷，斜直腹，矮圈足。白釉瓷钵，敛口，方唇，下腹稍鼓，圈足，内底微凹。白釉绘花瓷碟，敞口，斜腹，圈足，碟内绘草叶纹。瓮为贮

图55　褐釉剔花牡丹纹瓶　西夏

藏器，瓶为盛水或盛酒器，碗、钵、碟为盛食器。

　　瓦尔吐沟窖藏出土的饮食器有铁器、陶器、瓷器。铁锅为炊煮器，分两类，一类为矮直口，束颈，直腹，圜底；一类为侈口，斜直颈，突肩，圜底。铁勺，口小底大，折腹，圜底，有流，带柄，为分食器。陶瓶，阶梯状直口，溜肩，斜直腹，小平底，口沿处有两个作提梁用的对称小圆孔，作盛水器。褐釉剔花罐，侈口，圆唇，束颈，溜肩，鼓腹，矮圈足。褐釉瓷碗，敞口，斜直腹。罐、碗作贮食和盛食之用。

　　高油房窖藏出土的饮食器为金器。莲花形金盏托，由托盘、托盏组成，通体锤成莲瓣形，托盘圈足，局部錾刻缠枝草叶纹。凤纹金碗，敞口，浅弧腹，圈足，碗内錾刻凤凰团喜纹（图56）。花口金碗，花式口，弧腹，喇叭状小圈足，碗沿内外侧、碗心、圈足上錾刻花纹。这两种器为饮茶喝酒之用。

图56　凤纹金碗　西夏

---

① 根据林幹先生的研究，中国古代北方民族从广义上分五大民族系，即匈奴系、东胡系、肃慎系、突厥系、西域各族。见林幹著《中国古代北方民族通论》，第4页，内蒙古人民出版社，1998年。

② 内蒙古自治区文物考古研究所:《内蒙古克什克腾旗龙头山遗址第一、二次发掘简报》,《考古》1991 年第 8 期。

③ 项春松、李义:《宁城县小黑石沟石椁墓调查清理报告》,《文物》1995 年第 5 期;另有发掘资料未发表。

④ 朱贵:《辽宁朝阳十二台营子青铜短剑墓》,《考古学报》1960 年第 1 期。

⑤ 锦州博物馆:《辽宁锦西乌金塘东周墓调查记》,《考古》1960 年第 5 期。

⑥ 吉林大学边疆考古研究中心等:《2002 年内蒙古林西县井沟子遗址西区墓葬发掘纪要》,《考古与文物》2004 年第 1 期。

⑦ 曾庸:《辽宁西丰西岔沟古墓群为乌桓文化遗迹论》,《考古》1961 年第 6 期。

⑧ 内蒙古自治区文物考古研究所等:《额尔古纳右旗拉布达林鲜卑墓群发掘简报》,《内蒙古文物考古文集》第一辑,第 384~396 页,中国大百科全书出版社,1994 年。

⑨ 内蒙古文物工作队:《内蒙古扎赉诺尔古墓发掘简报》,《考古》1961 年第 12 期。

⑩ 内蒙古文物工作队:《内蒙古呼和浩特美岱村北魏墓》,《考古》1962 年第 2 期。

⑪ 辽宁省文物考古研究所等:《朝阳王子坟山墓群 1987、1990 年度考古发掘的主要收获》,《文物》1997 年第 11 期。

⑫ 齐晓光:《巴林右旗塔布敖包石砌墓及相关问题》,《内蒙古文物考古文集》第一辑,第 454~461 页,中国大百科全书出版社,1994 年。

⑬ 内蒙古自治区文物考古研究所等:《辽耶律羽之墓发掘简报》,《文物》1996 年第 1 期。

⑭ 内蒙古自治区文物考古研究所等:《辽陈国公主墓》,文物出版社,1993 年。

⑮ 尚晓波:《辽宁省朝阳市南大街辽代铜铁器窖藏》,《文物》1997 年第 11 期。

⑯ 邵国田:《敖汉旗羊山 1—3 号辽墓清理简报》,《内蒙古文物考古》1999 年第 1 期。

⑰ 张景明:《中国古代北方民族的箸文化》,《中国箸文化学术研讨会文集》,大连,1998 年。

⑱ 转引蒋祖怡、张涤云的《全辽诗语》引《宋史》,岳麓书社,1992 年。

⑲ 盖山林:《兴和县五甲地古墓》,《内蒙古文物考古》第 3 期,1984 年。

⑳ 内蒙古自治区文化厅文物处等:《内蒙古凉城县后德胜元墓清理简报》,《文物》1994 年第 10 期。

㉑ 项春松、王建国:《内蒙古昭盟赤峰三眼井元代壁画》,《文物》1983 年第

4 期。

㉒　田广金:《桃红巴拉的匈奴墓》,《考古学报》1976 年第 1 期。

㉓　伊盟文物工作站等:《西沟畔汉代匈奴墓地调查记》,《内蒙古文物考古》创刊号, 1981 年。

㉔　伊盟文物工作站:《补洞沟匈奴墓葬清理简报》,《内蒙古文物考古》创刊号, 1981 年。

㉕　张景明:《内蒙古乌审旗翁滚梁墓葬年代新探》,《内蒙古文物考古》2001 年第 1 期。

㉖　新疆维吾尔自治区博物馆等:《温宿县包孜东墓葬群的调查和发掘》,《新疆文物》1986 年第 2 期。

㉗　丁学芸:《布图木吉金带饰及其研究》,《内蒙古文物考古文集》第二辑, 第 463～473 页, 中国大百科全书出版社, 1997 年。

㉘　孙机:《论近年内蒙古出土的突厥与突厥式金银器》,《文物》1993 年第 8 期。

㉙　内蒙古自治区伊克昭盟文物工作站:《准格尔旗发现西夏窖藏》,《文物》1987 年第 8 期。

㉚　高毅、王志平:《内蒙古伊金霍洛旗发现西夏窖藏文物》,《考古》1987 年第 12 期。

㉛　陆思贤、郑隆:《内蒙古临河县高油房出土西夏金器》,《文物》1987 年第 11 期。

第五章　北方游牧民族饮食文化
　　　　　　　　　与政策军略

　　北方游牧民族的饮食文化，与其牧业、渔猎、农业、手工业经济类型有着密切的关系，诸民族在这几个方面制定了相关的政策，促进了经济的发展，保证了充足的饮食来源。同时，北方游牧民族每次南下中原的军事行动，其目的不是开拓疆土，而是为了获取更多的生活资料，因为久居草原地区，已经适应了游牧生活，对中原地区的风土不适应，又不会经营农业，故只要财物，不要土地。几个南入中原的民族在占领土地后，其主体人群仍在草原地区。对周邻民族的战争，可以扩大牧场，获取更多的饮食资料。尤其是草原地区遇到自然灾害时，诸民族必定发动军事行动，获取生活资料来度过饥荒之年。

第一节　饮食与相关政策

　　北方游牧民族在牧业、渔猎、农业、手工业等方面采取了一些相关的政策，带动经济的发展，保证饮食来源的富足。

一　饮食与牧业政策

　　为了增加生活资料，保证有充足的饮食来源，诸民族在牧业方面制定了一些经济政策和相关法律。匈奴、鲜卑、突厥、回纥、契丹、蒙古等民族，以既成的习惯法和规定的制度，保护牧业经济的发展，使传统的饮食更加殷实。

匈奴在征服东胡、丁零、西域各族以后，派员到他们中征收税赋，勒令他们每年输送牛、羊、马等牲畜，并成为一种定制。如乌桓受匈奴控制时，"岁输牛马羊皮，过时不具辄没其妻子"。①每年秋季举行集会时，要"课校人畜税"，稽查各部落一年中的户口增减和牲畜繁殖情况，征收一定数量的财物。匈奴老上稽粥单于时，汉朝使者中行说投降匈奴，"于是说教单于左右疏记，以计课其人众畜物"。②用比较精密的计算和登记方法，稽核和征收匈奴人的牲畜和财产，以确保和扩大税源。这一制度，虽然有利于维护匈奴奴隶主阶层的利益，但也促进了牧业经济的发展，为饮食来源提供了社会保障。

乌桓与鲜卑的习惯法，都有犯法者可以用牛羊赎死罪的规定，乌桓"其约法：违大人言者，罪至死。若相贼杀死，令部落自相报，不止，诣大人告之，听出马牛羊赎死。其自杀父兄则无罪。若亡畔为大人所捕者，邑落不得受之，皆徙逐于雍狂之地，沙漠之中。"③乌桓的畜牧业比较发达，牛马羊是最基本的饮食来源，按习惯法的规定，部民犯死罪，可以用牲畜赎罪，保证了早期乌桓人壮力者的生存，也说明了饮食资料的重要性。鲜卑建立北魏政权后，把牧场分为国有和私有两种，对国有牧场派官监督管理，征收贡赋；私有牧场为大权贵拥有，每遇政府出征，经常贡献私马和粮草。这种措施在一定程度上促进了牧业的发展，有利于增加政府收入。

突厥也有犯罪者用牲畜及财物赎罪的习惯法。突厥奴隶主迫使牧民和"黑民"（战争中归附者）定期或不定期的"征发兵力，科税杂畜"，出兵马为奴隶主贵族去从事战争，向奴隶主交纳一定数量的牲畜，作为赋税。突厥征服契丹、西域各族、铁勒、黠嘎斯后，派吐屯去统领，向他们征收赋税，献牛贡马，使突厥的生活资料日渐增多。如对于铁勒，"自突厥有国，东征西讨，皆资其用，以制北荒。"④回纥（回鹘）建立汗国后，在控制的各民族中派驻大批"监使"，专门监管贡赋。仅派驻到奚及契丹的"监使"就有八百人，而派驻到室韦的"监使"尚未计入。通过征赋，在很大程度上增强了回纥的经济实力，也是获取日常食物的一个重要来源。

公元 7 世纪初，契丹形成部落联盟，盟约规定：凡征调兵马对外攻战，各部必须会齐，统一行动，至于狩猎，则各部可以单独出动。⑤虽为临时的盟约，在征调方面有了约束。根据《辽史》卷三二《营卫志》下的记载，早期契丹实行"分营为部"或"分营置部"的制度，把原来适应于在较大范围移动的"营"改为在较小范围移动的"部"，"部"又划分了一定的土地为疆土，使"部"形成一个生产与军事组织结合的单位，有利于发展牧业。

契丹建辽后，在牧业方面设置专职官吏进行专门管理。《辽史·百官志》中，列有"北面坊、场、局、冶、牧、厩等官"，其中有关牧业的机构和官吏有群牧官、诸厩官。群牧官机构，有某路群牧使司（官员有某群太保、某群侍中、某群敞使等）、总典群牧使司（官员有总典群牧部籍使、群牧都牙林等）、某群牧司（官员有群牧使、群牧副使）。某群牧司是标明放牧地点、牲畜种类的机构，例如西路群牧使司、浑河北马群使司、漠南马群司、漠北滑水马群司、牛群司等。辽代为了畜牧业的顺利发展，并在军事、农耕和食物上提供充足的马、牛牲畜，诏令禁止因丧葬祭奠而宰杀牲畜，以及禁止马匹和其他牲畜出境。辽统和十一年（公元 993 年）正月，"禁丧葬礼杀马。"⑥统和十五年（公元 997 年）七月，"禁吐谷浑部鬻马于宋。"⑦重熙八年（公元 1039 年）正月，"禁朔州鬻羊于宋。"⑧重熙十一年（公元 1042 年）十二月，"禁丧葬杀牛、马及藏珍宝。"⑨重熙十二年（公元1043年）六月，"诏世选宰相、节度使族属及身为节度使之家，许葬用银器，仍禁杀牲以祭。"⑩通过禁杀、禁卖牲畜，使辽代中期的马、牛、羊减少的趋势有所回升，促进了牧业的发展。为了保护国有牲畜，辽代规定官马要烙印标识，以别于私家牲畜。还规定用私马偷换好的官马，处以死刑，重熙十一年（公元1042年）七月，"诏，盗易官马者减死论。"但不免除惩罚。这些措施在一定程度上保证了牧业的发展，使契丹有充足的饮食资料来源。

成吉思汗建大蒙古国和忽必烈建元朝后，在牧业方面制定了一些制度。凡破坏草场者，受惩罚，"草生而蹶地者，遗火而爇草者，诛其家。"窝阔台即位后，改变了过去每牲畜十头交纳一头的科敛制度，规定百分取一的税制，凡有百马、百牛、百羊者，分别纳牝马一、牸牛一、羒羊一。成宗以后，税率虽有所增加，仍低于十分取一的制度，有羊一百至三十者，官取其一。

牧民向领主提供食用的羊和饮用的马乳。窝阔台时期规定蒙古牧民每一群羊，应缴纳一只二岁羯羊作为供大汗食用的汤羊，所有的千户应轮流向他贡牝马和牧马人。还规定每年轮换一次，这年内牧人负责挤马乳并将它制成马奶酒，供大汗和诸王、贵族聚会时饮用。

元朝设置兵部，"掌天下郡邑邮驿屯牧之政令。凡城池废置之故，山川险易之图，兵站屯田之籍，远方归化之人，官私刍牧之地，驼马、牛羊、鹰隼、羽毛、皮革之征，驿乘、邮运、祗应、皂隶之制，悉对任之。"⑪设置尚舍寺，"掌行在帷幕帐房陈设之事，牧养骆驼，供进受蘭乳酪。"⑫设群牧监，"掌中宫位下孳畜。"⑬这些措施和制度，虽然为了统治阶级的利益，但对牧场的统一管理、牧业科税的减轻都有好处，有利于牧业经济的发展，饮食中的肉、乳来源也得以供给。清朝在蒙古地区设厂放牧，使牲畜的数量呈上升趋势，提供更多的饮食原料。

二　饮食与渔猎政策

渔猎经济一直是北方游牧民族主营经济的重要补充，是饮食来源的一个重要途径，诸民族在这个方面制定和颁布了一些相关制度、政策，来保护该行业的顺利进行，增加饮食结构的内涵。

东胡、匈奴、乌桓、鲜卑、突厥、回纥的渔猎经济比较发达，但史籍中没有这方面制度的记载。从诸民族首领经常组织部民一起狩猎的历史事实看，应该有一定的猎物分配制度。多数情况下，渔猎活动属于个人行为，没有多大的限制。契丹民族立国前，至于狩猎，则各部可以单独行动，证实了这一行为的散漫原则。契丹皇室的狩猎活动，形成了"四时捺钵"的定制，使渔猎过程中的各种行为成为一种俗定的约束，以补充军食或宴饮取乐（图57）。

蒙古族的狩猎由领主组织集体围猎，也有个人在冬季和春夏出猎。在狩猎中获取了丰富的经验，"颇知生长之道，故春不合围，夏不群蒐，惟三、五为朋，十数为党，小小袭取，以充饥虚而已。"[⑭]只有到了秋季，"弓劲马强，兽肥隼击"[⑮]时，由领主率领属下外出围猎，有时可达三个月。猎物归领主所有，领主将珍贵的动物挑选后，将剩下的部分分给参加出猎的属民。对狩猎并没有制度而言，只是习惯法，有一定的分配规则。

明代蒙古瓦刺部首领卫拉特制订的《1640年蒙古——卫拉特法典》规定："破坏围猎的，或围猎时同别人并立或并进者科五（牲畜）；走出线外三射程以上的距离者，罚马一匹，二射程者罚母羊一只，一射程者没收箭五支；捕获藏匿为箭所伤而逃走的野兽者罚五（牲畜），藏匿非箭伤之野兽者没收其马。"以法律的形式明确保护狩猎活动。

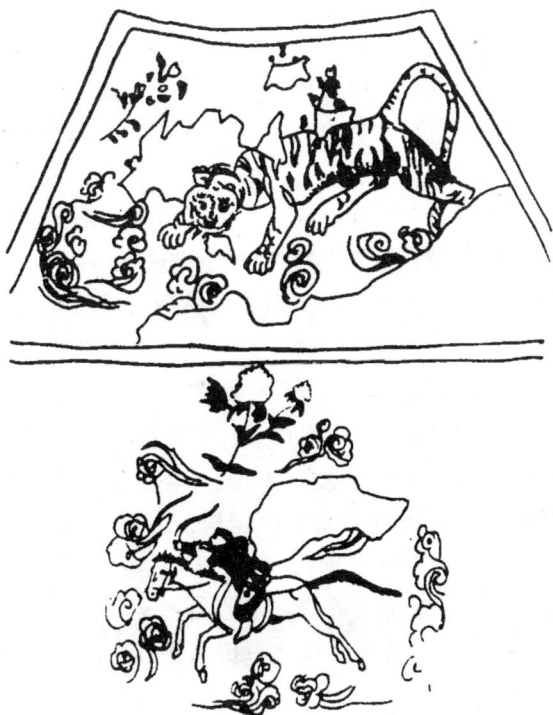

图 57　内蒙古自治区敖汉旗七家 1 号辽墓壁画射猎图　辽

三　饮食与农业政策

　　农业虽然不是北方游牧民族的传统经济，但在有的民族中占有主要地位。农业生产技术是从中原地区传入，大批的内地居民迁徙到草原地区进行开垦种植活动，影响了该地的民族也开始从事农业生产，打破了单一的游牧式饮食结构，为饮食来源提供了又一重要途径。为了促进农业经济的发展，诸民族采取了相应的政策、措施。

东胡、匈奴、乌桓、突厥、回纥等民族，主要从事牧业生产，粮食靠战争获取和互市交换而来，只有靠近中原王朝的边境地或草原的河谷地带有少量的农业生产活动，故史籍中没有记载关于农业方面的政策。

拓跋鲜卑南迁建立北魏政权后，拓跋珪就在都城盛乐（故城在今内蒙古自治区和林格尔县北）附近"息众课农"，让百姓得到休息，去从事农业生产。把内地的居民迁入盛乐附近，分给耕牛和土地，实行"计口授田"的方法，统计人口数量，按人口分给一定的耕田。同时，还实行"离散诸部，分土定居，不听迁徙，其君长大人皆同编户"⑯的政策，解散原来参加部落联盟的各个部落，强迫各部大人与他们的部民脱离关系，成为北魏国家的编民，并把他们迁徙到一定地区定居，分给土地，从事农耕。在京畿之外地区设置"八部帅"，对垦田户实行监督，劝课农耕，计算收入，评比优劣。孝文帝迁都洛阳后，又实行"均田令"和新的"租调制"。这些政策、措施，促进了农业经济的发展，保证了食物的供给。

契丹立国后的历代皇帝都重视农业的发展，颁布了相关的法令，制定政策，采取一系列的措施。天赞元年（公元922年）十月，太祖"诏分北大浓兀为二部，立两节度以统之。"⑰把人口过多、辖地过广的北大浓兀部分成南北二部，以适应农业生产的需要。会同六年（公元943年），太宗耶律德光下令"兵行有伤禾稼、损租赋者，以军法论。"⑱注意保护农业生产。辽穆宗时期，契丹贵族耶律挞烈庆历初（公元951年），"升南院大王，均赋役，劝耕稼，部人化之，户口丰殖。"⑲

辽圣宗、兴宗时，契丹国家更加重视农业，多次派官员巡视农业生产情况，采取必要的措施，发布有关诏书，督促、奖励、扶助农业生产，减免租赋，禁止妨碍农事，调查田亩、户口。统和四年（公元 986 年）十月，"以南院大王留宁言，复南院部民今年租赋。"[20]统和七年（公元 989 年）三月，"禁刍牧伤禾稼"，并"诏免云州逋赋。"[21]统和十二年（公元 994 年）正月，"诏复行在五十里内租"，又"蠲宜州赋调"，二月"免南京被水户租赋。"[22]开泰三年（公元 1014 年）三月，"诏南京管内勿淹刑狱以妨务农。"[23]重熙二年（公元 1033 年）八月，"遣使阅诸路禾稼。"[24]重熙十七年（公元 1048 年）八月，"复南京贫户租赋。"[25]辽道宗清宁二年（公元 1056 年）六月，"遣使分道平赋税，缮戎器，劝农桑，禁盗贼。"[26]以后的几十年中，继续平赋税，劝农桑，直到辽末农业仍很兴旺，契丹人丰衣足食。

《辽史》卷五九《食货志》记载了辽代的赋税制度，"夫赋税之制，自太祖任韩延徽，始制国用。太宗籍五京户丁以定赋税，户丁之数无所于考。景宗乾亨间，以上京'云为户'訾具实饶，善避徭役，遗害贫民，遂勒各户，凡子钱到本，悉送归官，与民均差。统和中，耶律昭言，西北之众，每岁农时，一夫侦候，一夫治公田，二夫给糺官之役。当时沿边各置屯田戍兵，易田积谷以给军饷。故太平七年诏，诸屯田在官斛粟不得擅货，在屯者乃耕公田，不输赋税，此公田制也。余民应募，或治闲田，或治私田，则计亩出粟一赋公上。统和十五年，募民耕沃河旷地，十年始租，此在官闲田制也。又诏山前后未纳税户，并于密云、燕乐两县，占田置业入税，此私田制也。各部大臣从上征伐，俘掠人户，自置郛郭，为头下军州。凡市井之赋，各归头下，惟酒税赴纳上京，此分头下军州赋为二等也。"辽代针对公田、闲田、私田、投下军州的市井，征收不同的田租和赋税，增加了国库的收入，保护了农业的发展。

窝阔台在位期间，订立赋税制度，汉民以户计，西域人以丁计，建十路课税使。检括户口，分地分民，共得新户一百余万。

制订了新税法，实行五户丝制，即每二户出丝一斤交朝廷，每五户出丝一斤交给受封的诸王、勋戚。忽必烈建立元朝后，实行了一系列的农桑政策。中统二年（公元1261年），立劝农司。至元七年（公元1270年），立司农司，专掌农桑水利。同年，又颁布农桑之制十四条。《元史》卷九三《食货志》一记载："县邑所属村疃，凡五十家立一社，择高年晓农事者一人为之长。增至百家者，别设长一员。不及五十家者，与近村合为一社。地远人稀，不能相合，各自为社者听，其合为社者，仍择数村之中，立社长官司长以教督农民为事。""社"的基层组织的设置，有利于统一管理农事，促进农业生产的发展。至元二十五年（公元1288年），立行大司农司及营田司于江南。至元二十八年（公元1291年），颁布农桑杂令。至元二十九年（公元1292年），将劝农司并入各道肃政廉方司，增佥事二员，兼察农事。"武宗至大二年（公元1309年），淮西廉访佥事苗好谦献种莳之法。其税分农民为三等，上户地一十亩，中户五亩，下户二亩或一亩，皆筑垣墙围之。以时收采桑椹，依法种植。……三年（公元1310年）申命大司农总挈天下农政，修明劝课之令，除牧养之地，其余听民秋耕。"[27]

元代北方的税粮制度，分丁税、地税两种。《元史》卷九三《食货志》一记载："丁税、地税之法，自太宗始行之。初，太宗每户科粟二石，后又以兵食不足，增为四石。至丙申年，乃定科征之法，令诸路验民户成丁之数，每丁岁科粟一石，驱丁五升，新户丁驱各半之。老幼不与。其间有耕种者，或验其牛具之数，或验其土地之等征焉。丁税少而地税多者纳地税，地税少而丁税多者纳丁税。""中统五年（公元1264年），诏僧、道、也里可温、答失蛮、儒人凡种田者，白地每亩输税三升，水地每亩五升。军、站户除地四顷免税，余悉征之。""至元十七年（公元1280年），遂命户部大定诸例：全科户丁税，每丁粟三石，驱丁

粟一石，地税每亩粟三升。减半科户丁税，每丁粟一石。新收交
参户，第一年五斗，第三年一石二斗五升，第四年一石五斗，第
五年一石七斗五升，第六年入丁税。协济户丁税，每丁粟一石，
地税每亩粟三升。随路近仓输粟，远仓每粟一石，折纳轻赍钞
二两。"

　　从上述记载的税粮制度、征科办法、税额看，农户的赋税比
较轻。在北方地区，地旷人稀，每户可耕种土地达几百亩，按丁
征税，既增加了元朝政府的国库收入，又减轻了人民的负担，有
利于农业生产的发展和粮食的自给。

　　明朝蒙古俺答汗在位期间，积极发展农业生产，采取了适当的
方针、政策。收留成千上万的汉族兵民，给予耕地和农具，开发漠
南地区。奖励农耕，制订了保护农田的法令，盗窃田禾者罚以
牲畜。

　　清朝政府禁止汉民到蒙古地区垦种，但又与清朝统治者主观
上的愿望相违背，希望到蒙古地区开垦的汉民缴纳赋税，增加国
库收入。对汉族和从事农业的蒙古族，办理税收，清理户籍，丈
量他们的土地。汉民租佃土地，数年后才缴租，每顷地每年纳租
三至五大石，租种官地的农民还要缴肥猪、干草、柴薪、马料等
物。租种土地的政策，在客观上促进了农业的发展。

四　饮食与手工业政策

　　古代北方游牧民族的手工业经济，与饮食相关的饮食器制
作、食盐生产、酿酒、食品加工等有着密切的关系。东胡、匈
奴、乌桓、突厥、回纥等民族，由于处于原始部落联盟制和奴隶
制时代，对手工业方面没有采取相关的政策。鲜卑、契丹、蒙古
等民族，都完成了封建化的过程，制定了保护手工业方面的政
策，以满足国库和人民的供给需要。在现代，国家和地方政府颁

布有食品工业方面的政策方针，使其向现代化、正规化、科学化转轨，更好地为各族人民的生活提供需求。

契丹建辽以后，设置专门机构和官吏对手工业进行管理，如"东京置户部司，长春州置钱帛司，""太宗置五冶太师，以总四方钱铁。"[28]穆宗时，设麹院专门酿酒机构。圣宗、兴宗时，禁止金、银、铁出境，保护了矿冶和金属品制造业的发展。道宗和天祚帝时，对铜、铁等矿产品禁止私自出售，禁止流入辽朝统治地区以内的少数民族地区，以及统治区以外其他各族政权统治的地区。这些措施保护了本民族的传统手工业，使与饮食相关的酿酒业、金属饮食器制造业得以发展。

元朝设工部，"掌天下营造百工之政令，凡城池之修濬，土木之缮葺，材物之给受，工匠之程式，铨注局院司匠之官，悉以任之。"[29]下设金银器盒提举司、铁局、器物局、银局等，管理各种手工业产品的制作。另外，在冶铁、铸铜、煮盐、榷茶、酿酒等方面，都设专门机构进行管理。如酿酒课税，"太宗辛卯年，立酒醋务坊场官，榷沽办课，仍以各州府司县长官充提点官，来征收课税所，其课额验民户多寡定之。……酒课：腹果，五万六千二百四十三锭六十七两一钱。辽阳行省，二千二百五十锭一十一两二钱。"[30]通过酿酒而收取税银。

在元朝的刑法中规定："诸犯私盐者，杖七十，徒二年，财产一半没官，于没物内一半付告人充赏。盐货犯界者，减私盐罪一等。……诸茶法，客旅纳课买茶，随处验引发卖毕，三日内不赴所在官司批纳引目者，杖六十；……犯私茶，杖七十，茶一半没官，一半付告人充赏，应捕人同。……诸私造唆鲁麻酒者，同私酒法，杖七十，徒二年，财产一半没官，有首告者，于没官物内一半给赏。诸蒙古、汉军辄酿造私酒醋曲者，依常法。诸犯禁饮私酒者，笞三十七。诸犯界酒，十瓶以下，罚中统钞一十两，笞二十，七十瓶以上，罚钞四十两，笞四十七，酒给元主。酒虽多，罚止五十两，罪止六十。"㉛对贩卖私盐、私茶、私酒、私酒醋曲的人，给予严厉的惩罚，保护了国家手工业的发展，饮食市场得到有效的控制，增加了国库收入，为创造更多的生活资料提供了法律上的保证。

第二节　饮食与军事行动

在历史上，北方游牧民族饮食来源的一个重要途径就是通过军事行动而获取。从匈奴开始，每一个民族在势力强大之时，首先占领整个草原地区，作为游牧生活的大本营，以牲畜作为后勤和征战的资本。从诸民族历史发展过程看，凡是封建化程度不高的民族，无论是对中原地区还是对周邻民族的战争，并非为了开拓疆土，而是获取更多的生活资料。封建化程度较高的民族，由于意识到农业经济为国家的根本，在开拓疆土的基础上再获取生活必需品。尤其是草原地区遇到自然灾害时，生活资料短缺，必然会发生战争，以度过饥荒之年。

一　征服草原的军事行动与饮食来源

匈奴、鲜卑、柔然、敕勒、突厥、回纥、契丹、党项、蒙古等民族，都先后占领过北方草原地区，作为各自的主要生活领地。每一个民族从起源后只有一小片领地，随着势力的不断壮大，必然要尽最大能力扩充在草原的生活空间，这就要制订军事策略和进行军事行动，来增加牛、羊等饮食资料。

东胡在势力最强大时，入侵山戎、匈奴等民族，掠取财物和牲畜，不断向匈奴索取宝马、阏氏（匈奴单于妻）、土地，在生活中充实饮食来源。公元前 3 世纪，匈奴的势力逐渐强大，开始了征服草原的战争。《史记》卷一一〇《匈奴列传》记载："东

胡初轻冒顿，不为备。及冒顿以兵至，击。大破灭东胡王，而虏
其人民及畜产。"经过几年的战争，于公元前 209 年冒顿杀父自
立单于，正式建立奴隶制国家后，向东征服了东胡，西灭月氏，
南并楼烦、白羊河南王，北服浑窳、屈射、丁零、鬲昆、新犁等
部落，并占燕、代等地。在灭月氏后，又征服了西域的楼兰、乌
孙、呼揭及其旁二十六国，以"控弦之士三十万"，首次统一了
北方草原地区，把其他民族的畜产都归属匈奴名下。如在西汉初
年，乌桓被匈奴击败，受匈奴控制，每年要向匈奴交纳大批牛、
马、羊。在汉哀帝时期，乌孙人入侵匈奴西界，匈奴单于派大当
户乌夷冷率骑兵五千攻击乌孙，杀死几百人，俘获一千多人和大
量的牲畜。这些军事行动，充实了匈奴的饮食来源。

　　鲜卑在南迁过程中，随着北匈奴被汉所破，匈奴余种有十余万
落皆自号鲜卑，鲜卑由此逐渐强盛。东汉桓帝时期，"檀石槐（鲜
卑首领）乃立庭于弹汉山歠仇水上，去高柳北三百余里，兵马甚
盛，东西部大人皆归焉。因南抄缘边，北拒丁零，东却扶余，西击
乌孙，尽据匈奴故地，东西万四千余里，南北七千余里，网罗山川
水泽盐池。"㉜公元 386 年，拓跋珪收集旧部，在盛乐（故城在今内
蒙古自治区和林格尔县北）建北魏政权。其后，出兵击败库莫奚、
高车、柔然等部，消灭铁弗匈奴，得到大片土地和牧场，虏获无数
的牲畜。《北史》卷九八《高车传》记载："（高车）徙于鹿浑海西
北百余里，部落强大，常与蠕蠕为敌，亦每侵盗于魏。魏道武帝袭
之，大破其诸部。后道武度弱洛水，西行至鹿浑海，停驾简轻骑，
西北行百余里，袭破之，虏获生口、牛马羊二十余万。""后太武征
蠕蠕，破之而还。至漠南，闻高车东部在巳尼陂，人畜甚众，去官
军七余里，将遣左仆射安原等讨之。司徒长孙翰、尚书令刘洁等
谏，太武不听，乃遣原等并发新附高车合万骑，至于巳尼陂，高车
诸部望军而降者数十万落。获马牛羊亦百余万，皆徙置漠南千里之
地。"增加了鲜卑的饮食来源。

柔然在其首领社崙的率领下，"远遁漠北，侵高车，深入其地，遂并诸部，凶势益振。"[33]"其西北有匈奴余种，国尤富强，部帅曰拔也稽，举兵击社崙，社崙逆战于根河，大破之，后尽为社崙所并。"[34]公元 5 世纪初，柔然的势力达到了最强盛的时期，所控制的疆域西至焉耆之北，东达朝鲜之地，北接贝加尔湖一带，南到长城沿线，一度占领了北方草原地区的大部，通过战争获取大量的牲畜，保证了充足的饮食来源。

突厥奴隶主贵族为了满足自己的贪欲，获取更多的生活资料，必然要对周邻民族发动战争。遇到灾年，牲畜不旺，也要进行军事行动。《隋书》卷八四《突厥传》记载："木杆（可汗）勇而多智，遂击茹茹，灭之，西破挹怛，东走契丹，北方戎狄悉归之，抗衡中夏。"获取这些民族的牧场和牲畜。

回纥的情况大抵与突厥相同，从《新唐书》卷二一七《回鹘传》上记载的三段话可看出当时的情景。"（菩萨）与薛延陀共攻突厥北边，颉利遣欲谷设领骑十万讨之，菩萨身将五千骑破之马鬣山，追北至天山，大俘其部队，声震北方。""贞观三年（公元629 年），……菩萨死，其酋胡禄俟利发吐迷度与诸部攻薛延陀，残之，并有其地。""婆闰死，子比栗嗣。龙朔中（公元661～663 年），以燕然督护府领回纥，更号瀚海督护府，以碛为限，大抵北诸蕃悉隶之。"游牧民族的牲畜随水草丰美迁徙，有部人、领地就有牲畜，回纥对薛延陀、突厥的战争，占有其地并获取牲畜，增加了饮食来源。

契丹立国前，就向突厥、回纥发动战争。建辽后经常与突厥、吐谷浑、高丽、党项、女真等民族发生战争，获取牲畜、粮食及其他财物，并成为契丹人主要的食物来源之一。神册元年（公元916 年），"秋七月壬申，亲征突厥、吐浑、党项、小蕃、沙陀诸部，皆平之。俘其酋长及其户万五千六百，铠甲、盾仗、器服九十余万，宝货、驼马、牛羊不可胜算。"[35]神册四年（公元

919 年），"冬十月丙午，次乌古部，天大风雪，兵不能进，上祷于天，俄顷而雪。命皇太子将先锋军进击，破之，俘获生口万四千二百。牛马、车乘、庐帐、器物二十余万。"㊱统和四年（公元986 年）正月，"丙子，枢密使耶律斜轸、林牙勒德等上讨女直，所获生口十余万、马二十余万及诸物。"㊲开泰五年（公元 1016年）正月，"庚戌，耶律世良、萧屈烈与高丽战于郭州西，破之，斩首数万级，尽获其辎重。"㊳太平六年（公元 1026 年），"二月己酉，……东京留守八哥奏黄翩领兵入女直界徇地，俘获人、马、牛、豕，不可胜计，得降户二百七十，诏奖谕之。"㊴类似这样的记载很多，每次战争都能获得大批牲畜、粮食，增加了契丹的生活资料。

成吉思汗在统一蒙古诸部和西征、东征的过程中，为了征服草原地区，获取更多的生活资料，通过战争把其他诸部和各民族的牲畜、粮食敛聚起来，拓宽了境内蒙古族和其他民族的饮食来源。《元史》卷一《太祖纪》曰："未几，帝伐蔑里乞部，与其部长脱脱战于莫那察山，遂掠其资财、田禾，以遗汪罕。""岁乙丑，率征西夏，拔力吉里寨，经落思城，大掠人民及其橐驼而还。""六年（公元 1211 年）冬十月，袭金群牧监，驱其马而还。"《元史》卷二二《武宗纪》一记载："成宗大德五年（公元1901 年）八月朔，与海都战于迭怯里古之地，海都军溃。越二日，海都悉合其众以来，大战于合剌合塔之地。师失利，亲出阵，力战大败之，尽获其辎重，悉援诸王、驸马众军以出。"成吉思汗及其子孙对西夏、金及中亚、西亚、东欧的战争，一度征服了亚欧草原地区，获取了大量的牲畜、粮食及其他财物，扩大了蒙古族饮食来源的途径（图 58）。

明朝和清朝初期，蒙古诸部主要是为了草场和牲畜相互发动军事行动，直到 18 世纪中后期，蒙古诸部最终统一于清王朝的统治，草原上出现了平安盛世，不再为饮食的来源而相互倾轧。

图 58　蒙古征战图

二 南入中原的军事行动与饮食来源

北方游牧民族在征服草原的同时，不断南下中原地区侵边扰民，获取粮食、牲畜及其他日用物资。有的民族直接深入中原腹地，建国定都，开拓疆土，甚至统一全国，把农业经济发达的地区纳入版图，最大限度地扩充饮食来源。

在春秋战国时期，山戎、东胡活动在赵国、燕国的东北部和北部，双方经常发生战争，除政治上的原因外，就是为了获取更多的生活资料来源。两汉时期，匈奴经常南入汉朝边地掠夺粮食、牲畜。公元前 162 年，"匈奴单于十四万骑入朝邸、萧关，杀北地都尉印，虏人民畜产甚多。"[40]匈奴军臣单于即位一年后，"匈奴复绝和亲，大入上郡、云中各三万骑，所杀略甚众。"[41]匈奴句黎湖单于立位的秋天，"匈奴大入云中、定襄、五原、朔方，杀略数千人，败数二千石而去，行坏光禄所筑亭障。"[42]王莽始建国三年（公元 11 年）以后，"单于历告左右部都尉、诸边王，入塞寇盗，大辈万余，中辈数千，少者数百，杀雁门、朔方太守、都尉，略吏民畜产不可胜数，缘边虚耗。"[43]

乌桓在东汉时期，不断入侵中原边地，掠抢财物，扩大饮食来源。汉安帝永初三年（公元 109 年）春天，渔阳乌桓与右北平胡人共一千余人，侵犯代郡、上谷。秋季，雁门乌桓率众王无何和鲜卑大人丘伦及南匈奴骨都侯，合骑兵七千侵犯云中郡，在路途中截下商贩的牛车一千余辆。汉灵帝中平四年（公元 187 年），乌桓又侵犯青、徐、幽、冀四州，掠夺财物。汉献帝建安十一年（公元 206 年），三郡乌桓乘中原地区内乱，攻破幽州，掠汉民十余万户。

鲜卑的扰边行动也很多，东汉时期经常南下中原边地掠抢财物。《后汉书》卷九〇《乌桓鲜卑列传》记载："永寿二年（公元156年）秋，檀石槐遂将三四千骑寇云中。……二年（公元159年），复入雁门，杀数百人，大抄掠而去。""灵帝立，幽、并、凉三州缘边诸郡无岁不被鲜卑寇抄，杀略不可胜数。"鲜卑南迁至今大青山以南地区建立了北魏政权，后挥兵南下攻入中原腹地，迁都洛阳，统一了黄河以北的广大地区，得到农业经济带来丰足的粮食效益。

柔然主要入侵的对象是北魏，在战争中掠抢牲畜和财物，以增加饮食等生活资料的来源。根据《魏书》卷一〇三《蠕蠕传》记载，公元428年，"大檀遣子将万余人入塞，杀掠边人而走。"公元523年，"阿那瓌众大饥，入塞寇抄，肃宗诏尚书左丞元孚兼行台尚书持节喻之。孚见阿那瓌，为其所执，以孚自随，驱掠良口二千，公私驿马牛羊数十万北遁，谢孚放还。"类似的战争一直持续到北魏末年，从北魏手中得到大量的牲畜和粮食。

突厥木杆可汗时期，"纵兵自木硖、石门两道来寇，武威、天水、安定、金城、上郡、弘化、延安六畜咸尽。"⑭"默啜剽陇右牧马万匹去，俄复盗边，……明年，寇盐、夏，掠羊马十万，攻石岭，遂围并州。"⑮"中宗始即位，入攻鸣沙，于是灵武军大总管沙吒忠义与战，不胜，死者几万人，虏遂入原、会，多取牧马。"⑯突厥木杆可汗、佗钵可汗时期，就与北齐、北周进行战争，经常侵扰中原王朝的边地。沙钵略可汗、都蓝可汗、启民可汗、始毕可汗、处罗可汗时期，仍不断侵扰隋朝的边地。颉利可汗时期，兵马雄壮，欲图中原，从公元621～626年之间，突厥诸部入侵唐朝州郡达三十余个，战争的烽火遍及今山西、河北、陕西、甘肃、宁夏、青海、四川、河南八省，入侵的兵力最多一次达十余万骑。在唐朝州郡，杀戮吏民，掠夺人口，劫取财物，每一次战争胜利都要掠抢一批牲畜、粮食而北归，以增加他们的物质生活资料。回纥也有类似的军事行动，如"（唐）肃宗乾元元年（公元758年），严庄挟扶安庆绪弃东京北度河，回纥大掠东都三日，奸人导之，府库穷殚。""武宗会昌二年（公元842年），回鹘奉主至漠南，入云、朔，剽横水，杀掠甚众，转侧天德、振武间，盗畜牧自如。"④⑦

契丹立国前，就经常侵扰唐朝、五代的边地。公元684～704年，契丹在首领孙万荣的统领下，入侵幽州、瀛州（今北京市及河北省河涧县一带）等地④⑧。公元902年，耶律阿保机率兵四十万，越过长城，入侵河东、河北九郡（今山西、河北二省），掳掠人口九万五千人和大量的驼、马、牛、羊④⑨。

契丹立国后，继续与五代、北宋发生战争，掠地掳物。神册六年（公元921年），"十一月丁未，分兵掠檀、顺、安远、三河、良乡、望都、潞、满城、遂城等十余城，俘其民徙内地。"⑤⓪天禄四年（公元950年），"冬十月，自将南伐，攻下平安、内丘、东鹿等城，大获而还。"⑤①统和四年（公元986年）三月，"丙子，统军使耶律颇德败宋军于固安，休哥绝其粮饷，擒将吏，获马牛、器仗甚众。……夏四月乙卯，休哥等败宋军，献所获器甲、货财。赐诏褒美。……十二月癸丑，拔冯母镇，大纵俘掠。丙辰，邢州降。丁巳，拔深州，以不即降，诛守将以下，纵兵大掠。"⑤②统和十七年（公元999年）"冬十月癸酉，攻遂城，不克。遣萧继远攻狼山镇石砦，破之。次瀛州，与宋军战，擒其将康昭裔、宋顺，获兵仗、器甲无算。"⑤③通过战争，加强了契丹与中原王朝的经济往来，促成在边境设榷场进行双方的经济贸易，以换取日常生活必需品。

党项为了获取更多的生活资料和土地、牧场，必然要对外发动战争，来增加饮食来源。早在"魏、周之际，数来扰边。"⑤④后来又经常入侵五代、宋朝的边地。《宋史》卷四八五《夏国传》上记载："开宝九年（公元976年）（党项首领克睿）率兵破北汉吴堡砦，斩首七百级，获牛羊千计，俘砦主侯遇以献，累加检校太尉。""淳化五年（公元994年）正月，……继迁复围堡砦，掠居民，焚积聚，遂攻灵州，诏遣李继隆等进讨。继迁夜袭保忠，走之，获其辎重以归。""至道二年（公元 996 年）春，命洛苑使白守荣等护送刍粟四十万于灵州，……运馈尽为继迁所得。""庆历二年（公元 1042 年），复大入，战于定川，宋师大败，葛怀敏死之，直抵渭州，大焚掠而去。"《宋史》卷四八六《夏国传》下记载："元祐七年（公元 1092 年），屡攻绥德城，以重兵压泾原境，留五旬，大掠，筑垒于没烟峡口以自固。"

成吉思汗及其子孙在对金、西夏的战争中，也对南宋进行军事行动。"太宗七年（公元 1235 年）冬十月，曲出围枣阳，拔之，遂徇襄、邓，入郢，虏人民牛马数万而还。"[55] "至元三年（公元 1266 年）夏四月丁卯，……亳州水军千户胡进等领骑兵渡淝水，逾荆山，与宋兵战，杀获甚众，赏钞币有差。"[56] "至元九年（公元 1272 年）六月己亥，山东路行枢密院塔出于四月十三日遣步骑趋涟州，攻破射龙沟、五港口、盐场、白头河四处城堡，杀宋兵三百余人，虏获人牛万计，等功赏赉有差。"[57] "至元十三年（公元 1276 年）六月壬申，……宋扬州姜才夜率步骑数千趋丁村堡，守将史弼、苦彻出战，斩首百余级，获马四十匹。诘旦，阿里、都督陈岩以湾头堡兵邀其后，伯颜察儿踵至，所将皆阿术麾下兵，姜才军遥望旗帜，亟走，遂大破之，获米五千余石。阿术又以宋人高邮水路不通，必由陆路馈运，千户也先忽都以千骑邀之，数日米运果来，杀负米卒数千，获米三千石。"[58] 在《元史·本纪》中，这样的记载很多，每一次获胜都能从宋朝获取大量的粮食、牲畜和其他财物。1279 年，元朝灭南宋，统一了全国，又攻伐缅国（今缅甸）、安南、占城（今越南）、爪哇等地，确保了牧业和农业经济的基础，扩大了饮食来源的途径。

元朝灭亡后，蒙古族退居草原地区，建立北元政权，断绝了与中原地区的直接经济往来；失去了一个饮食来源的依靠，又不断对明朝边地发动战争，掠抢人口、粮食、牲畜。如"正德十一

年（公元 1516 年）秋，小王子以七万骑分道入，与总兵潘浩战
于贾家湾，浩再战再败，裨将朱春、王唐死之。张永遇于老营
坡，被创走居庸。敌遂犯宣府，凡攻破城堡二十，杀掠人畜数
万。"嘉靖三十六年（公元 1557 年），"秋，复入大同右卫境，攻
毁七十余堡，所杀掳甚众。""隆庆元年（公元 1567 年），俺答数
犯山西。秋，复率众数万分三道入井坪、朔州、老营、偏头关诸
处，边将不能御，遂长驱攻岢岚及汾州，破石州，杀知州王亮
采，屠其民，复大掠孝义、介休、平遥、文水、交城、太谷、隰
州间，男女死者数万。""天启元年（公元 1621 年）秋，吉能犯
延绥边，榆林总兵杜文焕击败之。明年春，复大掠延安黄花峪，
深入六百里，杀掠居民数万。"⑤⑨清朝时，蒙古诸部归附，结束了
为了掠夺财物的战争。

　　北方游牧民族对中原王朝和周邻民族的军事行动，一方面增
加了饮食来源；另一方面沟通了双方间的经济贸易关系，以设榷
场、茶马互市的形式进行官方经济往来。还促成了"私市"的形
成，进行民间贸易。诸民族用特有的牲畜、畜产品，与中原边地
交换粮食等生活资料，扩大了饮食文化的交流。同时，北方游牧
民族对中原王朝的战争，多战败，被中原王朝俘获了大批的牲
畜，也损失了许多的饮食资料，这更加促使游牧民族入侵心理的
膨胀，以挽回所遭受生活资料的损失状况。

① ［宋］范晔撰：《后汉书》卷九〇《乌桓鲜卑列传》，中华书局，1965 年标
　　点本。
② ［汉］司马迁撰：《史记》卷一一〇《匈奴列传》，中华书局，1959 年标点本。
③ ［宋］范晔撰：《后汉书》卷九〇《乌桓鲜卑列传》，中华书局，1965 年标
　　点本。
④ ［唐］魏征等撰：《隋书》卷八四《突厥传》，中华书局，1973 年标点本。
⑤ ［后晋］刘昫等撰：《旧唐书》卷一九九《契丹传》，中华书局，1975 年标
　　点本。

⑥　［元］脱脱等撰：《辽史》卷一三《圣宗纪》四，中华书局，1974 年标点本。

⑦　同⑥。

⑧　［元］脱脱等撰：《辽史》卷一八《兴宗纪》一，中华书局，1974 年标点本。

⑨　［元］脱脱等撰：《辽史》卷一九《兴宗纪》二，中华书局，1974 年标点本。

⑩　同⑨。

⑪　［明］宋濂等撰：《元史》卷八五《百官志》一，中华书局，1976 年标点本。

⑫　［明］宋濂等撰：《元史》卷八七《百官志》三，中华书局，1976 年标点本。

⑬　［明］宋濂等撰：《元史》卷八九《百官志》五，中华书局，1976 年标点本。

⑭　［明］萧大亨：《夷俗记·耕猎》。

⑮　同⑭。

⑯　［北齐］魏收撰：《魏书》卷一一三《官氏志》，中华书局，1974 年标点本。

⑰　［元］脱脱等撰：《辽史》卷二《太祖纪》下，中华书局，1974 年标点本。

⑱　厉鹗撰：《辽史拾遗》卷三，上海人民出版社，1958 年。

⑲　［元］脱脱等撰：《辽史》卷七七《耶律挞烈传》，中华书局，1974 年标点本。

⑳　［元］脱脱等撰：《辽史》卷一一《圣宗纪》二，中华书局，1974 年标点本。

㉑　［元］脱脱等撰：《辽史》卷一二《圣宗纪》三，中华书局，1974 年标点本。

㉒　［元］脱脱等撰：《辽史》卷一三《圣宗纪》四，中华书局，1974 年标点本。

㉓　［元］脱脱等撰：《辽史》卷一五《圣宗纪》六，中华书局，1974 年标点本。

㉔　［元］脱脱等撰：《辽史》卷一八《兴宗纪》一，中华书局，1974 年标点本。

㉕　［元］脱脱等撰：《辽史》卷二〇《兴宗纪》三，中华书局，1974 年标点本。

㉖　［元］脱脱等撰：《辽史》卷二一《道宗纪》一，中华书局，1974 年标点本。

㉗　［明］宋濂等撰：《元史》卷九三《食货志》一，中华书局，1976 年标点本。

㉘　［元］脱脱等撰：《辽史》卷五九《食货志》上，中华书局，1974 年标点本。

㉙　［明］宋濂等撰：《元史》卷八五《百官志》一，中华书局，1976 年标点本。

㉚　［明］宋濂等撰：《元史》卷九四《食货志》二，中华书局，1976 年标点本。

㉛　［明］宋濂等撰：《元史》卷一〇四《刑法志》中，中华书局，1976 年标点本。

㉜　［宋］范晔撰：《后汉书》卷九〇《乌桓鲜卑列传》，中华书局，1965 年标点本。

㉝　［北齐］魏收撰：《魏书》卷一〇三《蠕蠕传》，中华书局，1974 年标点本。

㉞　同㉝。

㉟　［元］脱脱等撰：《辽史》卷一《太祖纪》上，中华书局，1974 年标点本。

㊱　［元］脱脱等撰：《辽史》卷二《太祖纪》下，中华书局，1974 年标点本。

㊲　［元］脱脱等撰：《辽史》卷一一《圣宗纪》二，中华书局，1974 年标点本。

㊳ ［元］脱脱等撰：《辽史》卷一五《圣宗纪》六，中华书局，1974 年标点本。

㊴ ［元］脱脱等撰：《辽史》卷一七《圣宗纪》八，中华书局，1974 年标点本。

⑩ ［汉］司马迁撰：《史记》卷一一〇《匈奴列传》，中华书局，1959 年标点本。

㊶ ［汉］班固撰：《汉书》卷九四《匈奴传》，中华书局，1962 年标点本。

㊷ ［汉］班固撰：《汉书》卷九四《匈奴传》，中华书局，1962 年标点本。

㊸ ［汉］班固撰：《汉书》卷九四《匈奴传》，中华书局，1962 年标点本。

㊹ ［唐］魏征等撰：《隋书》卷八四《突厥传》，中华书局，1973 年标点本。

㊺ ［宋］欧阳修、宋祁撰：《新唐书》卷二一五《突厥传》，中华书局，1975 年标点本。

㊻ ［宋］欧阳修、宋祁撰：《新唐书》卷二一五《突厥传》，中华书局，1975 年标点本。

㊼ ［宋］欧阳修、宋祁撰：《新唐书》卷二一七《回鹘传》上，中华书局，1975 年标点本。

㊽ ［宋］欧阳修、宋祁撰：《新唐书》卷二一九《契丹传》，中华书局，1975 年标点本。

㊾ ［元］脱脱等撰：《辽史》卷一《太祖纪》上，中华书局，1974 年标点本。

㊿ ［元］脱脱等撰：《辽史》卷二《太祖纪》下，中华书局，1974 年标点本。

○51 ［元］脱脱等撰：《辽史》卷五《世宗纪》，中华书局，1974 年标点本。

○52 ［元］脱脱等撰：《辽史》卷一一《圣宗纪》二，中华书局，1974 年标点本。

○53 ［元］脱脱等撰：《辽史》卷一四《圣宗纪》五，中华书局，1974 年标点本。

○54 ［唐］李延寿撰：《北史》卷九六《党项传》，中华书局，1974 年标点本。

○55 ［明］宋濂等撰：《元史》卷二《太宗纪》，中华书局，1976 年标点本。

○56 ［明］宋濂等撰：《元史》卷六《世祖纪》三，中华书局，1976 年标点本。

○57 ［明］宋濂等撰：《元史》卷七《世祖纪》四，中华书局，1976 年标点本。

○58 ［明］宋濂等撰：《元史》卷九《世祖纪》六，中华书局，1976 年标点本。

○59 ［清］张廷玉等撰：《明史》卷三二七《鞑靼传》，中华书局，1974 年标点本。

第六章 北方游牧民族饮食文化
与居住及卫生保健

居住、保藏形式，可以反映一个民族或群体的饮食团体的稳定性和餐饮方式。北方游牧民族随水草丰美而迁徙，遇到战事集体出动，这种生活造成的饮食团体极不稳定。人口的多寡，与饮食等生活资料呈正比发展。历代北方游牧民族先后占据着广阔的草原地区，从事牧业、渔猎、农业生产，以适应人口日益增多的趋势。因为民族的人口，尤其是壮年者，为民族整体的支柱。各民族在长期的社会生活实践中，认识到单一的饮食结构会造成许多疾病，开始注意饮食结构的搭配、饮食营养等问题。

第一节 饮食与居住保藏

北方游牧民族的居住形式为毡帐，并在帐内围火而餐。为适应这种生活，这些民族把肉食、乳食制作成干食，易于保存，又不腐坏。有的民族随着局部定居生活的出现，居住及食品保藏形式也发生变化，饮食团体逐渐趋于稳定。

一 饮食与传统的居住形式

北方游牧民族诞生以后，并未真正形成传统的居住形式。因为这些民族还没有完全从定居的原始农业时代摆脱出来，在经济上还属于半农半牧的类型。从内蒙古自治区伊金霍洛旗朱开沟第五阶段遗址①看，发现的房址不多，平面呈方形或长方形，四周垫有土墙，居住面用白泥铺垫，略经烧烤，中间设灶。还有一种房址为半地穴式，系废弃的窖穴改造而成。由此看出，居住不讲究，有部分人开始定居式的放牧，仍以家庭为单位，形成小的饮食团体，家庭成员围火或围灶而食。

《史记》卷一一〇《匈奴列传》记载："唐虞以上有山戎、猃狁、荤粥居于北蛮，随畜牧而转移。"山戎过着游牧生活，其地望、兴衰时间与夏家店上层文化的分布范围、内涵、时间的延续大致相同。从内蒙古自治区克什克腾旗龙头山遗址②发现的房址看，相对整个聚落区来说数量较少，呈半地穴式，筑造简单，居住面中间设灶（图59）。在房子外面还发现多处有一定范围的火烤痕迹，烤痕较浅，就地起火，说明多数人住在"毡帐"类的居所中。在这个山戎部落内，大的饮食团体不稳定，以家庭为单位的小的饮食团体相对稳定，家庭成员围灶或火堆而进食。

其后的北方游牧民族在没有实行定居以前一直是这种情况。匈奴"逐水草迁徙，毋城郭常处耕田之业，然各有分地。"③说明匈奴本来没有城郭，诸王都分有驻牧地，以穹庐式的毡帐为居住形式。《史记》卷一一〇《匈奴列传》之《索隐》记载："谓匈奴所都处为'庭'。乐户云：'单于无城郭，不知何以国之，穹庐前地若庭，故云庭。'"考古资料表明，在漠南地区至今没有发现一座匈奴的城址。可见，在匈奴单于及诸王的驻牧地内，匈奴人过着游牧生活，彼此间形成一个个相对独立的团体，各自发展牧业经济，维持生计，遇到战争随军饮食起居，这种类型的饮食团体极不稳定。

匈奴并非没有城，在贝加尔湖附近以及叶尼塞河、色楞格河、图瓦河、鄂尔浑河、克鲁伦河流域地区，发现十几处匈奴的

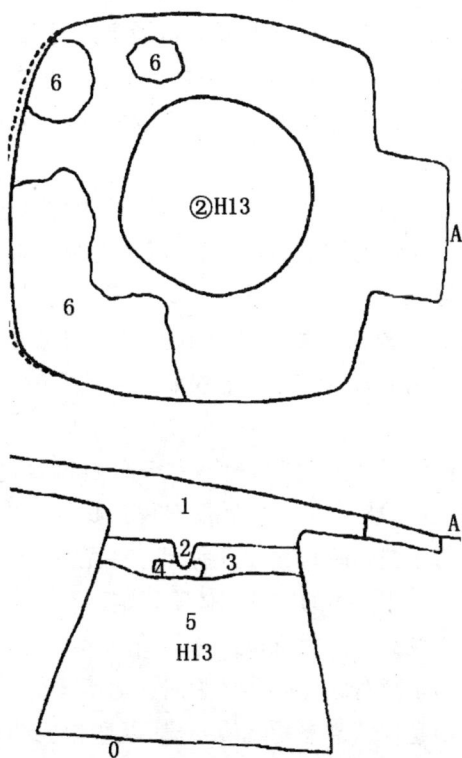

图 59　内蒙古自治区克什克腾旗龙头山夏家店上层文化遗址居住址平剖面图

城址④。在城址内有贵族房屋，也有平民房屋，出土有饮食器具、农业生产工具、狩猎工具等，可以反映城内居民过着定居的生活，这样的饮食团体是稳定的。匈奴的城址是公元前 2 世纪以后的杰作，主要受中原文化的影响。史籍中有"范夫人城"、"赵信城"的记载，都为汉朝降将所筑。在俄罗斯哈卡斯省府阿巴干附近，发现的一座汉式宫殿遗址，出土汉代的瓦当、砖、铺首等，形制也同于汉代建筑，虽然学术界对宫殿主人尚有争议，但肯定为汉代工匠所筑造⑤。匈奴地区存在的城址，可能与汉朝降将、汉家公主有关，不是普遍现象，并不影响匈奴固有的居住形式和极不稳定的饮食团体。

乌桓"随水草放牧，居无常处。以穹庐为舍，东开向日。"⑥"光武初，乌桓与匈奴连兵为寇，代郡以东尤被其害。居止近塞，朝发穹庐，暮至城郭，五郡庶民，家受其辜，至于郡县损坏，百姓流亡。"⑦说明乌桓人以毡帐为居住形式，过着游荡不定的生活。乌桓入居辽东地区后，受当地农业民族的影响，逐渐走向定居生活。

鲜卑与乌桓同俗，公元345年，代王什翼犍曾建议迁都，筑城郭，起宫室，他的母亲平文皇后反对说：我部自先世以来，以迁徙为业，今若建城郭而居，一旦寇至，将无法躲避。可见，鲜卑以毡帐为居住形式，大的饮食团体不稳定。

敕勒"主人延宾，亦无行位，穹庐前丛坐，饮宴终日。"⑧柔然"无城郭，逐水草畜牧，以毡帐为居，随所迁徙。"⑨"土气早寒，所居为穹庐毡帐。"⑩敕勒和柔然都以毡帐为生产和生活单位，随水草迁徙居住，大的饮食团体不稳定。

《北史》卷九九《突厥传》记载突厥的居住形式，"其俗：被发左衽，穹庐毡帐，随逐水草迁徙，以畜牧射猎为事。食肉饮酪，身衣裘褐。"以至突厥"若筑城而居，变更旧俗，一朝失利，必为所灭。"⑪回纥也以毡帐居住，与突厥一样，大的饮食团体不稳定。

早期契丹人过着"逐水草迁徙"的游牧生活，居无常处，以毡帐为居住形式，大的饮食团体不稳定。在耶律阿保机的祖父匀德实时期，契丹迭剌部开始从游牧转向定居。建国后的契丹人除居住在城市的房屋内，还保留有传统的穹庐居住形式，有时在城内搭设毡帐居住，以保留传统的居住方式。北宋使臣路振在《乘轺录》中说："（中京内城）街道东西并无居民，但有短墙以障空地耳。"这是按照契丹习俗和保卫宫廷的需要在城内搭设毡帐，以供契丹贵族居住和驻扎卫戍官军。关于穹庐，宋人彭大雅的《黑鞑事略》徐霆疏证中留下一段记载："穹庐有二样，燕京之制用柳木为骨，止如南方罘罳，可以卷舒。面前开门，上如伞骨，顶开一窍，谓之天窗，皆以毡为衣，马上可载；草地之制，用柳木织成硬圈，经用毡挽定，不可卷舒。车上载行，水草尽，则移，初无定日。"城内的毡帐和游牧用的毡帐是有区别的，城内虽搭毡帐，但性质却不同，带有临时住所之意，不会影响大饮食团体的稳定性。

《北史》卷九六《党项传》记载："织牦牛尾及矛毛为屋，服裘褐，披毡为上饰。"《新唐书》卷二二一《党项传》记载："土著，有栋宇，织牦尾、羊毛覆屋，岁一易。"党项本为游牧民族，过着居无常处的游牧生活，其居所用牛羊毛搭置屋顶，便于拆迁，党项初期的饮食团体不稳定。

早期的蒙古族过着居无常处的游牧生活，以帐幕和窝棚为居住形式，大的饮食团体不稳定。《多桑蒙古史》记述了帐幕的制法，"结枝为垣，形圆，高与人齐。上有椽，其端以木环承之。外覆以毡，用马尾绳紧束之。门也用毡，户向南。帐顶开天窗，以通气吐炊烟，灶在其中。"帐幕其实就是蒙古包，规模大小不一，居民住小帐幕，大型帐幕为蒙古王室、贵族处理政务、生活起居之用。帐幕分可拆卸和不能拆卸两种，前者可拆开用马驮，后者需用车搬运。到明朝时期，蒙古族居住的毡包有了改进，更适宜于迁移和运载，出现了折叠式支架和圆天窗，由尖顶改为圆顶。这种蒙古包迄今在草原上还可见到（图60）。

图60 蒙古包

二 饮食与保藏形式

游牧民族的人和畜随水草丰美而迁徙，赖以生存的生活资料主要是牛、马、驼、羊等牲畜，保存活着的牲畜就是一种自然的保藏形式。另外，晒制干肉、制作干酪，然后存放起来，既耐食，又不腐坏，这也是一种保藏形式。但每一个民族因历史发展进程的不同，在保藏形式上有一定的区别。

在山戎创造的夏家店上层文化龙头山遗址⑫中，发现大量的窖穴，多数为圆形袋状，有的窖穴深达2米多，出土成批的陶器，个别陶器内有碳化的谷物，此类窖穴口小底大，穴内温度较低，利于贮藏粮食及其他食物。

匈奴有一种乳制的干食品为"爏蠡"，即干酪，既携带方便，又易于保藏。公元前119年，汉朝大将卫青率兵攻打匈奴，到赵信城获匈奴储藏的大量谷物。汉降匈奴将卫律曾献谋，"穿井筑城，治楼以藏谷，"⑬这里的楼是指两层小屋，汉代墓葬中经常出土陶楼模型，两侧都有窗户，通风较好，易于贮藏粮食。在漠北匈奴墓葬中常见一种大型陶器，匈奴人把谷物装在这种陶器内进行贮藏。这两种方法，都是受汉文化影响的结果。

鲜卑将鲜乳制成干酪，这种方法在北魏贾思勰的《齐民要术》卷六《养羊》第五七中有记载。根据石汉声先生的翻译，"七、八月作，太阳下烤酪，酪上成奶皮后，浮面揭起；再烤、再揭；直到油尽，没有皮出来，才停止。得一升多，在锅里炒一会儿，倒出来，搁在浅盘里，让太阳晒。到半干不湿时，捏成梨子大小的团，再晒干，就成了干酪，可以几年不坏，供远行时用。"⑭北魏时期，鲜卑受汉文化的影响，用仓贮藏粮食。在内蒙古自治区呼和浩特市大学路北魏墓葬⑮中出土有陶仓模型，呈圆筒形，存放粮食不易腐坏，证实了这一时期鲜卑人接受汉文化后，已普遍使用这种保藏形式。

根据宋朝使臣路振出使契丹参加辽筵的情况，可知有一种食物为腊肉，经过盐渍或密渍加以熏制而成。另有一种肉脯，晾干而成。腊肉、肉脯、干奶酪、炒米等食物，都不易腐坏，装入布袋或皮袋中保藏。在考古学资料中没有发现契丹人具体的贮粮形式。《辽史》卷五九《食货志》上记载："东京如咸、信、苏、复、辰、海、同、银、乌、遂、春、泰等五十余城内，沿边诸州，各有和籴仓。"说明粮食主要用粮仓贮藏。

蒙古族从牛奶中提取奶油，把奶油煮干，贮藏于羊胃里保鲜，以供冬季食用。提取奶油后留下的奶，使其变酸，然后煮之，凝固成坚硬的酸奶块，收藏在袋子里，冬季缺奶时，就把这种酸奶放在皮囊里，倒入热水，搅拌溶化饮用。还制作奶豆腐、奶酪、奶皮、炒米、干肉等，置于仓库中备食。现代牧区的蒙古族仍然保持着这种保藏形式，并利用地窖贮藏蔬菜、肉食，有的牧民在夏季时把食物用绳吊入水井中可以保鲜，在冬季时把牛宰杀自然冰冻，等融雪后食用。粮食在建立元朝后用仓贮藏，以防止腐坏。内蒙古自治区正蓝旗元上都故城城外东西两侧各有一座规模庞大的粮仓遗址[16]，东边的称之为万盈仓，西边的称之为广积仓，成排分布，每排由若干室组成。当今牧区的蒙古族每户都建有仓库，贮藏食物和杂物。

三 居住形式的变迁对饮食团体和饮食方式的影响

北方游牧民族传统的居住形式为穹庐式的毡帐，但在接受中原文化的基础上，开始从事农业生产，需要有定居式的生活方式，便筑城建屋，改变传统式的居住形式。

匈奴单于听从汉降将卫律的建议，"穿井筑城"，主要是为了加强军事上的防御功能，但另一方面也反映了城内居民的较稳定的生活。漠北发现的匈奴城址中，大型房屋内有炉灶和热炕取暖设备，人们围灶而食，或在炕上围食，城中的饮食团体相对稳定。

鲜卑拓跋部南迁至今河套及大青山一带后，在盛乐、平城（故城在今山西省大同市）先后建立代国和北魏政权，实行"离散诸部，分土定居"的政策，使鲜卑逐渐走向定居生活，筑城郭，建宫室，造房屋。入主中原后，完成了封建制的转变，完全汉化，变为定居生活。这种情况下的饮食团体较为稳定。

唐朝对归附的突厥人，实行设置都护府、都督府进行管理，建有城池，居住在城内，这部分突厥人过着半定居的生活，饮食团体相对稳定。回纥建立汗国后，受中原文化的影响，开始筑造城池，史书和回鹘文碑有"富贵城"、"可敦城"的记载。富贵城是回鹘汗国的都城，公元10世纪辽太祖耶律阿保机北征时曾到过这个城市[17]。可敦城为唐朝嫁往回鹘的公主所居之地。这样的城市在回鹘并不普遍，规模有限，不能影响整体上的不稳定的饮食团体。

契丹族迭剌部在耶律阿保机父亲时，兴起了"板筑"（房屋）和城市，饮食团体从不稳定趋于稳定。"阿保机率汉人耕种，为治城郭、尾邑、廛市如幽州制度。"[18]主要仿汉制，兴建房屋和城市。建辽以后，建筑业迅速兴盛起来，使契丹的饮食团体更加稳定。

辽太祖、太宗时期，建筑业成为很重要的生产行业，其产品用于筑造城市、宫殿、官衙、寺院和民房。城市类别有京城、州城、介于州县之间的城、县城、低于县级的城等，这标志着契丹族受中原生活方式的影响越来越多，也反映了契丹族致力于变游牧生活为定居生活的决心。当时上京道建筑的城镇和其他建筑物特别多，城池有临潢府、祖州、怀州、泰州、乌州、永州、仪坤州、龙化州，以及头下军州、县城、炭山等地的汉城。其他各道也有许多建筑，如东京道几乎每隔二十公里左右即可遇到一座城，包括辽代初期新建的城市。

《辽史》卷三七《地理志》一描述了辽上京城内的布局及建筑，说明了以城为单位的饮食团体的稳定性。"神策三年（公元918年）城之，名曰皇都。天显十三年（公元938年），更名上京，府曰临潢。……上京，太祖创业之地。负山抱海，天险足以为固。地沃宜耕种，水草便畜牧。……城高二丈，不设敌楼，幅员二十七里。门，东曰迎春，曰雁儿；南曰顺阳，曰南福；西曰金凤，曰西雁儿。其北谓之皇城，高三丈，有楼橹。门，东曰东安，南曰大顺，西曰乾德，北曰拱辰。中有大内。内南门曰承天，有楼阁；东门曰东华，西曰西华。此通内出入之所。正南街东，留守司衙，次盐铁司，次南门，龙寺衙。南曰临潢府，其侧临潢县。县西有崇孝寺，承天皇后建。……西南国子监，监北孔子庙，庙东节义寺。又西北安国寺，太宗所建。寺东齐天皇后故宅，宅东有元妃宅，即法天皇后所建也。其南贝圣尼寺，绫锦院、内省司、麹院、赡国、省司二仓，皆在大内西南，八作司与天雄寺对。南城谓之汉城，南当横街，各有楼对峙，下列井肆。……南门之东回鹘营，回鹘商贩留居上京，置营居之。西南同文驿，诸国信使居之。驿西南临潢驿，以待夏国使。……周广顺（公元951～953年）中，胡峤记曰：上京西楼，有邑屋井肆，交易无钱而用布。有绫锦诸工作、宦者、翰林、伎术、教坊、角抵、儒、僧尼、道士。中国人并、汾、幽、蓟为多。"在上京城内，形成了皇帝、贵族、平民、商贾、手工业者、僧尼、道士、杂伎乐工及其他少数民族的固定居所，人们的饮食起居都在城里进行。

辽圣宗、兴宗时期，兴建了中京等一大批城堡、宫殿，还筑造了许多寺、塔、经幢之类的宗教建筑。宋朝使者路振的《乘轺录》记载了中京的布局。"外城高丈余，幅员三十里。南曰朱夏门，自朱夏门入，街道阔百余步，东西有廊舍约三百间，居民到廛肆庑下。三里到第二重城。城南门曰阳德门。城幅员约七里。自阳德门一里至内城门曰阊阖门。东西掖门去阊阖门三百步，东、西角楼相去约二里。是夕宿于大同驿，驿在阳德门外。二十六日，持国信自东掖门入，至第三门曰武功门。"

对辽中京的考古勘查与发掘，证实了中京由外城、内城和皇城组成。外城平面呈长方形，城内南部为坊市和居民区，还有少数官署、寺院。内城在外城中部，城内有街道、坊、官署、寺院。皇城在内城中部偏北，为宫殿区⑲。这种布局，模仿了北宋都城汴京（故城在今河南省开封市）的城制而建，皇帝、官吏、平民的居所各据其城，形成等级森严的饮食团体。同时，在寺院中也形成了一个素食团体。

契丹皇帝的四时捺钵，要筑行宫幕帐，并为长久居所。皇帝及大贵族一年四季，大多在外游猎，处理政务，捺钵地便成为他们的居住场所。在皇帝捺钵之地，集市成行，长而久之，形成一个特殊的饮食团体。

随着农业的开发，契丹逐渐趋于定居生活，以板筑的房屋为居住形式。开泰元年（公元1012年），宋使王曾出使辽国时见到："自过古北口，即番境，居人草庵板屋，亦务农耕。"[20]内蒙古自治区巴林右旗罕山祭祀址第4号建筑址[21]，为祭祀休息场所，有围墙院落，中央主体建筑为一座大型厅堂，由中厅、东西室构成。厅室的周壁砌成火墙，东厢房内也有火炕，备有双灶，为祭祀者和守护者住宿取暖并炊煮之用，从中可看出住在草庵板屋的契丹人可能用火炕取暖，用火灶炊煮，凭桌而食。

在辽代墓葬壁画中，"备食图"、"备饮图"、"宴饮图"都绘有桌儿，人们围桌而食。内蒙古自治区敖汉旗下湾子1号辽墓[22]壁画的"宴饮图"，墓主人坐在木椅上，身旁置一高桌，桌上放盛食物的长盘和茶盏，桌两侧各有一侍女，右边者手持执壶、温碗（图61）。从中看出契丹饮食方式的改变状况。

随着党项势力的不断壮大，受汉民族文化的影响，开始筑城

图61　内蒙古自治区敖汉旗下湾子1号辽墓壁画宴饮图　辽

居住。公元1002年，党项首领继迁攻下灵州，改为西平府，不久又攻下西凉府，继迁以西平府为首都，建立宗庙，设置官衙，修建各州州城。元昊在位时，仍不断对外征战，扩充疆土。《宋史》卷四八五《夏国传》上记载："元昊既悉有夏、银、绥、宥、静、灵、盐、会、胜、甘、凉、瓜、沙、肃，而洪、定、威、龙皆即堡镇号州，仍居兴州，阻河依贺兰山为固。"这些州都筑城池，标志着党项由游牧转变为定居，饮食团体也趋于稳定。

公元12世纪时，蒙古高原邻近汉地的汪古部、弘吉剌部，受农业民族的影响，开始向定居生活转变，"筑室而居"。蒙古国建立后及有元一代，漠南地区有更多的牧民改住房屋，漠北地区也有房屋居住，使饮食团体逐渐趋于稳定。

忽必烈由漠北南下总理汉地军务，夏季不出征时都驻帐金莲川（今内蒙古正蓝旗东），但金莲川幕府的大多数人习惯于城居，难以适应"居穹庐，无城壁栋宇，适就水草无常"的草原生活方式。为了解决这一矛盾，公元1256年，忽必烈命刘秉忠选择合适之地兴筑新城，利用三年时间筑建开平城，元上都就是在此基础上修建的。考古调查资料表明，元上都由宫城、皇城、外城组成，皇城在外城的东南部，宫城在皇城中部偏北。城外有关厢，离城不远有西内（图62）。整体设计规划，既体现了汉族传统的城市布局观念，又体现了具有蒙古族游牧生活的草原特点[23]。

宫城位于全城的东部稍偏南，平面呈长方形，城墙用黄土板筑，外部砌砖。在东、南、西三墙正中各设一门，北墙无门，南门御天门有通道与皇城相接。宫城外有石砌夹墙，外有一条环城街道。宫城南为平坦的广场，内有通向三门的"T"字形大街为主要通道，东南还有"十"字形大街，与通往南门之道相通。城内分布的建筑群落大多有一围墙，多为宫殿遗址，集中于西北隅。皇城在外城的东南角，呈方形，城墙用黄土板筑，表层用石块堆砌。南北城墙各有一门，东西城墙各有二门，门外有方形或

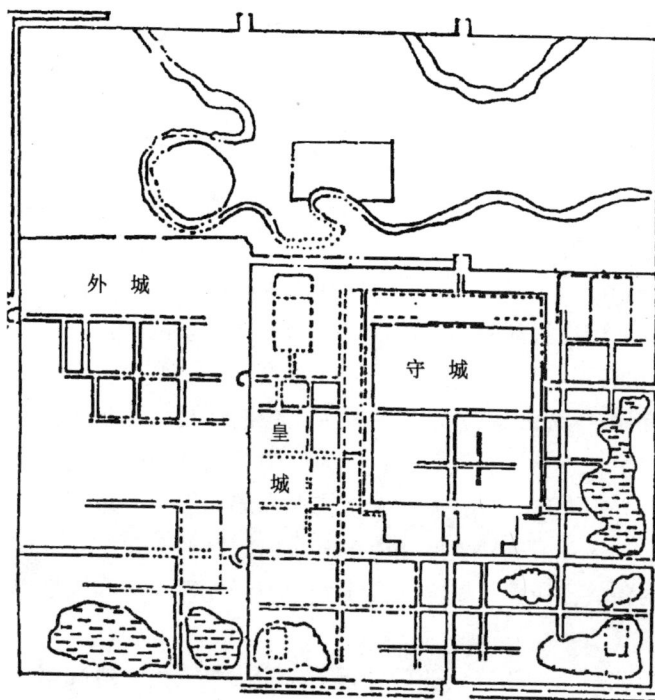

图 62　元上都平面布局图

马蹄形的瓮城。主要大街为通向宫城、东门、明德门（南门）、西门的"十"字形大街，南部还有一条东西向街道，宫城东西两侧各有一条南北向大街。皇城内设有许多官署、寺院和手工业作坊。外城平面呈方形，城墙用黄土板筑。北墙有二门，西墙设一门，南墙西部设一门，门外有方形或马蹄形瓮城。从皇城北门瓮城西墙起，有一条东西向的土墙，把外城分成南北两个部分。北部主要是一片东西向的山岗，为北苑所在，即皇家园林。山岗南部有二条东西向大街和一条南北向大街为主要通道，靠近街道有不少的建筑遗迹。外城的东、西、南三面设有关厢，《上京杂诗》

曰："西关轮舆多似雨，东关帐房乱如云。"西关车辆繁多，是"马市"所在，为商业区。东关邻近皇城，前来觐见的王公贵族把带来的部众安排在这里居住，因而"帐房如云"。城的南部有许多小型个体建筑，应为居民区。城外西部有西内，即离宫所在，还有举行"诈马宴"的失剌斡耳朵，为皇帝举行"御宴"的地方，也叫棕毛殿，可容纳几千人进宴。在上都城内，皇帝、官吏、平民各有居所，等级森严，又有手工业作坊、商市、馆驿，形成一个以城为单位的稳定的饮食团体。

到明朝俺答汗时期，成批汉族居民进入漠南蒙古地区，土木建筑的板升（房屋）兴起，出现了村寨，修筑城市，使一批蒙古族走向定居生活，以城市或村寨为单位的饮食团体趋于稳定。内蒙古自治区土默特右旗美岱召，为明朝时期修建的一座喇嘛教寺院，其外围有砖砌的城墙，从现在保存的大殿看，屋顶和墙壁都有明显的接缝痕迹，显然是由当时城内的宫殿改建。就是说该城是当时俺答汗所建，城内的宫殿为俺答汗处理政务和生活起居的场所。

清朝时期，随着农业的发展，部分蒙古族由游牧走向定居，半农半牧区出现了土木结构的蒙古包，在屋中立一木柱，盖草顶，圆形墙壁用砖或土坯或涂泥的柳条砌成，开窗户，室内有半圆形土炕，可在室内炊煮饭食。农区的蒙古族，以汉式平房为居所，常见的有二间和三间，以土墙为外廓组成院落，屋门南向，南北设窗户，东西有厢房，屋内有土炕和连炕的灶，炊煮饭食更为方便。这种汉式居住方式，反映了蒙古族饮食团体的稳定性，并成为一种定制。

第二节　饮食与人口及卫生保健

北方游牧民族所处的自然环境，适宜于发展畜牧业，兼营渔猎生产，在接受中原地区的文化以后，又从事农业生产。牧养的牲畜、猎获的野生动物、农耕所产的粮食，成为生活资料的来源，供人口增长的需要。在日常生活中，传统的饮食会带来疾病，给人们造成身体健康上的障碍，使人们注意饮食结构的合理配制，还有饮食卫生，这在上、中层社会阶层中表现得更加突出。

一　饮食与人口

人口的增长，与社会经济发展状况相互适应，否则会付出沉重的历史代价。北方游牧民族传统的经济类型是畜牧业，其发展程度的高低取决于牧草的长势，遇到自然灾害、人为战争时，往往不能自给，难以承受人口增长的压力。特别是建立政权后的民族，已认识到牧业经济的不稳定性，会加强发展农业，竭力保持人口增长与经济水平的均衡。

根据人口学的基本原理，经济因素是影响人口变动的主要原因，这在古代北方游牧民族中表现得尤为突出，并与饮食来源、饮食结构有着密切的联系。政治因素、民族因素的间接影响比较少，在饮食中无法体现。

《史记》卷一一○《匈奴列传》记载："晋北有林胡、楼烦之戎，燕北有东胡、山戎。"说明了春秋战国时期北方地区诸民族的分布状况。《逸周书》、《春秋左传》、《国语》中，多次提到"北戎伐齐"、"北戎侵郑"、"山戎病燕"等事件，可见山戎势力的强大，如果没有众多的人口，是不可能对齐国、燕国造成威胁。内蒙古东南部地区山戎的文化遗址中，发现了分布范围较广的窖穴、房址、祭坑、墓葬等，而且遗址规模非常大，也可看出当时这一地区的人口数量的庞大。畜牧业和农业较为发达，为众多人口提供了生活资料。

匈奴冒顿单于时，东破灭东胡，西击走月氏，南并楼烦、白羊河南王，收复了秦朝大将蒙恬所夺取的匈奴故地，势力强盛，有"控弦之士三十万"。公元前200年，匈奴在平城围攻汉高帝刘邦，用精兵四十万。根据汉文帝大臣贾谊的说法，匈奴"五口而出介卒一人"[24]，那么当时约有一百五十万至二百万人口，可能包括了其他民族的人口，匈奴本族应有一百五十万人口。发达的畜牧业经济，保证了匈奴如此庞大人口数量的饮食来源。

匈奴在遭到汉朝的军事打击或遇到自然灾害时，赖以生存的牲畜和草场会受到破坏，人口也随之减少，《汉书》卷九四《匈奴传》有类似的记载。公元前71年，匈奴受到汉与乌孙的联合进攻，被俘虏三万九千人；同年冬，单于在远征乌孙的回师途中，因遇到大雪，冻死数万人，随之又被丁零、乌桓、乌孙乘虚攻杀数万人；匈奴又因天灾，饿死十分之三的人口。公元前68年，匈奴地发生饥荒，人民死者又十分之六七。到公元前58年~前57年，匈奴五单于争位，兵员和人民大量死亡，人口锐减，以至呼韩邪单于获胜后回到单于庭，辖区内的人口只有数万人；郅至单于所率领的五万人，抵达康居时仅剩下三千人。到西汉晚期，匈奴的人口大概在一百五十万人左右。

东汉时期，匈奴于公元48年分裂为南北二部。根据《后汉书》卷八九《南匈奴传》、《后汉书》卷二三《窦宪传》记载，南匈奴人口最盛时是公元90年，"领户三万四千，口二十三万七千三百，胜兵五万一百七十人。"北匈奴的人口，公元83年由三木楼訾大人稽留斯等率领附汉的有三万八千人。公元87年，由曲兰、储卑、胡都须等率领附汉的有二十万人，胜兵八千人。公元89年，由温犊须、日逐、温吾、夫渠王柳鞮等率领附汉的有二十余万。这样，北匈奴合计有四十四万人口，加上留在漠北的尚有五六十万匈奴人加入鲜卑，就有一百万左右。若把南匈奴人口合并，至公元90年前后，匈奴全部人口约在一百三十万左右。

如果没有强大的经济作后盾，是难以维持这么多人的生计。匈奴与汉朝的几次战争，常被汉朝军队虏走牛、马、羊几万头（只）乃至几十万、上百万头（只），加之自然灾害造成的大批牲畜死亡。在这种情况下，还能维持上百万人的生活，说明匈奴的饮食资料非常充足。

乌桓的人口在《后汉书》卷九〇《乌桓鲜卑列传》的记载中可以推算。"昭帝时（公元前86～前74年），乌桓渐强……大将军霍光闻之，因遣度辽将军范明友将二万骑出辽东邀匈奴，而虏已引去。明友乘乌桓新败，遂进击之，斩首六千余级，获其三王首而还。""灵帝初（公元168年），乌桓大人上谷有难楼者，众九千余落，辽西有丘力居者，众五千余落，皆自称王；又辽东苏仆延，众千余落，自称峭王；右北平乌延，众八百余落，自称汗鲁王。""建安十二年（公元207年），曹操自征乌桓，大破蹋顿于柳城，斩之，首虏二十余万人。袁尚与落班、乌延等皆走辽东，辽东太守公孙康并斩送之。其余众万余落，悉徙居中国云。"

根据史书记载，西汉中期乌桓人口应在十万以上。东汉时期，上谷、辽西、辽东、右北平四郡的乌桓有一万五千八百余落，此时的落包括若干户，以一落平均五户计算，一户为四人，共有人口三十余万。东汉末期，曹操征三郡乌桓，俘虏乌桓二十余万人，还有十万人迁徙到塞内，再加上其他地区居住的乌桓人，其总人口当在四十万人以上。可见，乌桓人口数量的庞大。

《后汉书》卷九〇《乌桓鲜卑列传》记载："和帝永元中（公元89～105年）……匈奴余种留者尚有十余万落，皆自号鲜卑，鲜卑由此渐盛。"匈奴的落就是户，仅加入鲜卑的匈奴人就有三十至四十余万人。同传又载："安帝永初中（公元107～133年），……鲜卑邑落百二十部，各遣人质。"鲜卑的邑落由若干户组成，一百二十邑落估计人口应在二十万以上。

《魏书》卷一《序纪》记载，公元248年，拓跋鲜卑有"控弦士马二十余万”，按一户出兵役 1～2 人算，人口可达四五十万。又载："自始祖以来，与晋和好，百姓乂安，财畜富实，控弦骑士四十万余。"西晋时期，鲜卑有骑兵四十多万，人口应在一百二十至一百五十万之间。还载："平文皇帝二年（公元318年），……西兼乌孙故地，东吞勿吉以西，控弦士马将有百万。"东晋初年，鲜卑有军队一百万，这里包含了其他民族，鲜卑的人口大约在二百万人左右。上百万人口，需要有足够的生活资料才能生存，鲜卑凭借优越的自然条件，大力发展畜牧业，加之建立政权后又迅速发展农业，解决人口增长所需的物质生活资料。

根据《北史》卷九八《高车传》的记载，在北魏道武帝登国四年至五年（公元 389～390 年），拓跋珪在鹿浑海破敕勒，虏获生口及牛马羊二十余万。太武帝神䴥二年（公元 429 年），拓跋焘又收降了居住在贝加尔湖周围的敕勒部众几十万落，以一落4～5 人计算，也有近百万人口。公元 5 世纪后期，柔然政权内部发生混乱，敕勒副伏罗部首领阿伏至罗及其从弟穷奇率部众十万余落叛离柔然，自立为王，仅副伏罗部的人口就有四十至五十万人。敕勒的侯吕邻部有部众万余口，经常在险处畜牧。《魏书》卷一〇三《蠕蠕传》和《南齐书》卷五九《芮芮虏传》记载了从公元 429 年至 525 年的柔然出兵或被俘人数，最多的两次是公元 429 年与公元 479 年，投降敕勒三十余万人和出兵北魏三十万骑。就当时的征调兵役情况，按每户出一人计算，柔然的人口应在百万左右。这必须有足够的饮食资料，才能维持柔然人的正常生活。

根据《北史》卷九九《突厥传》、《隋书》卷八四《突厥传》、《新唐书》卷二一五《突厥传》上的记载，北周至唐朝之间，可从用兵人数推断突厥的人口。木杆可汗"控弦士数十万"；佗钵可汗"控弦士数十万"；沙钵略可汗"控弦士四十万"；始毕可汗有骑兵数十万；西突厥室点密可汗有骑兵十万；达头可汗分给阿波罗骑兵十万；统叶护可汗有"控弦士数十万"；沙钵罗可汗有骑兵数十万。唐初，颉利可汗一次出动骑兵达十余万；颉利可汗死后，其部众有的投奔薛延陀，有的投靠西域，还有十余万人投降唐朝；默啜可汗也有骑兵十万。据此推测突厥的人口应近二百万人。

《新唐书》卷二一七《回鹘传》上记载："回纥姓药罗葛氏，居薛延陀北娑陵水上，距京师七千里。众十万，胜兵半之。"回纥刚兴起时，十万人众就有一半军队，难免有点夸大，如果真的有兵五万，人口应在二十万之多。《旧唐书》卷一九五《回纥传》的记载可证实回纥的兵数，"永徽二年（公元651年），贺鲁破北庭，诏将军梁建方、契苾何力领兵二万，取回纥五万骑，大破贺鲁，收复北庭。"公元651年，西突厥沙钵罗可汗阿史那贺鲁率部攻占了唐朝在西域设置的庭州（治所在今新疆吉木萨尔县），唐朝派兵二万，联合回纥的骑兵五万，打败西突厥，收复庭州。此时回纥不可能把所有的兵力都用上，说明回纥的兵数在五万以上，人口有所增加。《新唐书》卷二一七《回鹘传》上曰："代宗即位（公元762年），……乃遣使北收单于府兵、仓库，数以语凌斩清潭。清潭密白帝：'回纥兵十万向塞'。朝廷震惊。"《旧唐书》卷一九五《回纥传》记载，代宗宝应元年（公元762年），登里可汗拟入侵唐境，"有众十万，羊马不知其数。"也就是回鹘建立汗国后，拥兵十万，人口当在四十至五十万人。

契丹最初是一个包括"青牛"和"白马"两个氏族组成的小部落，后来子孙繁衍，部众逐渐兴盛，发展为八个氏族，再发展为八个部落，以至十个部落。公元6~7世纪之际，形成一个包括很多部的大部落。从契丹势力的不断壮大，也能反映出人口增长的状况。《魏书》卷一〇〇《契丹传》记载，北魏太和三年（公元479年），"（契丹）贺勿于率其部车三千乘，众万余口。"《北史》卷九四《契丹传》记载："天保四年（公元553年）九月，……帝亲蹦山岭，奋击大破之（契丹），虏十余万口。"《隋书》卷八四《契丹传》记载："开皇末（公元600年），……部落渐众，遂北徙逐水草，当辽西正北二百里，依托纥臣水而居。东西亘五百里，南北三百里，分为十部。兵多者三千，少者千余，逐寒暑，随水草畜牧。"以一户出征调二卒，一户四至五人计算，大部有人口近万人，小部也有三千余人。《新唐书》卷二一九《契丹传》记载："贞观二年（公元628年），……尽忠自号无上可汗，以万荣为将，纵兵四略，所向辄下，不重浃，众数万，妄言十万"。同传又载："武后闻尽忠死，更诏夏官尚书王孝杰、羽林卫将军苏宏晖率兵十七万讨契丹，占东硖石，师败，孝杰死之。……万命右金吾卫大将军河内郡王武懿宗为神兵道大总管，右肃政台御史大夫娄师德为清边道大总管，右武威卫大将军沙吒忠义为清边中道前军总管，兵凡二十万击贼。"契丹尽忠任可汗时，有部众几万人，号称十万。后唐朝发兵十七万击契丹，竟然失败。其后又发兵二十万，才击败契丹。可见，唐朝时期契丹的人口应在二十或三十万人以上。

契丹建辽时的人口，可根据史籍记载有一个大概的计算。唐昭宗天复二年（公元902年），耶律阿保机"以兵四十万伐河东、代北。"[25]唐哀帝天祐二年（公元905年）五月，"阿保机领兵三十万，至云州东城"，与李克用结盟[26]。天祐四年（公元907年），契丹"寇幽州"，人马驻"渔阳之北山谷间，毡车毳幕，羊马弥漫。"其兵力"或云五十万，或云百万"，或云"三十万"[27]。在这三条记录中，最少的兵力为三十万，据契丹习俗及依此形成的辽代兵制，大体上一户出二兵，三十万大军就是十五万户，每户以五人计，辽代初期的人口应在六十至七十万之间。随着辽代经济的发展，人口迅速增长。辽太祖平息诸弟之乱后，马上推行"弥兵轻赋，专意于农"的政策，不久便出现"户口滋繁"的景象。应历初（公元951年），南院大王耶律挞烈"均赋役，劝耕稼，部人化之，户口丰殖。"㉘圣宗时，普遍出现"户口蕃息"的现象。兴宗时，"两院户口殷庶"。这都是契丹人口迅速的自身繁衍，即人口的自然增长。

《辽史》卷三一《营卫志上·宫卫》记载："辽国之法：天子践位置宫卫，分州县，析部族，设官府，籍户口，备兵马。崩则扈从后妃宫帐，以奉陵寝。有调发，则丁壮从戎事，者弱属守。……凡州三十八，县十，提辖司四十一，石烈二十三，瓦里七十四，抹里九十八，得里二，闸撒十九，为正户八万，蕃汉转户十二万三千，共二十万三千户。"正户即为契丹人，户八万，人口达四十余万；其他民族和汉人共十二万三千户，人口达六十一万余人。宫卫的总人数达一百余万。官卫有契丹正户八万，蕃汉转户十二万三千户，总人口达一百余万。太祖十八部（奚除外）的人口，归属北大王院（五院部）和南大王院（六院部），他们的三分之二驻牧在"西南至后山八军八百余里之内"，"控弦各万人"。㉙以一户出兵二人计，则各有五千户，至辽末可增加到万户，两院部中另三分之一，即三个石烈在辽会同二年（公元939年）就迁至乌古部地区，辽末时也能达到万户。品、楮特、乌隗、涅剌、突吕不、突举六个部，自阻午可汗设置起至辽末，在近四百年的时间里各以六千户算应为可能。迭剌达部在建辽前就有七千户，辽末应能增加到万余户。乌古涅剌和图鲁二部，辽神册六年（公元921年）为六千户，辽末也能超过万户，突吕不室韦、涅剌拏古、乙室奥隗、品达鲁虢等五个部，以三万户计不算多。这样，辽末太祖十八部总计十三万户，六十五万人，这是契丹人口的主要部分。从辽代兵卫的人数看，"及太祖会李克用于云中，以兵三十万，盛矣。"㉚"太宗益选天下精甲，置诸爪牙为皮室军。合骑五十万，国威壮矣。"㉛"辽建五京：临潢，契丹故壤；辽阳，汉之辽东，为渤海故国；中京，汉辽西地，自唐以来契丹有之。三京丁籍可纪者二十二万六千一百，蕃汉转户为多。析津、大同，故汉地，籍丁八十万六千七百。契丹本户多隶宫帐、部族，其余蕃汉户丁分隶者，皆不与焉。"[32]辽太祖时，有人口七十五万，太宗时，有人口一百二十五万。辽代五京的人口达一百一十余万。辽代其他方面的契丹人口可根据以下史实推算。辽统和二十二年（公元 1004 年）建镇州等边防城，选诸部族二万余骑充屯军。根据宋朝的李信报告，齐王妃"领兵三万屯西鄙驴驹儿河"。这里的契丹人口总数有一万多户。著帐户、贵族奴隶、亲王的私甲亲兵和投下州中的契丹人，还有汉人契丹化者，辽末有二万户。辽圣宗三十四部中的契丹人接近八千户。投降后唐、北宋的契丹人和在高丽、西夏居住的契丹人，辽末达七千户。兴宗时，有一万六千户契丹人徙住西域，驻喀喇汗王朝与辽交界处，辽末增加到二万户，三十二万五千人。这样，辽代晚期契丹的总人数在一百五十万左右，加之其他民族的人口，应在二百万以上。

《北史》卷九六《党项传》记载："每姓别为部，大者五千余骑、小者千余骑。"《新唐书》卷二二一《党项传》记载："以姓别为部，一姓又分为小部落，大者万骑，小数千，不能相统……"党项在北朝时，大的部落有兵五千骑，小部落有兵一千多骑，以一帐（户）出二骑计，大的部落就有二千五百户，人口数量（以一户五人计）就达一万二千余人，小部落也有二千五百余人。唐朝时，依此推算，大的部落有人口二万五千余人，小部落有人口几千人，八个部落大概有人口十余万。《唐会要·党项羌》记载："贞观五年（公元 631 年），诏遣使开其河曲地为六十州，内附者三十四万口。"这里包括了党项以外的其他民族人口。元昊建立西夏政权后，人口增长很快。置"十二监军司。委豪右分统其众。自河北至午腊蒻山七万人，以备契丹；河南洪州、白豹、安盐州、罗落、天都、惟精山等五万人，以备环、庆、镇、戎、原州；左厢宥州路五万人，以备鄜、延、麟、府；右厢甘州路三万人，以备西蕃、回纥；贺兰驻兵五万、灵州五万人、兴州兴庆府七万人为镇守，总五十余万。"㉝西夏初期，拥兵五十万，人口当在一百万以上。到西夏最盛时，人口应突破一百五十万，包括其他民族的人口数量。

在成吉思汗统一蒙古诸部的过程中，从出兵人数估计，人口不会太多。如公元 12 世纪末，铁木真率兵三万与札只剌、泰赤乌等十三部军战于鄂嫩河附近的答阑版朱思。按蒙古的兵制规定，凡十五岁至七十岁的男子都要服兵役，那么除去小孩和妇人，几乎所有的男子都要随军出征，此时铁木真的部众应在十万人左右。成吉思汗统一蒙古诸部后，将全蒙古部众划分为九十五个千户，每个千户的规模不等，有的达几千户，有的不足千户，若以平均一千户计，九十五个千户就是九万五千户，加上大的千户数，应在十万余户，一户以四至五人计算，蒙古族的人口应在四十至五十万人。元朝时期，随着经济的发展，人口不断增长。《元史》卷五八《地理志》一记载："初，太宗六年（公元 1234年）甲午，灭金，得中原州郡。七年乙未，下诏籍民，自燕京、顺天等三十六路，户八十七万三千七百八十一，口四百七十五万四千九百七十五。宪宗二年（公元 1252 年）壬子，又籍之，增户二十余万。世宗至元七年（公元 1270 年），又籍之，又增三十余万。十三年（公元 1276 年），平宋，全有版图。二十七年（公元 1290 年），又籍之，得户一千一百八十四万八百有奇。于是南北户总书于策者，一千三百一十九万六千二百有六，口五千八百八十三万四千七百一十有一，而山泽溪洞之民不与焉。"这是元朝的总人口数，计有五千八百余万。元世祖至元末年，由于西北诸王的叛乱，以漠北流亡云、朔间（今山西省燕北地区）的人口达七十余万。武宗初年，从西北叛王诸部归附的又有八十六万多户。可见，元朝蒙古族的人口应在二百万以上。根据《明史》卷三二七《鞑靼传》的记载，从明朝东部蒙古的出兵数量看，人口有近五十万。在现代，根据 2000 年全国第五次人口普查统计，蒙古族的人口达四百余万。

从史籍记载看，北方游牧民族的人口数量主要受经济因素的影响。经济发展了，有充足的饮食资料，人口就会增长；反之，人口就呈下降趋势。从前面论述的生计方式看，诸民族的畜牧业一直居主导地位，渔猎经济为生活的重要补充，有的民族的农业经济和手工业经济非常发达，为人口增长提供了必要的饮食保障。战争也影响人口数量的增减，北方游牧民族的每一次对外战争，都以掠抢人口、牲畜和其他财物为目标，把有才干的人充实到本民族的统治阶层中，多数被充作兵役或奴隶，有的民族由于长期与主体民族接触，被同化为主体民族，或者势力衰落后以别的强大民族为族名，从而增加了民族的人口。战争中获取的粮食、牲畜等饮食原料能供给人口的增长，反之，损失了赖以生存的牲畜就会影响人口的增长。另外，北方游牧民族所处的草原环境，完全依赖于自然条件的变化，当遇到水旱灾害时，牲畜死亡，人民饥饿困死，会造成人口的减少。以诸民族势力最强盛时期的人口数量，大致统计如下。

族名	时期	人口数量（万人）	经济类型
匈奴	西汉早期	150 万	牧业、狩猎、微弱农业
乌桓	东汉晚期	40 万	牧业、狩猎、农业
鲜卑	东晋初期	200 万	牧业、狩猎、农业
敕勒	北魏	200 万	牧业、狩猎、农业
柔然	北魏	100 万	牧业、狩猎、农业
突厥	唐朝	200 万	牧业、狩猎、农业
回纥	唐朝	40～50 万	牧业、狩猎、农业
契丹	辽代晚期	150 万	牧业、农业、渔猎
蒙古	蒙古国	50 万	牧业、狩猎、农业

蒙古	元朝	200 万	牧业、农业、狩猎
蒙古	现代	400 万	牧业、农业、林业、工业

从以上统计数字看，北方游牧民族在各个历史时期的人口数量，少者四十至五十万人左右，多者达二百余万（现代除外）。各民族传统的牧业经济都很发达，有的民族的农业经济也很发达，都会为人口的增加提供必要的饮食资料。其实，每一个民族开始时只是弱小的氏族或部落，只有经济发展了，有充足的饮食供给，才能增加人口的数量。由氏族变为部落，再组合部落联盟，最后形成民族共同体，进而时机成熟时建立政权。

在历史上，因城乡饮食团体和从事不同类型的经济群体间的差异，人口分布状况很不均衡。就辽代五京来说，西京、南京地区，以五代以来的汉族为主；中京地区，以移居汉族为主，契丹、奚人次之；上京地区，以契丹族为主，多为辽二十部族所居；东京地区，以女真族为主。契丹人口主要集中在城市、水草丰美之地和农业区，地理环境较差的地区人口稀少。在人口职业分布上，与地理环境有很大关系。在草原地区，多为从事畜牧业生产的人口；土地肥沃地区，多为经营农业生产的人口；森林资源丰富的地区，其居民多从事渔猎活动；城市中还有专门从事手工业、商业经济的人口。

二 饮食与卫生保健

俗话说："不干不净吃了没病"，这是一种典型的民间社会饮食习惯和观念的反映。其实是一种不卫生、不文明的文化表现，是低层社会长久苦难生活的实际条件所造成的[34]。人们只有在吃饱的基础上，才会考虑到吃好的问题。古代北方游牧民族下层社会的饮食情况也是如此，但上层社会却注重饮食卫生和饮食保健，并波及到下层社会的饮食群体。

从无炊煮、无饮食器到有陶饮食器，是人类饮食史上的一个伟大的进步，北方游牧民族也经历了这样的过程。手食自然不卫生，不利于身体健康。用器皿盛食，用刀、匕进食，这本身就是一种食卫生的体现。山戎上层社会已大量使用铜器盛食，注重饮食卫生。内蒙古自治区宁城县小黑石沟墓葬㉟出土有青铜匜，为洗用器，说明山戎贵族已知道食前后的卫生。青铜双联、四联罐，罐间相隔，各放一种食物，这也是饮食卫生的一种表现。

北方游牧民族以肉乳为主要饮食，在居无定所的游牧生活中，随时可以切割肉食，饮生奶。在当时缺乏卫生消毒的条件下，必然会导致各种疾病，缩短人的寿命，而游牧民族全无这种饮食卫生的观念。随着中原农业民族文化的影响，一些食礼俗的传入，改变了对饮食卫生的无视观念，在中、上层阶层中尤为明显。

从北魏开始，金银贵重金属制的饮食器出现于贵族阶层的餐桌上，到辽代时已普遍盛行于贵族阶层㊱。唐朝时，瓷饮食器在所有阶层中都很流行，辽代和西夏还建有烧瓷的窑，多数产品为饮食器具，可见其普遍程度。从辽代墓葬出土实物和壁画内容，可以看到进食时使用的箸，质地分银、铜、骨、漆木等。饮食器的改进，足以证明北方游牧民族饮食卫生状况的改善。

考古学资料表明，契丹、蒙古贵族注重饮食卫生，尤其是口腔的卫生，在许多辽墓、元墓中都发现牙刷。内蒙古自治区赤峰市大营子辽驸马墓㊲出土两件牙刷，骨柄，刷头部所植的毛束已腐朽，植毛部有八个毛孔，分两排，每排有四个孔眼；牙刷柄为圆柱形，植毛部为长方形，与现代牙刷的造型非常接近（图63）。通过口腔进食，食物对牙齿起腐蚀作用，用牙刷漱口可以减轻这种饮食腐蚀程度。内蒙古自治区阿鲁科尔沁旗耶律羽之墓㊳出土银匜（图64）、银盆、铜盆等洗用器，内蒙古自治区敖汉旗七家

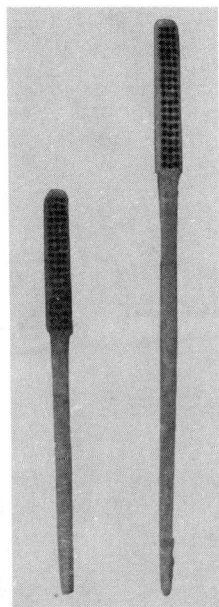

图63　骨柄牙刷　辽

2号辽墓[39]壁画中的手捧黄色盆奉侍主人宴饮男侍图，都说明契丹大贵族在日常生活中有洗手的习惯，以免饮食时将病菌带入体内。

茶本身有保健作用，制作时又有一套严密的工序。茶在北魏时期从中原地区传入草原地区，为突厥、回纥、契丹、党项、蒙古诸部所喜好。辽墓壁画中的"茶道图"，从选茶、碾茶、煮茶、点茶来看，每一道工序都有专人负责，一方面为了保证茶道的质量，另一方面与卫生有关，以防止旁人插手，带入细菌。北方游牧民族经常食肉，容易伤胃，茶有消食、去腻的作用。《辽宫词》曰："解渴不须调乳酪，冰甄刚进小团茶。"宋人朱彧的《萍州可谈》卷一说："辽人相见，其俗

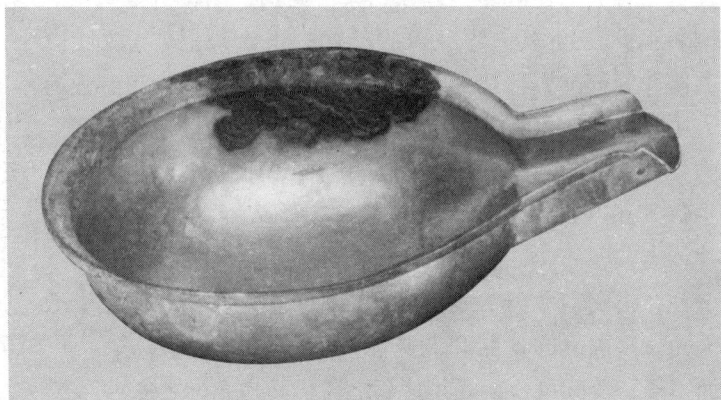

图64　银匜　辽

先点汤后点茶。至宴会亦先水饮，然后品味以进。"说明了契丹贵族已懂得茶可开胃消食的功能。西夏政府和党项贵族经常从宋朝得到茶叶，如庆历四年（公元 1044 年），西夏皇帝元昊给宋朝上表誓言，要求和好，宋朝政府"仍赐对衣、黄金带、银鞍勒马、银二万两、绢二万匹、茶三万斤。"[40] 可见，西夏用茶的数量很大，颇知茶的养身作用。

党项早期的医疗条件较差，一旦得了疾病，按照古旧习俗，召请巫师送鬼；或把病人转移到另外的房子居住，以图躲避灾难。这种方法称为"闪病"。建立西夏政权后，社会经济有所发展，文化知识水平有很大的提高，为了保证有健康的身体，感到对医药知识和饮食保健知识有一种迫切的需要，于是便有汉族的医药书籍《千金方》、《神农本草》之类传入，并流行全境。甘肃省武威发现的西夏遗物中，有西夏文字的药方残页，内容系治疗伤寒病，有牛膝、椒等药，属于汉族的药物，同时也是食物或调料。

蒙医的食疗法具有传统的历史。《史集》中说，兀剌速惕、贴良古、客失的迷诸部"以熟悉蒙古药剂，用蒙古方法很好地治病闻名于世。"元代忽思慧著的《饮膳正要》记载了九十九个宫廷蒙医药膳的配方，其中五十五个配方以羊肉为主料，还有不少配方中含羊心、肝、肺、肚、肠、髓、脑、血、乳、酪等，"食疗方"中的食药制法同烹调食物一样，有煮、煎、熬、炖、炙，几乎每方都以调味品调制。如"白羊肾羹"，用白羊肾二具，切作片，肉苁蓉一两，酒侵切，羊脂四两，切作片，胡椒二钱，陈皮一钱，去白，荜菝二钱，草果二钱，主治虚劳、阳道衰败、腰膝无力。将以上的食品和调味相和，入葱白、盐、酱，煮作汤，入面饼子，美味可口，既是疗病之药，又是充饥之食[41]。

在蒙医饮食疗法中，作为药品的有许多塞外特产的粮食作物，如荞麦、马铃薯等。荞麦属于低糖作物，是糖尿病患者的良食，起抑糖作用。马奶酒疗法，也是蒙医传统饮食疗法之一。现代科学研究分析，马奶酒中含有多种对人体健康有益的成分，如糖、蛋白质、脂肪、维生素 C、酶、微量元素等，可以治疗肠胃道疾患、消化功能减退、肝病、水肿、坏血病、心脏病、结核、高血压、神经衰弱及肺部疾病。另外，酸驼奶、酸牛奶、酸羊奶的治疗作用与马奶酒相近，但疗效不如马奶酒。如明朝时期，蒙古"达延汗身患痞积，特穆尔哈达克之妻为此，用九匹初产驼羔的母驼之乳医治，磨穿了三只银碗，治疗结果，萍藻般的七块疮疤脱落了，方告痊愈。"⑫

　　茶是蒙古族的保健饮料，是"蒙古养命之源"⑬。蒙古族爱饮红茶，这与气候条件和保健功能有关。《蒙古行记》记载："塞外多饮红茶，水至寒也。清茶偶有用之者，鲜少腹病。"在食牛羊肉的经验中，总结了很多的保健理论，有谚云："羊肉过百天变成毒，牛肉过百天变良药。"对牛羊肉有着深刻的认识。

①　内蒙古自治区文物考古研究所、鄂尔多斯博物馆：《朱开沟——青铜时代早期遗址发掘报告》，文物出版社，2000 年。

②　内蒙古自治区文物考古研究所：《内蒙古克什克腾旗龙头山遗址第一、二次发掘简报》，《考古》1991 年第 8 期。

③　[汉] 司马迁撰：《史记》卷一一〇《匈奴列传》，中华书局，1959 年标点本。

④　和·普尔赉：《匈奴三城的遗址》，乌兰巴托科学委员会，1957 年；策·道尔吉苏荣：《北匈奴》，乌兰巴托出版，1961 年；吉谢列夫：《蒙古的古代城市》，《史学译丛》1957 年第 6 期。

⑤　张景明：《俄罗斯哈卡斯省府阿巴干发现的汉式宫殿主人再考》，《继往开来——内蒙古博物馆文集》，内蒙古人民出版社，1997 年。

⑥　[宋] 范晔撰：《后汉书》卷九〇《乌桓鲜卑列传》，中华书局，1965 年标点本。

⑦　同⑥。

⑧　[唐] 李延寿撰：《北史》卷九八《高车传》，中华书局，1974 年标点本。

⑨　[梁] 沈约撰：《宋书》卷九五《索虏传》，中华书局，1974 年标点本。

⑩　[梁] 萧子显撰：《南齐书》卷五九《芮芮虏传》，中华书局，1972 年标点本。

⑪ ［唐］杜佑撰：《通典》卷一九八《突厥传》，中华书局，1974 年标点本。

⑫ 内蒙古自治区文物考古研究所：《内蒙古克什克腾旗龙头山遗址第一、二次发掘简报》，《考古》1991 年第 8 期。

⑬ ［汉］班固撰：《汉书》卷九四《匈奴传》上，中华书局，1962 年标点本。

⑭ 石声汉：《齐民要术今译》，科学出版社，1957 年。

⑮ 郭素新：《内蒙古呼和浩特北魏墓》，《文物》1977 年第 5 期。

⑯ 叶新民：《元上都研究》，第 133 页，内蒙古大学出版社，1998 年。

⑰ ［元］脱脱等撰：《辽史》卷二《太祖纪》下，中华书局，1974 年标点本。

⑱ ［宋］欧阳修撰：《新五代史》卷七二《四夷附录》一，中华书局，1974 年标点本。

⑲ 李逸友：《辽中京城址发掘的重要收获》，《文物》1961 年第 9 期。

⑳ ［宋］叶隆礼撰：《契丹国志》卷二四《王沂公行程录》，上海古籍出版社，1985 年。

㉑ 内蒙古自治区文物工作队等：《内蒙古巴林右旗罕山辽代祭祀遗址发掘报告》，《考古》1988 年第 11 期。

㉒ 邵国田：《敖汉旗下湾子辽墓清理简报》，《内蒙古文物考古》1999 年第 1 期。

㉓ 张景明：《元上都与大都城址的平面布局》，《内蒙古文物考古》1999 年第 2 期。

㉔ ［汉］贾谊《新书》卷四《匈奴》篇。

㉕ ［元］脱脱等撰：《辽史》卷一《太祖纪》，中华书局，1974 年标点本。

㉖ ［宋］司马光撰：《通鉴考异》卷二八《唐太祖纪年录》。

㉗ ［宋］薛居正等撰：《旧五代史》卷二八《唐书·庄宗纪》，中华书局，1976 年标点本。

㉘ ［元］脱脱等撰：《辽史》卷七二《耶律挞烈传》，中华书局，1974 年标点本。

㉙ ［宋］路振：《乘轺录》，《宋朝事实类苑》卷七七，上海古籍出版社，1981 年。

㉚ ［元］脱脱等撰：《辽史》卷三四《兵卫志》上，中华书局，1974 年标点本。

㉛ ［元］脱脱等撰：《辽史》卷三五《兵卫志》中，中华书局，1974 年标点本。

㉜ ［元］脱脱等撰：《辽史》卷三六《兵卫志》下，中华书局，1974 年标点本。

㉝ ［元］脱脱等撰：《宋史》卷四八五《夏国传》上，中华书局，1977 年标点本。

㉞ 赵荣光、谢定源：《饮食文化概论》，中国轻工业出版社，2000 年。

㉟ 项春松、李义：《宁城小黑石沟石椁墓调查清理报告》，《文物》1995 年第 5 期。

㊱ 张景明：《辽代金银饮食器的文化内涵》，《饮食文化研究》2001 年第 1 期。

㉗ 前热河省博物馆筹备组:《赤峰县大营子辽墓发掘报告》,《考古学报》1956 年第 3 期。

㊳ 内蒙古自治区文物考古研究所等:《辽耶律羽之墓发掘简报》,《文物》1996 年第 1 期。

㊴ 邵国田:《敖汉旗七家辽墓》,《内蒙古文物考古》1999 年第 1 期。

㊵ [元]脱脱等撰:《宋史》卷四八五《夏国传》上,中华书局,1977 年标点本。

㊶ [元]忽思慧撰,任应秋、吴爱琚笺注:《食疗方》,中国商业出版社,1985 年。

㊷ 朱风、贾敬颜:《汉译蒙古黄金史纲》,内蒙古人民出版社,1985 年。

㊸ 《清宣宗实录》,道光三年三月乙亥。

第七章　北方游牧民族饮食文化
的社会功能

饮食传统体现社会在饮食方面约定俗成的行为规范，因而饮食文化必有其社会功能①。《礼记·礼运》曰："夫礼之初，始诸饮食"，即最原始的礼仪是从饮食开始的。北方地区在新石器时代，饮食文化就成为一定礼仪规范下的社会生活的一部分。到诸游牧民族诞生以后，这种饮食文化在各种礼仪中充分地表现出来，主要反映在人生礼俗、人际交往、岁时节庆、尊老爱幼、宗教祭祀等方面。

第一节　饮食与人生礼俗

人生礼俗属于风俗习惯的一个方面，包括人们在整个生命旅途中主要阶段上的全部的生活习惯，具有很强的社会性和民族性。具体分为降生、生日、成人、婚姻、丧葬等，每一个过程都包含有各种礼仪，而饮食贯穿于这些礼仪中。

一　饮食与降生礼俗

降生为人生中的第一件大事，它标志着一个民族或家族的兴旺、发达。在小生命出生前后形成的礼俗中，饮食起很大的作用。妇女从怀孕起，就会注意饮食结构的合理配制，以保证孕妇的身体健康和胎儿的营养吸收。小生命出生后，"坐月子"的妇女在饮食上有禁忌，并要加强营养食品的配量，使其有充足的乳水哺育婴儿。亲朋好友携带食品或衣物来表示祝贺。

北方游牧民族的降生礼俗也离不开与饮食相关的风习，人口的增加意味着民族的强大，从古至今都遵循这种观念，古代民族表现得更加强烈，因为只有众多的人口，才能与周邻民族或中原王朝进行抗衡，在广阔的草原上有生存的一席之地。关于北方游牧民族的降生礼俗，在古籍中很少涉足，不能完整地探讨其与饮食之间的关系。

在谈饮食与降生礼俗之前，先讨论一下饮食与性的问题。性与降生有着很大的关系，在有的民族中把与性有关的生殖崇拜当作一种原始宗教来奉行，以象征人口的繁衍兴盛。在山戎所创的夏家店上层文化遗址中，出土有祖柄青铜勺②。把分食器的柄部做成男性生殖形状，带有原始崇拜的含义，以预示部族的兴旺。敕勒和突厥都有在埋葬死者的地方集会的习俗，男女青年借此而宴饮作乐，相互取悦，有的相互爱慕者甚至发生性爱，然后男方向女方家提亲。这种风习一方面反映了游牧民族的生活特点，平时无法沟通，借丧葬而宴饮集会；另一方面也暗示着人的生死轮回，即一个人死亡了，将会有更多的人诞生，仍然是民族人口兴旺的表现。乌桓和鲜卑的男女青年在婚前都有自由选择的权利，并借助宴饮的方式相互传情，如果双方都满意就可以发生性行为，然后才下聘礼准备婚娶。

《辽史拾遗补》卷四《皇后生产仪》记载："若生男时，生产了戎主着红衣服于帐前，内动番乐，与近上臣僚饮酒，皇后即服酥调杏油半盏。如生女时，戎主着皂衣，动汉乐，与近上汉儿臣僚饮酒，皇后即服黑豆汤调盐三钱。"契丹皇后生产后，皇帝的服饰、与近臣以酒庆贺的方式都不相同。针对皇后生男生女的不同，服用相异的饮食，以调理虚弱的身体。《辽史》卷一九《兴宗纪》二记载："（重熙十年，公元1041年）冬十月辛卯，以皇子胡卢斡里生，北宰相、驸马撒八宁迎上至其第宴饮，上命卫士与汉人角抵为乐。壬辰，复饮皇太后殿，以皇子生，肆赦。夕，复引公主、驸马及内族大臣如寝殿剧饮。"辽代皇帝和家人以及大臣在皇子出生后，以宴饮的方式表示庆贺。

蒙古族孕妇临产时，在靠门的地方准备专门的产床，或搭建临时帐篷。产前喝黄油，产后喝温牛奶、咸凉水或开水。婴儿出生的第三天，在家中举行"洗礼"仪式，不邀请外人参加。但接生婆作为最尊贵的客人，被邀赴宴，并主持"洗礼"仪式。"洗礼"仪式结束后，摆宴席，吃羊背子、羊右后腿的胫、第六至第九肋。婴儿满月、周岁时要宴请亲友，岳家送贺礼，至亲好友携带整羊、砖茶、衣服、玩具等礼物参加满月或周岁宴。宴席进行到中午，主人摆上整羊，大家共尝鲜香的羊背子。之后，宾客吃几样象征吉祥福寿的食品，宴会结束。孩子长至2~6岁时，举行"理胎发"仪式。请一位与孩子生年属相不克而且手巧的人给孩子理发，准备酒宴，邀请亲戚朋友，赴宴的人们根据各自的情况，送给孩子马、羊等。如今的蒙古族妇女生育时，已不再移居毡帐外，但宴请亲友的习俗仍然保留下来。

二 饮食与生日、成人礼俗

生日就是为了纪念人们出生之日而进行的活动，一般在周岁、12岁、60岁、80岁、100岁的生日时，要举行重大的庆贺活动，置办酒席，邀请亲朋好友前来参加，以表示人一生中的成长过程。12岁生日与成人礼有关，但各民族成人礼的年龄有所不同。在古代，成人礼举行完以后，才有资格入户籍，有权参加正式的社交活动和分配土地。成人礼仪上，也要办酒席，前来参加者带食物、钱财送给举行成人礼的孩子，以示庆贺人生的一大转折点。

　　史籍中记载北方游牧民族举行生日庆典的比较详细的资料要算辽代皇帝、皇后的生辰礼仪。《辽史》卷五一《礼志》四记载的"宋使见皇帝皇后仪"，较完整地介绍了辽代皇帝生日的仪式。"宋使贺生辰、正旦。至日，臣僚昧爽入朝，使者至幕次。奏'班齐'，声警，皇帝升殿坐。……御床入，大臣进酒，皇帝饮酒。……卒饮，赞拜，应坐臣僚皆拜，称'万岁'。赞各就坐行酒，帝王、使相、使副共乐曲。若宣令饮尽，并起立饮讫。放琖，就位谢。赞拜，并随拜，称'万岁'。赞各就坐。次行方茵地坐臣僚等官酒。若宣令饮尽，赞谢如初。殿上酒一行毕，赞廊下从人拜，称'万岁'。……殿上酒三行，行茶、行肴、行馔。酒五行，候曲终，揖廊下从人起，赞拜，称'万岁'。赞各祗候，引出。"宋代使者在辽代皇帝的生日和过"正旦"节（正月初一）时，辽代皇帝在皇宫摆酒宴，与宋代使臣及其辽代大臣共同宴饮，行酒、行茶、行肴、行膳都有一套礼仪。另外，在"宋使见皇太后仪"、"贺生辰正旦宋使朝辞皇帝仪"、"皇帝生辰朝贺仪"、"皇太后生辰朝贺仪"、"皇后生辰仪"上，都有一套礼仪，并且摆设酒宴，辽代皇帝、皇后、大臣和宋代使臣、副使及随从一起行酒、行膳、行茶、行汤。可见，饮食在生日中的重要性。同时，皇帝的生日庆典可以影响到民间，虽然礼仪的繁琐程度不高，但免不了设宴的庆贺活动。

　　《契丹国志》卷二一《南北朝馈献礼物》记载了"宋朝贺契丹生辰礼物"。"契丹帝生日，南宋遗金酒食茶器三十七件，衣五袭，金玉带二条，乌皮、白皮靴二量，红牙笙笛，筚栗，拍板，鞍勒马二匹，缨复鞭副之，金花银器三十件，银器二十件，锦绮适背、杂色罗纱绫縠绢二千匹，杂采二千匹，法酒三十壶，乳茶十斤，岳麓茶五斤，盐蜜菓三十罐，干菓三十笼。其国母生日，约此数焉。"宋朝送给辽代皇帝、皇后的生日礼物，包括了金银饮食器、酒、茶、蜜果、干果等。

蒙古族婴儿周岁时的礼庆各地的形式有所不同。以鄂尔多斯蒙古族为例，周岁时举行剪发仪式。从上午 10 时前举行，首先请父母双亲和至亲中长辈上席入座，其他亲朋好友以序入席。婴儿父母将盛在盘中的油饼放在长辈面前，用鲜奶献德格吉（吉祥食品），跪地叩拜说："请您给我们的孩子剪发。"主客象征性地食用德格吉后回答："午前给孩子剪发大吉利。"孩子父亲托出用红布蒙着的银盘，盘里装满油饼等食品，红布上放一把系着哈达的新剪刀，将盘放在宴席中央，然后将鲜奶献给主客，请他给孩子剪胎发。主客长者用剪刀剪下孩子的头发放在盘里，再用盘中的奶食涂抹在孩子脑门上，把送给孩子的礼品放在盘中，吟诵《剪发祝辞》，再把剪子递给下一个人，客人依次给孩子剪下头发，并团成小圆球，配上青铜饰件和铜钱，嵌上贝壳、珍珠、绿松石等，缝在孩子衣服的后衣领上。剪发后举行抓岁仪式，让孩子从数种礼品中，任意抓取一件物品，预测其日后前途。在举行周岁仪式时，请亲友邻居来参加，届时至亲好友携带整羊、砖茶、衣服、玩具等礼物参加。宴席进行到中午，主人摆上整羊，大家共尝鲜香的羊背子，饮酒欢歌。之后，宾客吃几样象征吉祥福寿的食品，周岁宴结束。

根据北魏实行的"均田制"和"租、调、力役制"的规定，男子和女子满 15 岁才能分到土地并出租调，说明当时的小孩 15 岁时举办成人礼，但具体仪式无记载可寻。蒙古族男孩长到 10 至 12 岁，女孩长到 18 至 19 岁时，举行"留发"仪式，置办酒宴招待前来参加者，这是孩子长大成人的标志。现在的内蒙古地区，大部分蒙、汉族的孩子以 12 岁生日为成人礼仪，在饭店或家中大办酒宴，邀请亲朋好友前来参加。仪式上，小孩要给近亲敬酒，孩子父母要给每位参加者敬酒，参加酒宴的来宾都要送上一份钱财表示庆贺。

蒙古族人过生日，根据年龄的不同，所上的羊肉部位也有差异。为 61 岁、73 岁老人祝寿，招待宾客，设大型宴会，每桌上都上一只整羊；为 47 岁到 61 岁长辈祝寿，设小型家宴，只上胸椎；为 47 岁以内的长辈过生日，上带 3 根肋条的腰背和胸椎，同时用这只羊的手扒肉招待女客人；为 25 岁的人过生日，只上卸下胸骨叉的胸脯和大肠。宴席间，所有的来客和晚辈都要给过生日的人敬酒，祝贺长寿、幸福。

契丹、蒙古族有敬老之风。契丹的皇帝给高寿者和鳏寡老人赐酒食，以示尊敬。《辽史》卷一三《圣宗纪》四记载："（统和）十二年（公元 994 年）春正月，……霸州民李在宥年百三十有三，赐束帛、锦袍、银带，月给羊酒，仍复其家。"《辽史》卷一七《圣宗纪》八记载："（太平五年，即公元 1025 年）是岁，燕民以年谷丰熟，车驾临幸，争以土物来献。上礼高年，惠鳏寡，赐酺饮。至夕，六街灯火如昼，士庶嬉游，上亦微行观之。"在古代，皇帝都尊敬老人，由此推及民间盛行敬老之风。蒙古族在各种场合都要长幼有序，落座让长辈先坐，喝酒请长辈开杯，吃肉让长者先动刀，起程让长者先走，还要给长者祝寿。如为 65 岁以上的老人祝寿，整羊席仅象征性地献上牛羊软肋以下的脊肉；为 73 岁以上的老人祝寿，则要献上名副其实的整羊，羊蹄上安银蹄，羊前额挂银制"卐"纹铭牌，礼仪非常隆重。

契丹、蒙古民族的敬老之风，与匈奴、乌桓的"贵少而贱老"之俗形成截然不同的社会风尚，这与当时的生存环境和历史背景有很大关系。匈奴的"壮者食肥美，老者食其余，贵壮健，贱老弱。"③在当时的历史条件下，人口是整个民族的支柱，尤其是年轻而力壮者，能征战，善射猎，必然受到社会的重视；年老而羸弱者，不能从事体力劳动，受到社会的轻视。这一陋俗是由于生活资料不足，不得已而为之，多数民族都有敬老爱幼的风习。

三　饮食与结婚礼俗

结婚是人生的大事，指男女两性的结合，并为一定历史时代和一定地区内社会制度及其文化、伦理道德规范所认可的夫妻关系④。每一个民族的结婚仪式都不相同，但饮食、酒宴在这种仪式中起很大的作用，不仅有各种象征意义，还可以烘托气氛，使婚礼处于喜庆、吉祥的氛围之中。

关于北方游牧民族的婚姻形式和结婚礼仪，自汉代起就有史籍记载。酒宴是婚仪的重要组成部分，从下聘礼到结婚仪式，都离不开饮食或宴饮，从而形成各种各样的与饮食相关的婚俗。

匈奴的婚俗，"父死，妻其后母；兄弟死，皆娶其妻妻之。"⑤这只是原始群婚的一种遗风，称之为"收继婚"，通常的婚姻形式仍为一夫一妻制。但是，"收继婚"在匈奴社会中是一种普遍现象。汉文帝时，随汉家公主嫁往匈奴单于庭的陪臣中行说说："匈奴之俗，父子兄弟死，取其妻妻之，恶种姓之失也；故匈奴虽乱，必立宗种。"⑥如公元前31年，匈奴呼韩邪单于死，其子雕陶莫皋即位为复株累单于，又娶其后母王昭君为妻。史籍中虽无具体仪式的记载，但宴饮和用牲畜纳聘不可缺少，因为后来诸民族在婚礼上都有宴饮和以牲畜纳聘的风习。

乌桓的婚俗，"其婚嫁娶则先略女通情，或半岁百日，然后送牛马羊畜，以为娉币。婿随妻还家，妻家无尊卑，旦旦拜之，而不拜其父母。为妻家仆役，一二年间，妻家乃厚遣送女，居处财物一皆为办。其俗妻后母，报寡嫂，死则归其故夫。"⑦《三国志·魏志》卷三〇《乌丸传》裴注引王沈《魏书》也有类似的记载，曰："其嫁娶皆先私通，略将女去，或半岁百日，然后遣媒人送马牛羊以为聘娶之礼。婿随妻归，见妻家无尊卑，旦起皆拜，而不自拜其父母。为妻家仆役二年，妻家乃厚遣送女，居处财物，一出妻家。"乌桓有婚前用马、牛、羊下聘礼之俗，并遗留从妻居、收继婚的原始婚姻形式。

鲜卑的"言语习俗与乌桓同。唯婚姻先髡头，以季春月大会于饶乐水上，饮宴毕，然后配合。"⑧就是说鲜卑人结婚以前，等到每年春天的三月时，在饶乐水（今西拉木伦河）边集会，歌舞宴饮，然后男女青年自由选择，择偶后才下聘礼，举行婚仪，实行抢婚和劳役婚。关于鲜卑人婚礼的具体情况，从唐朝段成式的《酉阳杂俎》续集卷四《贬误》中转引南朝史书有一些记载。"今士大夫家婚礼，露施帐，谓之入帐，新妇乘鞍，悉北朝余风也。"《聘北道记》云："北方婚礼必用青布幔为屋，谓之青庐，于此交拜。迎新妇，夫家百余人挟车，俱呼曰：'新妇子，催出来！'其声不绝，登车乃止，今之催妆是也。以竹杖打婿为戏，乃有大委顿者。江德藻记此以为异，明南朝无此礼。"这是南朝江德藻出使北朝后亲身所见，整个婚礼仪式有入帐交拜、催新妇上车、戏弄女婿、新妇乘鞍、女婿骑马环车三匝等，当然要举办酒宴歌舞行乐，以烘托婚礼的气氛。

敕勒的结婚仪式，史籍中记载的比较详细，宴饮贯穿于整个婚礼。《魏书》卷一〇三《高车传》记载："婚姻用牛马纳聘以为荣。结言既定，男党营车阑马，令女党恣取，上马袒乘出阑，马主立于阑外，振手惊马，不坠者即取之，坠者更取，数满乃止。俗无谷，不作酒，迎妇之日，男女相将，持马酪熟肉节解。主人延宾亦无行位，穹庐前丛坐，饮宴终日，复留其宿。明日，将妇归，既而将夫党还入其家马群，极取良马。父母兄弟虽惜，终无言者。颇讳取寡妇而优怜之。"敕勒人举行婚礼时，要拿许多的马酪和熟肉招待宾客，宴饮整日。男方亲自到女方家迎娶，次日返回男家。

柔然的婚礼有用牲畜下聘礼的习俗。柔然可汗曾多次提出与北魏联姻，《魏书》卷一〇三《蠕蠕传》记载："延兴五年（公元475年），予成（柔然受罗部真可汗）求通婚娉，有司以予成数犯边塞，请绝其使，发兵讨之。显祖（北魏孝文帝拓跋宏）曰：'蠕蠕譬若禽兽，贪而忘义，朕要当以信诚待物，不可抑绝也。予成知悔前非，遣使请和，求结姻援，安可孤其款意？'乃诏报曰：'所论婚事，今始一反，寻览事理，未允厥中。夫男而下女，爻象所明，初婚之吉，教崇礼娉，君子所以重人伦之本。不敬其初，令终难矣。'予成每怀谲诈，终显祖世，更不求婚。"这次柔然可汗求婚不成，但反映出婚礼前用牲畜下聘礼的习俗。该史书还记载："永熙二年（公元533年）四月，出帝诏以范阳王海之长女琅邪公主许之，未及婚，帝入关。齐献武王遣使说之，阿那瓌遣使朝贡，求婚。南武王方招四远，以常山王妹乐安公主许之，改为兰陵公主。瓌遣奉马千匹为娉礼，迎公主，诏宗正元寿送公主往北。"柔然首领在迎娶北齐公主时，以马千匹作为聘礼。

突厥、回纥都有收继婚的遗风。突厥"男女咸盛服饰，会于葬所，男有悦爱于女者，归即遣人聘问，其父母多不违也。"[9]反映了游牧民族的特点，平时因分散难有社交的机会，于是会葬处就成为突厥男女择偶的最好时机，当男子看上某一女子后，就派人以牲畜下聘礼。回纥婚姻习俗的一个重要特征就是纳马为聘礼，回鹘建立汗国后，可汗迎娶唐朝公主，都要先纳送大量的马匹为聘礼。"建中四年（公元783年），可汗（顿莫贺）遣宰相跌都督等众千余，并遣其妹骨咄禄毗伽公主率大酋之妻五十人逆主，且纳聘。"[10]从回鹘可汗迎娶唐朝公主的过程，可以看出回纥人的婚礼仪式。"穆宗立（公元821年），回鹘又使合达干等来固求昏（婚），许之。俄而可汗死，使者临册所嗣为登啰羽录没蜜施句主毗伽崇德可汗。可汗已立，遣伊难殊、句录、都督思结等以叶护公主来逆女，部渠二千人，纳马二万、橐它千。四夷之使中国，其众未尝多此。……公主（太和公主）出塞，距回鹘牙百里，可汗欲先与主由间道私见，胡证不可，虏人曰：‘昔咸安公主行之。’证曰：‘天子诏我送公主授可汗，今未见，不可先也。’乃止，于是可汗升楼座，东向，下设毳幔以居公主，请袭胡衣，以一姆侍出，西向拜已，退即次，被可敦服，绛通裾大襦，冠金冠，前后锐，复出拜已，乃升曲舆，九相分负，右旋于廷者九，降舆升楼，与可汗联坐，东向，群臣以次谒。可敦亦自建牙，以二相出入帐中。证等归，可敦大宴，悲啼眷慕。可汗厚赠使者。”⑪回纥可汗的婚礼盛大而繁复，先以马、驼为聘礼，后举行仪式和宴会。

关于早期契丹的婚姻形态，在《契丹国志·初兴本末》中有记载，相传“有男子乘白马浮土河而下，复有一妇人，乘小车驾灰色之牛，浮潢河而下，遇于木叶之山，顾合流之水，与为夫妇，此其始祖也。是生八子，各居分地，号八部落。”青牛女神和白马天神来自两地，二者异姓，结为夫妇，反映出早期契丹社会实行同姓不婚的形式，其婚姻形态一开始就起点高。《魏书》卷一〇〇《契丹传》记载：“熙平中（公元516~518年），契丹使人祖真等三十人还，灵太后以其俗嫁娶之际，以青毡为上服，人给青毡两匹。”此时的契丹人结婚礼服是黑色的，契丹人有尚黑的习俗。早期契丹还实行等级婚制，即贵族与贵族、平民与平民之间通婚，并保留了收继婚和姊亡妹续的婚姻遗风。史书中没有记载早期契丹婚礼的详细仪式，从前代民族的婚姻状况看，婚前需用牲畜作聘礼，举行婚礼时必然宴请宾客，酒宴是婚礼的主要内容之一。

契丹族基本的婚姻形态实行一夫一妻制，也有一夫多妻制现象，这要论资产而定，并不影响正常的婚姻形式。关于婚礼仪注，在《辽史》卷五二《礼志》五“皇帝纳后仪”和“公主下嫁仪”中有详细记载。“皇帝纳后仪：择吉日。至日，后族毕集。

诘旦，后出私舍，坐于堂。皇帝遣使及媒者，以牲酒饔饩至门。执事者以告，使及媒者入谒，再拜，平身立。少顷，拜，进酒于皇后，次及后之父母、宗族、兄弟。酒遍，再拜。纳币，致词，再拜讫，后族皆坐。惕隐夫人四拜，请就车。后辞父母、伯叔父母、兄，各四拜；宗族长者，皆再拜。皇后升车，父母饮后酒，致戒词，遍及使者、媒者、送者。发韧，伯叔父母、兄饮后酒如初。教坊庶道赞祝，后命赐以物。后族追拜，进酒，遂行。将至宫门，宰相传敕，赐皇后酒，遍及送者。既至，惕隐率皇族奉迎，再拜。皇后车至便殿东南七十步止，惕隐夫人请降车。负银罂、捧㬵、履黄道行。后一人张羔裘若袭之，前一妇人捧镜却行。置鞍于道，后过其上。乃诣神主室三拜，南北向个一拜，酹酒。向谒者一拜。起居讫，再拜。次诣舅姑御容拜，奠酒。选皇族诸妇宜子孙者，再拜。授以罂、㬵。又诣诸帝御容拜，奠酒。神赐袭衣、珠玉、佩饰，拜受服之。后姊若妹、陪拜者各赐物。皇族迎者、后族送者遍赐酒，皆相偶饮讫，后坐别殿，送后者退食于次。媒者传旨命送后者列于殿北。俟皇帝即御坐，先皇族尊者一人当奥坐，主婚礼。命执事者往来致辞于后族，引后族之长率送后者升，当御坐，皆再拜，又一拜，少进，附奏送后之词；退复位，再拜。后族之长及送后者向当奥者三拜，南北向各一拜，向谒者一拜。后族之长跪问'圣躬万福'，再拜；复奏送后之词，又再拜。当奥者与媒者行酒三周，命送后者再拜，皆坐，终宴。翼日，皇帝晨兴，诣先帝御容拜，奠酒讫，复御殿，宴后族及群臣，皇族、后族偶饮如初，百戏、角抵、戏马较胜以为乐。又翼日，皇帝御殿，赐后族及赆送后者，各有差。受赐者再拜，进酒，再拜。皇帝御别殿，有司进皇后服饰之籍。酒五行，送后者辞讫，皇族献后族礼物，后族以礼物谢当奥者。礼毕。"

契丹皇帝纳后仪、皇室公主下嫁仪、亲王女封公主者下嫁仪的内容基本相同。在公主下嫁仪上，驸马要亲自迎娶公主，而且

皇帝送给公主的陪嫁物样样俱全。从皇帝纳后仪式过程看，始终
贯穿着进酒。皇帝一方先派使者和媒人带牲畜和酒食去皇后家拜
见，给皇后进酒，然后给皇后的父母、宗族、兄弟进酒，以示尊
敬。等皇后乘迎娶车时，要给父母、使者、媒人、送亲者献酒。
车出发后，皇后的父母、伯叔、兄弟仍要饮酒送行。等迎亲队伍
到达皇宫门口时，宰相发布赦令，给皇后及送亲者赐酒。此后，
皇后到祭神及先祖的室内拜祭，用酒祭奠神位和已故的历代皇
帝、姑舅的御容。拜祭完毕，赐给皇家迎亲者和后家送亲者酒，
都相对饮酒并宴请送亲者。婚礼仪式结束时，向主婚人和媒人行
酒三次，然后参加婚礼的全体人员落座宴饮。次日，皇帝先拜已
故皇帝的御容，用酒祭奠，再到御殿宴请皇后家人和群臣，并以
杂耍、摔跤、马戏等节目助兴。第三天，皇帝赐皇后家人礼物，
受赐者要向皇帝敬酒。此后，送亲者告别返回，皇族赠给皇后家
人礼物，皇后家人也有礼物谢主婚人。整个婚礼要进行三天，仪
式中除跪拜的次数较多外，就是进酒、行酒及宴饮，与拜礼相辅
相成。从皇宫的婚仪可以推及普通契丹人的婚礼仪式，只不过在
场面及礼节等方面的规模要小，宴饮、行酒不会缺少。

　　党项实行氏族外婚制，有"收继婚"和"报嫂婚"的遗风，
这种现象非常普遍，在同时期诸民族中最为流行。《隋书》卷八
三《党项传》记载："其俗，淫秽蒸报，于诸夷中最为甚。"《新
唐书》卷二二一《党项传》载："妻其庶母、伯叔母、兄嫂、子
弟妇，惟不娶同姓。"随着贫富分化的出现，党项女子嫁到夫家
便被认为是私有财产，论资产的多少可以拥有多个妻子。根据
《马可波罗行记》叙述甘州（治所在今甘肃省张掖市）的风俗时
说："其地之人娶妻致有三十。否则视其资力，娶妻之数惟意所
欲。然第一妻之地位为最尊。诸妻中有不善者得出之，别娶一
人。男子得娶从姊妹，或其父已纳之妇女为妻。"西夏的贵族因
其资产丰厚的程度，可以行多妻制。西夏的婚姻性爱，不受家庭

的约束，比较自由。张鉴的《西夏纪事本末》卷一〇记载："凡育女稍长，靡由媒妁，暗有期会，家不之问。"虽不见党项人的婚礼仪式的记载，但从西夏与宋、辽结姻亲的事实看，必然有一套完整仪礼，用牲畜作聘礼以及婚礼上的行酒、行茶、行食等饮食行为是不可缺少的，甚至居于重要的地位。

蒙古族的结婚礼仪有一套繁复的程序，如相亲、求婚、许婚、下聘礼、许婚筵席、迎娶、送嫁，有的"婚嫁之会，五百里内首领皆载马湩助之，皂车毡帐，成列数千。"[⑫]在婚礼上，举办酒宴，以示庆贺。在成吉思汗少年时，其父携之到乞颜部求婚相亲，乞颜部首领曰："而今我有一女，名唤布尔德，年方九岁，可配与汝此子。"父（成吉思汗之父）嫌其小，则其子（成吉思汗）曰："终当成此一事，可即成之。"遂敬其礼酒，纳其双马为聘礼，留贴木真而归[⑬]。蒙古族各部的婚礼仪式，在内容和形式上都有所不同，以鄂尔多斯蒙古族的婚礼为例，从中可以看出饮食所起的作用（图65）。

鄂尔多斯蒙古族在举行婚礼前要行定婚，男方家请媒人到女方家商议。媒人第一次到女方家时要带一盘圆饼、两瓶酒和几条哈达，女方家照例招待饮茶之后，媒人请姑娘的父母品尝奶食，献上圆饼及哈达，表明前来提亲，以示能得到圆满结果。之后，向主人敬酒，由媒人介绍男方的容貌及家庭状况，以征求姑娘意见，得到允诺后，男、女双方就婚姻进行协商，这些活动称之为"小定"。"大定"仪式要择吉日进行，男方和媒人、陪宾、近亲一同前往，带圆饼两盘、整羊一只、酒数瓶作为定亲礼物。礼仪开始，由男方家献奶食和哈达，之后将圆饼和整羊作为礼品献给女方的长辈，给女方家父母敬上带来的酒，然后由女家摆整羊席举行宴饮。在"大定"仪式上，确定给女方家的聘礼，根据家庭经济状况，分别承诺九件（蒙古族崇"九"，以示吉祥）或九的倍数，直到81件。男方家要给女方家相当数量的牛马羊，以报

图 65 　鄂尔多斯蒙古族婚礼

答女方父母的养女之恩，最后决定举行婚礼的吉日。

　　到举行婚礼之日的前一天下午，婚礼仪式就算开始了，分别在男女双方家中举行。先请客人进屋品尝奶食，然后敬茶。茶毕，客人分别向主人敬献家庭礼品和婚礼礼品。婚礼献的礼品有整羊、砖茶、绸缎等，由女主人接受。客人到齐后，饮茶，敬酒，并说一些吉祥话，安排婚礼职司。之后，整羊一席，负责摆羊席的人从羊身上割下一小块肉，端着满杯酒，走到院中向上天和成吉思汗献祭，奏乐，主人和客人、主婚人等互唱《敬酒歌》。

　　男方家的婚宴从下午开始，一直到繁星密布的时候，历法师提醒主婚人娶亲出发的时间到了。主婚人通知娶亲队伍到场，由歌手和琴师向娶亲者敬三杯酒，娶亲大宾代表娶亲队伍向家里的人敬酒三杯，然后举行短暂的娶亲出发送别宴。娶亲用的礼物有佛灯黄油若干，哈达数条，整羊三只，圆饼数盘，还有糖、枣、绸料、酒等。新郎整装，跪拜灶神，向父母长辈问安，行离别礼，扶鞍待发。祝颂人双手捧盛奶子的银碗，行泼酒礼，诵赞歌。娶亲队伍开始出发，一路高歌向前奔去。行程到一半时，选一较高地点燃篝火，将携带的一盘圆饼和从首道整羊上取下的一块肉，连同酒、枣一并投入火中祭奠，并祝词。将至女方家时，娶亲队伍派两人先到女方家通知，这两位先行者受到女方家正常的礼遇后，即斟酒献给女方家主婚人。此时，女方家已在"风马杆"旁边铺上毛毡，置桌，摆放圆饼、奶食等，手捧哈达等候娶亲队伍到来。

新郎来到女方家后，女方家派人将新郎和娶亲祝颂人挡在屋外，对颂词，要送给女方家人食物，然后才能走进正屋，娶亲祝颂人领着新郎与女方的各位亲戚见面，鞠躬，递鼻烟壶，互致问候。娶亲者派人献佛，娶亲队伍坐客位，女方家人献茶。娶亲主婚人向新娘父母献哈达、圆饼、整羊。随后，娶亲主婚人将首道整羊摆到长方形木盘中，新郎端酒双跪，娶亲祝颂人吟诵《献首道整羊席祝词》。此后，新郎和娶亲祝颂人向各位尊亲敬酒叩拜，娶亲主婚人则用佩刀割取一块整羊上的肉，拿到室外向上天和成吉思汗献祭，再取一块肉祭火。祭完后，大家唱歌、喝茶、吃饭，但首道整羊暂时不能食用，留待后面的欢宴上食用。

求名问庚的仪式是鄂尔多斯蒙古族婚礼中最为有趣的场面之一，届时男方祝颂人要与女方的代表进行一场舌战。仪式开始，首先由男方祝颂人将求名问庚的整羊礼品摆在女方人面前的桌子上，在整羊上面再放哈达和金银双杯。请嫂辈们尝过奶食后，从带来的坛酒中斟两杯酒递给女方的首席辩论人及其副手，边敬酒，边辩论。完毕，男方家献整羊、坛酒，女方家也献整羊。畅饮，宴乐，笙歌，通宵达旦。

欢宴继续着，娶亲祝颂人则在另一边引导新郎拜见岳父、岳母，给女方家献礼敬酒。在启明星东升之前，举行新娘梳妆宴，上整羊席，新郎和伴郎之前除整羊外，还有一只绵羊脖子。坐在另一边的新娘面前也放一只整羊，这两只羊被称为"离娘羊"。进餐，享用整羊席。旭日东升，新娘要出发，男女双方的主婚人向众亲友敬献新娘出嫁酒，女家向新郎赠送礼物，颂词祝福。离别时，在门口铺白毡，举行送别宴。当娶亲队伍上马出发时，作为"紧蹬酒"，用银碗给每个人敬数碗。在半路上，男方的迎亲队伍要举行迎亲宴。

到了男方家后，送亲的大部分客人被迎请进家中，分宾主就坐，分享各种食品。之后，举行奶食涂抹礼和新娘祭火仪式。新娘向公婆、叔公婆等男方主要亲戚赠献礼品，这些尊亲回赠新娘礼品，过一会儿，新娘再次进主客屋，为双方的来宾敬茶。茶后摆整羊席款待客人，开始喝酒唱歌欢宴。祝颂人领着新郎、新娘，从主婚人开始，给每位客人敬三杯酒。

夜半时分，由陪伴新娘的二位礼宾主持，在洞房内让一对新人并排坐好，请他们品尝奶食，吃点心喝茶。然后在炉灶里生火，用熏香、奶食祭火，致祝词。次日凌晨，男方祝颂人在新人的门口拴好两匹白马，在门前铺白毡一块，上置桌子，桌上摆好整羊、砖茶、烟、酒等，这就是"白公马宴"。此后，新娘去掀开公婆的门，替他们掏灶灰、生火煮茶。公婆在一盘圆饼、奶食上放一只煮熟的羊脖子，递给新娘。开始喝茶，公婆再用黄油、奶食涂抹新娘的手，并把拴有哈达和盛着黄酒的勺子交给新娘。新娘接过勺子，为公婆及全家人舀茶。这说明新娘从此就是这家的主妇了。上午，新人请主婚人、父母、兄弟到自己的新家做客，给亲人敬茶、斟酒，摆整羊席款待他们，客人离开时新婚夫妇还要向他们赠送礼品。

婚礼仪式的最后礼宴，是在"风马杆"北边举行的告辞宴。靠东是客位，恭坐送亲者；靠西是主位，男方主婚人和亲戚来宾在这里就座。首先请客人品尝奶食，进茶，之后摆整羊，上三种饭食。饭后，敬酒。男方拿出在"大定"时议定的彩礼，先将一件带领的衣服和一条哈达放好，将其他彩礼堆放在一旁。同时，铺一块白毡，把送给新郎的礼品放在白毡上。祝颂人祝词。双方互赠完彩礼后，作为谢礼，男方家须向送亲人送布帛、砖茶等礼品，向新娘的父母、兄弟每人送一匹坐骑。男方祝颂人致祝词，致"白毡颂"，大家祝福。客人告辞，新郎、新娘站在门口恭送客人，当送亲人上马起程时，男方用银碗敬酒，是为"紧蹬酒"。至此，婚礼结束（图66）。

图66 鄂尔多斯蒙古族婚礼

在鄂尔多斯蒙古族的整个婚礼过程中，多次出现敬酒、赠送礼品和宴饮的场面，并赋予一定的象征意义。尤其是整羊席，非常讲究，从"大定"到告辞宴贯穿于整个婚礼的宴席，奶食品和酒则成为婚礼的重要饮食。如此繁琐的婚礼在当今蒙古族中已变得简单了。城市中居住的蒙古族，在结婚仪式上已与汉族相同，仅在某些仪式上还保留了传统习俗。

四　饮食与丧葬礼俗

丧葬礼俗是一种普遍存在的、具有鲜明民族特点的风俗习惯。丧葬分丧礼和葬礼两个部分，其仪式因人简繁不一，与死者生前的社会地位、财富的多寡有直接联系。从中国历代北方游牧民族的丧葬仪式看，都要涉及与生活资料有关的财物，包括牲畜、饮食和其他财物等。其中，饮食及有关礼仪在丧葬中具有明显的作用。

山戎的丧葬礼俗虽无文献记载，但在考古学资料中可以看出。内蒙古自治区宁城县小黑石沟大型石椁墓[14]，形状为长方形土坑竖穴，沿四壁垒砌石板形成椁，葬具为木棺，有随葬牛、马、羊的现象。随葬品中的青铜饮食器，数量多，种类齐全，有鼎、鬲、簋、豆、尊、罐、勺、刀等。青铜双联罐和四联罐内装鱼、肉、韭菜、野葱等食物，反映了墓主人生前的奢侈生活和饮食风习。

东胡的丧葬礼俗可以在考古学资料反映出来。内蒙古自治区林西县井沟子墓葬[15]，普遍发现用牲现象，牲畜的种类有马、牛、羊、驴、骡、狗六种，均为饲养的动物。牲畜并非整体入葬，都是只用某些部位，多用一二种动物入葬，三种以上的比较少。在所用牲畜的各部位中，有些可能代表整牲来人殉的意义，如牲头和大部分的蹄骨，而有些明显是作为肉食来入葬的，如椎骨、肋骨、股骨等。在出土的饮食器中，主要是陶器，器形有罐、鬲、钵、壶，另外有青铜刀、骨匕。个别的鬲内动物骨骼，应为随葬的带骨肉食。

《史记》卷一一〇《匈奴列传》记载了匈奴贵族的葬礼，

"其送死，有棺椁金银衣裘，而无封树丧服；近幸臣妾从死者，多至数千百人。"未说明葬礼中的饮食情况，但在匈奴的墓葬中却能看到与饮食相关的习俗。内蒙古自治区杭锦旗桃红巴拉匈奴墓[⑯]中有殉牲现象，种类有马、牛、羊，少者三至五具，多者达四十多具，以头、蹄为代表，这是匈奴人在举行丧葬礼仪中用牲畜表示对死者的祭奠。在匈奴的墓葬中，还随葬有陶质、铜质、铁质饮食器，有的大陶罐内盛谷类粮食。用牲畜殉葬，在以后的乌桓、鲜卑、柔然、敕勒、突厥、回纥、契丹、党项、蒙古等民族中普遍存在，可以说是中国北方游牧民族共同的葬俗。

乌桓的丧葬风俗在《后汉书》卷九〇《乌桓鲜卑列传》中有记载，"俗贵兵死，敛尸以棺，有哭泣之哀，至葬则歌舞相送。肥养一犬，以彩绳缨牵，并取死者所乘马衣物，皆烧而送之，言以属累犬，使护死者神灵归赤山。"把死者生前所乘的马和衣物都要烧掉。辽宁省西丰县西岔沟墓葬[⑰]为单人长方形土坑墓，死者头向皆西北，用木片或草席敛尸，随葬有陶质饮食器和零散的马牙。在该地东部墓区的山岗上发现有三个一字排列的马头骨，是殉马风俗的遗留，从而证明了乌桓用牲畜、饮食器等生活资料随葬的事实。

《三国志》卷三〇《魏志·乌丸鲜卑传》引《魏书》记载："贵兵死，敛尸有棺，始死则器，葬则歌舞相送。肥养犬，以采绳婴牵，并取亡者所乘马、衣物，生时服饰，皆烧以送之。特属累犬，使护死者神灵归乎赤山。赤山在辽东西北数千里，如中国人以死之至魂神归泰山地。至葬日，夜聚亲旧员坐，牵犬马历位，或歌哭者，掷肉与之，使二人口颂咒文，使死者魂神径至，历险阻，勿令横鬼遮护，达其赤山，然后杀犬马、衣物烧之。"鲜卑送葬时要歌舞宴饮，还要把死者的衣物、马、犬、烧掉，用肉食祭奠。关于鲜卑烧物以葬的习俗，在史书中多有记载。《宋书》卷九五《索虏传》说拓跋鲜卑送葬时，"生时车马器用皆烧之，以送亡者。"《魏书》卷四八《高允传》载，北魏明元帝时，高允上表规谏，指出拓跋鲜卑风俗仍旧，送葬之时，杀牲烧葬，说："今国家营葬，费损巨亿，一旦焚之，以为灰烬。"《魏书》卷一三《皇后列传》记载："高宗崩。故事：国有大丧，三日之后，御服器物一以烧焚，百官及中官皆号泣而临之。"鲜卑的丧葬，要用死者生前的车马、器物、衣物、牲畜焚烧，来祭奠死者。

在鲜卑的墓葬中，多数都发现殉牲现象。内蒙古自治区陈巴尔虎旗完工墓葬[18]中的编号为 IA 墓有马头二具、牛头骨四具；编号为 IB 墓有马十匹、牛八头、狗三只。内蒙古自治区扎赉诺尔墓葬[19]6 号墓棺盖上置一牛头，棺内有二件零乱的牛蹄骨；19 号墓棺盖顶上有牛头骨一具和羊头骨二具；16 号墓有牛头骨三具和马头骨一具；8 号墓和 29 号墓在死者头顶上端各倒置马头骨一具，棺内有零乱的马蹄骨；25 号墓的棺内和填土中共出土牛、马、羊蹄骨各四件；其他墓葬都或多或少的发现有零乱的牲畜蹄骨（图 67）。1995 年 6 月，笔者亲往内蒙古自治区通辽市开鲁县东风镇，在此发现

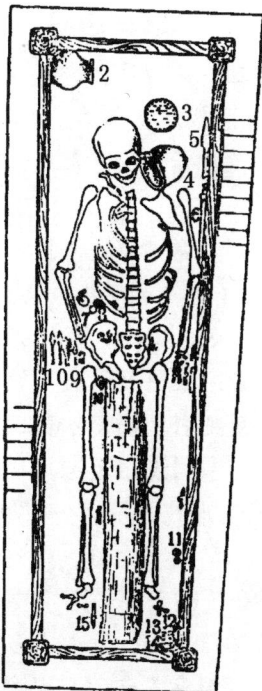

0　　30厘米

图 67　内蒙古自治区满洲里市
扎赉诺尔东汉鲜卑墓平面图　东汉

一座东汉鲜卑的砖券殉马坑，坑内站立三匹马，上有马饰具。这种用整马殉葬的遗迹在内蒙古地区首次发现，也说明了鲜卑有用牲畜祭祀死者的习俗。在发现的所有鲜卑墓葬中，都发现了数量不等的饮食器，质地有陶、桦树皮、铜、铁、银等，反映了饮食器在鲜卑丧葬中的重要性。

敕勒人的"死亡葬送，掘地作坎，从尸于中，张臂引弓，佩刀挟稍，无异于生，而露坎不掩。时有震死及疫疠，则为之祈福。若安全无他，则为报赛。多杀杂畜，烧骨以燎，走马绕旋，多者数百匹，男女无小大皆集会，平吉之人则歌舞作乐，死丧之家则悲吟哭泣。"[20]在葬礼的集会上，家中平安无事的人们歌舞宴饮而玩乐，家中有悲哀之事的人们却伤痛哭泣，这是一种特殊的丧葬礼俗。杀牲烧骨之仪，据史籍记载，在乌桓、鲜卑、柔然、突厥、回纥等民族中都有，而且把饮食器作为随葬品，在考古学资料中得到证实。

突厥的丧葬仪式，史书中记载得非常清晰。《北史》卷九九《突厥传》载："死者，停尸于帐，子孙及亲属男女各杀羊、马，陈于帐前祭之，绕帐走马七匝，诣帐门以刀剺面且哭，血泪俱流，如此者七度乃止。择日，取亡者所乘马及经服用之物，并尸俱焚之，收其余灰，待时而葬。春夏死者，候草木黄落；秋冬死者，候华茂，然后坎而瘗之。葬日，亲属设祭及走马、剺面如初死之仪。表为茔，立屋，中图画死者形仪，及其生时所战阵状，尝杀一人，则立一石，有至千百者。又以祭之羊、马头，尽悬之于标上。"突厥人的丧葬，仍离不开杀牲殉葬，用主要的饮食资料作祭品。在内蒙古自治区锡林郭勒草原上，发现许多立有石人像或石块的墓葬。新疆维吾尔自治区温宿县包孜东墓群[21]，在墓葬前都有石堆、石圈、石人像，1号墓内出土牲畜骨骼和羊牙床（图68）。这与史书记载的以马、羊作祭品和墓前立石相吻合。

回纥人死后，详细的葬仪无从考证，但仍有杀牲祭祀和剺面

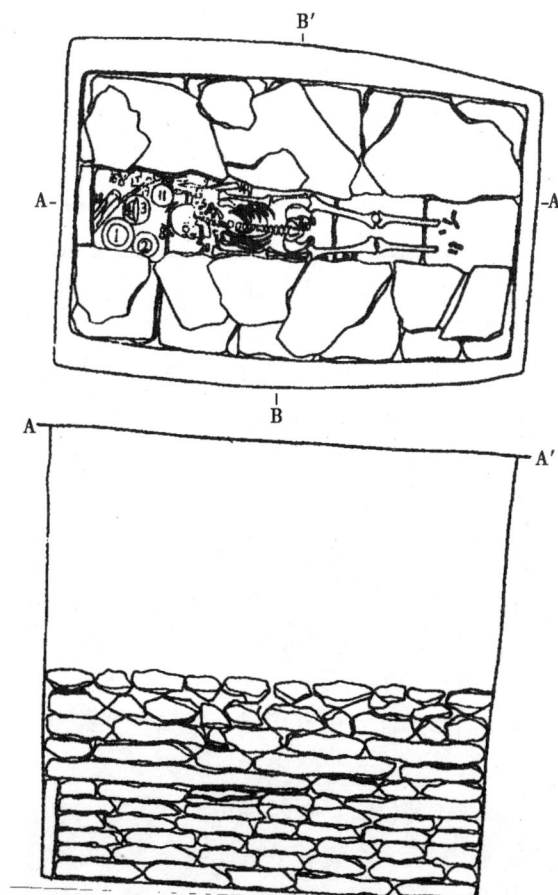

图 68　新疆维吾尔自治区温宿县包孜东 1 号突厥墓平剖面图　唐

之俗。《新唐书》卷二一七《回鹘传》上记载："俄而可汗（葛勒可汗）死，国人欲以公主殉，主曰：'中国人婿死，朝夕临，丧期三年，此终礼也。回纥万里结昏（婚），本慕中国，吾不可以殉。'乃止，然劙面哭，亦从其俗云。"元人胡三省在《资治通鉴》卷二二一唐乾元二年五月"宁国公主劙面而哭"条下注曰：

"漠北之俗,死者停尸于帐,子孙及亲属男女各杀牛马,陈于帐前祭之,绕帐走马七匝,诣帐门,以刀剺面,且哭,血泪俱流,如此者七度,乃止。"这与突厥的葬俗完全相同。

早期契丹人保留了原始的丧葬风习。《隋书》卷八四《契丹传》记载:"父母死而悲哭者,以为不壮,但以其尸置于山树之上,经三年之后,乃收其骨而焚之。因酹而祝曰:'冬日时,向阳食。若我射猎时,使我多得猪鹿。'"《旧唐书》卷一九九《契丹传》记载:"其俗,死者不得作冢墓,以马驾车送入大山,置之树上,亦无服纪。子孙死,父母晨夕哭之;父母死,子孙不哭。其余风俗与突厥同。"此时的契丹人实行树葬(风葬),三年后收尸骨又火葬,并在葬礼上把酒祝祷,祈求保佑多获取生活资料。在中原文化的影响下,契丹开始兴土葬,并以饮食器、生活资料、生产工具、狩猎工具作随葬品。内蒙古自治区巴林右旗塔布敖包1号墓[22]随葬有羊头骨、羊肢骨、羊矩骨,以及小口高领壶、盘口壶、敞口罐、碗等饮食器和铁斧、铁刀。陈巴尔虎旗西乌珠尔墓[23]1号墓人骨左足下置陶壶;2号墓的人骨上肢左侧放桦树皮弓囊,身体右侧置木制马鞍一个;3号墓随葬铜器和铁刀残片。可以看出早期契丹墓葬中有用马、羊殉葬的现象,还随葬饮食器具。

契丹立国后的丧葬仪式,在《辽史》卷五〇《礼志》二中有详细的记载,主要是辽代皇帝圣宗、兴宗、道宗的丧葬仪礼。"圣宗崩,兴宗哭临于菆涂殿。大行之夕四鼓终,皇帝率群臣入,柩前三致奠。奉柩出殿之西北门,就辒辌车,藉以素裀。巫者祓除之。诘旦,发引,至祭所,凡五致奠。太巫祁禳。皇族、外戚、大臣、诸京官以次致奠。乃以衣、弓矢、鞍勒、图画、马驼、仪卫等物皆燔之。至山陵,葬毕,上哀册。皇帝御幄,命改火,面火致奠,三拜。又东向,再拜天地讫,乘马,率送葬者过神门之木乃下,东向又再拜。翼日诘旦,率群臣、命妇诣山陵,

行初奠之礼。升御容殿，受遗赐。又翼日，再奠如初。兴宗崩，
殡涂于游仙殿，有司奉丧服。天祚皇帝问礼于总知翰林院事耶律
固，始服斩衰；皇族、外戚、使相、矮墩官及郎君服如之；余官
及承应人皆白枲衣巾以入，哭临。惕隐、三父房、南府宰相、遥
辇常衮、九奚首郎君、夷离毕、国舅祥稳、十闸撒郎君、南院大
王、郎君，各以次荐奠，进鞍马、衣袭、犀玉带等物，表列其
数。读讫，焚表。诸国所赗器服，亲王、诸京留守奠祭、进赗物
亦如之。先帝小敛前一日，皇帝丧服上香，奠酒，哭临。其夜，
北院枢密使、契丹行宫都部署入，小敛。翼日，遣北院枢密副
使、林牙，以所赗器服，置之幽宫。灵柩升车，亲王推之，至食
羖之次。盖辽国旧俗，于此刑杀羊以祭。皇族、外戚、诸京州官
以次致祭。至葬所，灵柩降车，就轝，皇帝免丧服，步引至长福
冈。是夕，皇帝入陵寝，授遗物于皇族、外戚及诸大臣，乃出。
命以先帝寝幄，过于陵前神门之木。帝不亲往，遣近侍冠服赴
之。初奠，皇帝、皇后率皇族、外戚、使相、节度使、夫人以上
命妇皆拜祭，循陵三匝而降。再奠，如初。辞陵而还。"辽代皇
帝的葬礼，从殡涂殿至陵所，中间要设固定的祭祀场所，在这里
举行隆重的祭祀仪式，其中包括焚烧死者生前所用的衣物、弓
矢、鞍勒、图画、坐骑、仪卫等物，并上香敬酒祭奠。发丧期间
的祭祀，还包括食公羊仪，即在灵车所过的路途预设食公羊之
所，等灵车到时，杀黑色之羊以祭。此外，在"上谥册仪"、"忌
辰仪"、"宋使祭奠吊慰仪"、"宋使告哀仪"、"宋使进遗留礼物
仪"、"高丽、夏国告终仪"等仪式中，有用酒食祭奠的习俗。

　　辽代契丹贵族的丧葬礼制，规模比皇帝要小，仍然实行厚
葬，杀牲殉葬。内蒙古自治区赤峰市辽驸马赠卫国王墓志[24]记载，
萧沙姑死后，朝廷赠赗随葬"衣服廿七封，银器十一事，鞍一十
三面，白马一匹，骢马一匹，骠骡大马一匹，小马廿一匹，牛三
十五头，羊三百五十口。"此墓发现有殉葬马、羊现象，出土了

大量的金、银、铜、瓷等饮食器。到辽代中晚期，皇帝几次下诏禁止杀牲和用珍宝随葬。《辽史》卷一三《圣宗纪》四记载："（统和）十年（公元992年）春正月丁酉，禁丧葬礼杀马，及藏甲胄、金银、器玩。"《辽史》卷一九《兴宗纪》二记载："重熙十一年（公元1042年）十二月丁卯，禁丧葬杀牛马及藏珍宝。"后来，由于受到大贵族的反对，又于"重熙十二年（公元1043年）六月丙午，诏世选宰相、节度使族属及身为节度使之家，许葬用银器，仍禁杀牲以祭。"说明辽代贵族丧葬时有杀牲殉葬和以金银器随葬之俗。

考古学资料表明，在辽代贵族墓葬中有用马、牛、羊、猪、狗、鸡等殉葬现象，还用食物及饮食器随葬。辽宁省法库县叶茂台7号墓[25]内的石供桌上置放瓷碗、钵、罐，内盛桃、李、松子塔等食物。内蒙古自治区宁城县小刘仗子3号墓[26]内的木供桌上，有鱼肉残骸。河北省宣化辽张文藻墓[27]内棺前大木供桌上，放满了瓷碗、盘、瓶、漆箸、汤匙，在碗、盘中放置栗子、梨、干葡萄、槟榔、豆、面食等食物。大桌东侧的小木桌上，摆放黄釉壶、白瓷碗、碟、匕、箸等饮食器。小桌北放置陶仓、罐、盘。棺床西侧有彩绘陶仓数件，内贮藏粟和高粱。另有一个绿釉鸡腿瓶中，盛一种散发香气的橘红色液体（图69）。其他贵族墓葬中，都发现殉牲和用金银、陶瓷等饮食器随葬的现象，实行厚葬之风。

辽代一般贵族和平民的丧葬礼仪，与大贵族相比要简单的多，随葬品也少，但其习俗却相同。考古发掘的墓葬中，多以饮食器作随葬品，数量少，类型简单。如内蒙古自治区敖汉旗范仗子101号墓[28]的墓道填土中，发现了殉葬的马一具、羊头骨一个，墓内随葬有瓷器、陶器、铁器、铜器。其中陶瓷器主要为饮食器，器类有白瓷碗、白瓷杯、茶绿釉凤首瓶、三彩碟、陶钵等。

在辽代墓葬壁画中，具体而详实地描绘了契丹民族饮食文化

图 69　河北省宣化辽张文藻墓内棺前随葬食物场景　辽

的内容。其中有很多反映契丹人传统饮食场面以及饮食器、备宴炊煮过程的画面，内容包括备食、备饮、烹饪、送食、迎迓、宴饮、茶道等。备食图有揉面、盛酒；烹饪图有炊薪、煮肉、炒菜、烹茶；送食图有捧盘、提盒、托盏、执壶、抱瓶、拎罐、端案、顶钵、拿碗等；迎迓图中的官吏或侍者，直立或躬身恭候在陈设食物的桌旁，等候主人的光临；宴饮图有聚宴和独食，主人开怀畅饮饱食，男女奴婢则一旁忙碌奔波。这些墓葬壁画，真实地表现出契丹人的饮食方法和生活习尚。

契丹族有"烧饭"之俗，用于祭祀死者的灵魂，即人们埋葬死者及葬后每当朔、望、节辰、忌日等焚烧酒食的祭祀仪式。《辽史》卷四九《礼志》一记载："及帝崩，所置人户、府库、钱粟，穹庐中置小毡殿，帝及后妃皆铸金像纳焉。节辰、忌日、朔望，皆致祭于穹庐之前。又筑土为台，高丈余，置大盘于上，祭酒食撒于其中，焚之，国俗谓之爇节。""爇"为焚烧之意，"爇节"应为烧饭。祭祀"烧饭"时间当在送葬时和每年的节辰、忌日、朔望。程序是置台，将酒食撒于大盘，焚烧。辽道宗清宁十年（公元1064年），"帝遣林牙左监门卫大将军耶律防、枢密直学士给事中陈颉诣宋，求真宗、仁宗御容。……后帝以御容于庆州崇拜，每夕，宫人理衣衾，朔日，月半上食，食气尽。登台而燎之，曰'烧饭'。惟祀天与祖宗则然。"㉙这种"烧饭"之俗，与鲜卑、突厥等民族的杀牲烧骨相似，一直流传至金、元时期。

《旧唐书》卷一九八《党项传》记载："死则焚尸，名为火葬。"党项人实行火葬，这与其传统的葬法和佛教文化的影响有关。《马可波罗行记》第一卷第五十七章（冯承钧译本）记述了西夏旧领域唐古武州的"焚尸"过程，"君等应知世界之一切偶像教徒皆有焚尸之俗，焚前，死者之亲属在丧柩经过之道中，建一木屋，覆以金锦绸缎。柩过此屋时，屋中人呈献酒肉及其他食物于尸前，盖以死者在彼世界享受如同生时。迨至焚尸之所，亲属等先行预备纸折之人、马、骆驼、钱币，与尸共焚。据云，死者在彼世因此得有奴婢、牲畜、钱财等，若所焚之数。柩行时，鸣一切乐器。其焚尸也，必须请星者选择吉日，未至其日，停尸于家，有时停至六月之久。其停尸也，方法如下。先装一匣，匣壁厚有一掌，接合甚密。施以绘画，置樟脑香料不少于匣中，以避臭气。施以美丽布帛覆于尸上。停丧之时，每日必陈食于柩前桌上，供死者之魂饮食。陈食之时，与常人食时相等。其尤贵者，卜人有时不宜从门出来，必须破墙而出。此地之一切偶像教徒焚尸之法皆如是也。"党项人死后，在停丧之时和灵柩经过木屋时，其饮食要享受如同生前的待遇，死者的亲属用酒食供奉祭奠。西夏的皇帝死后，宋朝派使臣携带大量的财物前去祭吊。

《宋史》卷四八五《夏国传》上记载："元昊以庆历八年（公元1048 年）殂。……谥曰武烈皇帝，庙号景宗，墓号泰陵。宋遣开封府判官、尚书祠部员外郎曹颖叔为祭奠使，六宅使、达州刺史邓保信为吊慰使，赐绢一千匹、布五百端、羊百口、豺米各百石、酒百瓶。及葬，仍赐绢一千五百匹，余如初赙。"在西夏皇帝死后以及下葬之日，宋朝派使者送来财物，包括了羊、酒、米等饮食，以示祭奠和吊慰。

蒙古国、元朝时期的蒙古族，人死后，其亲人则痛哭，表示哀悼，置肉乳于死尸前，亲友也都前来献食。凡帝王后妃死，以棺殓之，"用梡木二片，凿空其中，类人形大小合为棺，置遗体其中，加髹漆毕，则以黄金为圈，三圈定。"[30]

一般贵族死后，秘密埋在合适的空地，同时埋一顶帐幕，使死者坐于帐中，再置一匹母马及它的小马、一匹备有鞍辔的马，意在使其在另一世界里有帐住、有奶吃、有马骑。蒙古可汗死，无论其死于何地，皆运梓宫于漠北，葬于起辇谷（一说克鲁伦河畔，一说肯特山）。至所葬陵地，起土开穴，葬之，无冢，葬毕，以马践蹂草地，使如平地，俟青草生，则已漫如平坡，无任何遗迹，无人得知。葬后，在陵地杀一骆驼子，后欲祭祀时，以所杀骆驼母为导，视其踯躅悲鸣之处，即可知其葬所。

蒙古族的"烧饭"之俗，与葬俗有很大关系。"元朝人死，致祭曰烧饭"，每年九月内及十二月十六日以后，"于烧饭院中，用马一，羊三，马湩，酒醴，红织金币及里绢各三匹，命蒙古达官一员，偕蒙古巫觋，掘地为坎以燎肉，仍以酒醴、马湩杂烧之。巫觋以国语呼累朝御名而祭焉。"[31]将牛、羊肉和酒、湩焚烧，以祭奠死者。

明朝时期，蒙古人死后或请萨满跳神驱鬼，或请喇嘛诵经，以超度亡灵。黄教传入前行土葬，贵族、领主死后，以棺木装殓，将其生前的衣服、甲胄随葬，将爱妾、仆人、良马殉葬；平民死后，也将其平时的衣物同葬。自黄教传入以后，俺答汗废除了人畜殉葬制度，改行火葬。贵族、领主死后，召喇嘛诵经，以死者所爱良马衣甲等酬谢喇嘛。死者亲戚、部众来吊丧者，常赠送牛马助葬，葬毕将牛马转赠喇嘛。

清朝时期，蒙古人丧葬的葬式大致分三种：即土葬、野葬、火葬，以鄂尔多斯蒙古人为例。家中有长者辞世，在其一闭眼时马上殓入白布袋中，面向西北方位双手合什盘坐。此时家中凡盛有水的器皿，全部倒掉空干。在死者面前的桌上点一盏佛灯，盘中摆上没有印记的七个圆饼和五颗红枣，并把死者生前喜爱的饮食盛到盘中放在一旁。然后用幪毡盖上蒙古包的天窗，关严门窗。下葬日定在死者咽气的次日或第三天的同一时辰，出殡时，家庭成员手举盛满鲜奶的瓶子低声吟诵祷告。出殡第三日，请来喇嘛为死者诵"超度经"，并请主要亲戚和乡邻参加丧宴。在丧宴上，亲戚和乡邻带来奶食、粮食，安慰死者的家属，寄托自己的哀思。死者家属屠宰绵羊招待客人，把羊骨头全部拿到死者坟前烧掉。死者死后的第七天、二十一天、四十九天和八十一天上，家人要到坟墓上焚烧食物进行祭奠；去世三周年，再到坟墓上举行祭奠。其后在每年的腊月三十晚上的"祭先人"仪式上以酒食、奶食进行祭奠。

第二节　饮食与人际交往

饮食的一个社会功能，就是通过不同主体间共同的饮食活动作为媒介来调整人际关系，加强个体与个体、个体与群体以及群体与群体之间的团结和合作。在人际交往中，饮食活动可以反映人与人之间的地位和身份，不同群体间的饮食活动也可以知道人际关系的亲疏、远近。北方游牧民族从整体上看，与周邻民族和中原诸王朝的人际往来，很多场面都依靠饮食活动，并从中探窥宾主间的关系。

一 饮食与人际中的身份、地位

通过饮食行为能确知人际关系中个体或群体的身份和地位。北方游牧民族也有不少这种事例，无论是民族成员之间，还是民族与民族之间，在饮食活动中都能表现出来各自的身份和地位。

匈奴有"壮者食肥美，老者食其余。贵壮健，贱老弱"[32]的风俗，这种风俗体现了匈奴民族成员的不同地位。壮健者能征战和生产，得到匈奴社会集团的重视，而老弱者却为社会所抛弃，只能用次等的饮食。乌桓也有"贵壮而贱老"的习俗。可见，匈奴、乌桓壮者的地位，是在生产和征战中的作用确立的，而且能得到肥美的食物。

《魏书》卷四三《毛修之传》记载，宋将毛修之被拓跋鲜卑俘虏后，送到平城（今山西省大同市），"修之能为南人饮食，手自煎调，多所适意。世祖亲待之，进太官局书，赐爵南郡公，加冠军将军，常在太官，主进御膳。"毛修之本为宋人，因善于做汉人饮食而得到北魏皇帝拓跋焘的欢心，加官进爵，重新确立了自己在北魏政权中的地位。

在北方游牧民族和周邻民族、中原王朝的使者往来中，都通过宴会来表明宾客及各级官吏的身份和地位。《辽史》卷五一《礼志》四记载了辽代契丹皇帝请宋朝使者的场面。"昧爽，臣僚入朝，宋使至幕次。皇帝升殿，殿前、教坊、契丹文武班，皆如初见之仪。宋使副缀翰林学士班，东洞门入，面西鞠躬。舍人鞠躬，通文武百僚臣某以下起居，七拜。谢宣召赴宴，致词讫，舞蹈，五拜毕，赞各上殿俟候。舍人引大臣、使相、臣僚、使副及方茵朵殿应坐臣僚并于西阶上殿，就位坐；其余不应坐臣僚并于西洞门出。勾从人入，起居，谢赐宴，两廊立，如初见之仪。

二人监盏，教坊再拜，赞各上殿俟候。入御床，大臣进酒。舍人、阁使赞拜、行酒，皆如初见之仪。次行方茵朵殿臣僚酒，传宣饮尽，如常仪。殿上酒一行毕，西廊从人行酒如初。殿上行饼茶毕，教坊致语，揖臣僚、使副并廊下从人皆起立，候口号绝，揖臣僚等皆鞠躬。赞拜，殿上应坐并侍立臣僚皆拜，称'万岁'。赞各就坐。次赞廊下从人拜，亦如初，歇宴，揖臣僚起立，御床出，皇帝起，入阁。"从皇帝上殿，到宋使和辽代大臣入拜、就宴坐、行酒、行食，都有一套严格的等级安排，体现了辽代契丹皇帝与各级臣僚、契丹国主人与宋朝宾客之间的人际关系中的高上和卑下。

古代蒙古族有"喝盏"之俗，意为"进酒"，是元代宫廷举行盛宴时必有的一种礼仪，也能体现出君臣和主宾间人际中的身份和地位。"国家凡宴飨，自天子至亲王，举酒将酹，则相礼者赞之，为之喝盏。"[33]民间也有这种风俗，在举行酒宴时，当男主人开始饮用时，一仆人高喊"哈！"乐师即奏乐，人们拍手随乐声跳舞；在男主人饮毕，仆人再高喊一声，乐师停止奏乐，随后众人齐畅饮。

蒙古族待客礼节，根据来客的身份、年龄、性别以及同主人的关系而定。向客人敬茶，右手端碗，左手指尖轻托碗底，客人双手接碗。上茶时，摆奶食品和其他食物。客人先尝奶食，以示对奶食的敬重。茶后，煮羊肉招待客人，对尊贵的客人上羊背子；对老年人上羊背子或肩胛、胫等；给年轻人上羊脊椎、肋骨；给女人则上羊胸、肋等。客人告辞，全家送别，有时老太太还要用牛奶酹祝。遇到宴请特别尊贵的客人，要摆整羊席，以示对客人的尊敬。在乌拉特蒙古族中，如有客人来访，主人要亲自走出蒙古包迎接，以右手放在右胸前，微微鞠躬请客人进包。如至亲长辈或尊贵客人到来，主人行打千请安之礼。客人入包后尊者坐正面，其他客人由左依次入座，主人款以奶茶、油饼、炒米、黄油、奶酪、手扒肉等食品，并进行献茶，递烟敬酒、吃饭、献哈达、嗅鼻烟壶，必让老者长辈在先，晚辈次之。客人离席，主人要送出蒙古包数步，以示敬客。

二　饮食在人际交往中的作用

饮食行为或活动，在人际交往中起桥梁和纽带的作用。在人际交往中，往往与他人共同进食。从北方游牧民族的人际交往关系看，通过饮食活动反映出民族间政治上的友好或纷争、个体与群体间的利益关系，还反映了个体男女结合和友善相处的关系。

在人际交往中，饮食活动的方式无非是馈赠食品、宴请、聚餐等。北方游牧民族与周邻民族和中原王朝的友好交往中，都以馈赠牲畜、食物、器物等形式出现。"榷场"、"茶马互市"的设置，就是把草原地区的牲畜、畜产品与中原地区的粮食、茶叶等物相互交换，以满足人们各自的生活需要。《契丹国志》卷二一《南北朝馈献礼物》记载了契丹与宋朝互贺的生日礼物。契丹给宋朝皇帝的生日礼物包括酒、蜜晒山果、蜜渍山果、榛栗、松子、郁李子、黑郁李子、面枣、楞梨、棠梨、白盐、青盐、腊肉等。宋朝给契丹皇帝的生日礼物有酒食茶器、法酒、乳茶、岳麓茶、盐蜜果、干果等。《辽史》卷一九《兴宗纪》二记载："（重熙十一年，公元 1042 年）闰月癸未，耶律仁先遣人报，宋岁增银、绢十万两、匹，文书称'贡'，送至白沟；帝喜，宴群臣于昭庆殿。"说明了国与国之间的饮食行为上的人际友好关系。这种民族与民族、国与国之间的饮食互赠活动，在北方游牧民族中是一种普遍的现象，以象征双方的友好关系，也是政治上需求的手段。英国人类学家威廉·雷蒙德·弗思（William Raymond Firth）认为，互惠赠与行为的"互相性"并不一定是"等价性"，交换的物品往往只具有象征性的价值[34]。北方游牧民族与其他民族的馈赠交往的饮食行为就具有不等价的象征意义。《契丹国志》卷五《穆宗天顺皇帝》记载："（应历九年，公元959年）秋九月，辽帝遣其舅使于南唐，中国疑惮，泰州团练使荆罕儒募刺客，使杀之。南唐夜宴辽使于清风驿，酒酣，起更衣，久不返，视之，则失其首矣。自是辽与唐绝。"因为辽使在南唐的宴会上遇害，而使辽与南唐断绝了交往。

匈奴通过喝血酒与汉朝结盟。《汉书》卷九四《匈奴传》下记载："昌、猛与单于及大臣俱登匈奴诺水东山，刑白马，单于及径路刀金留犁挠酒，以老上单于所破月氏王头为饮器者共饮血盟。"这是汉朝与南匈奴呼韩邪单于以饮血酒结盟，共同对付北匈奴，使饮酒活动成为缔结政治联盟的仪式。匈奴还根据战功表现赐给将士酒食，并把战争中获得的财物、牲畜及奴隶作为赏赐品。《史记》卷一一〇《匈奴列传》记载："其攻战，斩首虏赐一卮酒，而所得卤获因以予之，得人以为奴婢。故其战，人人为趣利，善为诱兵以冒敌。故其见敌则逐利，如鸟之集；其困败，则瓦解云散矣。战而扶舆死者，尽得死者家财。"酒食在这里体现了个人与匈奴整体间的利益关系。

匈奴每年的三次祭祀集会、敕勒在埋葬地的男女集会、突厥于葬所的男女结合以及娱乐活动，都能通过饮食行为来反映人与人之间的平等、说爱、社交关系。突厥"男女咸盛服饰，会于葬所，男有悦爱于女者，归即遣人聘问，其父母多不违也。"[35]这虽然无饮食活动的记载，但在埋葬地难免会有饮食行为之事实，男女青年借机相会，选择配偶。突厥人的娱乐活动，也经过宴饮对歌互相沟通。《隋书》卷八四《突厥传》记载："男子女子樗蒲（赌博），女子踏鞠（一种踢鞠蹴的活动），饮马酪取醉，歌呼相对。"可见，突厥青年人的社交活动。

契丹皇帝与家人和大臣之间的交往通常以宴饮的行为或活动来进行。《契丹国志》卷三《太宗嗣圣皇帝》下记载："述律太后遣使，以其国中酒馔脯果赐帝，贺平晋国。帝与群臣宴于永福殿，每举酒，立而饮之，曰：'太后所赐，不敢坐饮。'"《辽史》卷七《穆宗纪》下记载："（应历十六年，公元966年）十二月甲子，幸酒人拔剌哥家，复幸殿前都点检耶律夷腊葛第，宴饮连日。赐金盂、细锦及孕马百匹，左右授官者甚众。""十九年（公元969年）春正月己卯朔，宴宫中，不受贺。乙丑，立春，被酒，命殿前都点检夷剌葛代行击土牛礼。甲午，与群臣刃叶格戏。戊戌，醉中骤加左右官。乙巳，诏太尉化哥曰：'朕醉中处事有乖，无得曲从。酒解，可覆奏。'自立春饮至月终，不听政。"《辽史》卷一一《圣宗纪》二载："（统和四年，公元986年）二月甲寅，耶律斜轸、萧闼览、谋鲁姑等组帅来朝，行饮至之礼，赏赉有差。""（统和五年，公元987年）三月癸亥朔，幸长春宫，赏花钓鱼，以牡丹遍赐近臣，欢宴累日。"从中看出，契丹皇帝和大臣的人际关系，除大臣要绝对服从皇帝之令外，皇帝还设宴招待大臣，并行赏赐，有时皇帝到某一位大臣家宴饮终日，以沟通君臣之间的关系。

在《新五代史》卷七二《四夷附录》一、《契丹国志》卷二三《并合部落》中，记载了契丹"化家为国"时期，耶律阿保机通过"盐池宴"击灭七部大人的事件。不管是击灭契丹七部大人，还是室韦七部大人，都是为了处理政治上的纷争而采取的宴会式手段，从而建立了辽王朝。《汉译蒙古黄金史纲》中记述了明朝蒙古卫拉特部的一次内部聚会，卫拉特部的大臣、官员向济农请奏，要求把"济农"称号给也先太师，请求完毕，一方面设宴邀请济农，一方面在屋里挖坑杀死那些来参加宴会的那颜贵族，夺取政治上的权利㊱。

党项有复仇的习俗，平时聚族而居，部落分立，一旦有了矛盾，在不能正常解决的情况下，就要相互结怨，发生报复性冲突。宋人曾巩的《隆平集·西夏传》载："有凶丧者，未复，负甲叶以为记。不能复者，集邻族妇人，烹牛羊，具酒食，介而趋仇家，纵火焚之。其经女兵者，家不昌，故深恶焉。"在遇到丧事不能复仇时，就要纠集邻族的妇女，煮牛羊，准备酒食，然后再去寻仇。西夏的法律规定，杀人致死者，按照习惯要赔偿命价一百二十钱，但一般多用牲畜抵价。在双方冤仇得以和解时，要举行一种仪式，将鸡狗血掺和搅到酒中，用髑髅盛血酒共饮，发誓说："若复报仇，谷麦无收，男女秃癞，六畜疫死，毒蛇入帐。"通过饮食和饮食行为，来反映党项部落与部落之间的复仇行动，也可用于双方和解的重要媒介，这种复仇行为其实是原始氏族特征的延续。

西夏对征战立有军功并斩敌首级者，赐予酒和酥酪，虽然赏赐很轻，也反映了用酒食赐有战功者的一种习俗。《西夏纪》卷二八跋文记载了宋朝大臣李纲所说的一段话，"夏人之法，战胜而得首级者，不过赐酒一杯，酥酪数斤，其赏之如此其轻也；然而得大将，覆大军，则其首领往往不次拔而用之。故战斗轻首级而不争，乘利逐北，多致大胜。"党项的复仇和赏赐有战功者，都离不开饮食和饮食行为，体现了党项部落之间和个人与整体之间的关系。

蒙古族在祭祀、婚礼、节日、丧葬礼仪中，参加者借酒宴聚会相互了解，相互诉说别来之事或各自的生活。按蒙古人传统，不论是不是亲戚故旧，认识不认识，来到家中就是客人，主人一律以茶、食招待。就是客人很忙，也要品尝奶食后才能上路。如蒙古族从正月初一开始拜年，每到一处都请安问候，对长辈行至尊之礼，献给主人礼物，然后接受主人的盛情款待，饮酒唱歌，共叙亲情，通过主客之间的共饮来加强双方的人际关系。

第三节　饮食与岁时节庆

岁时节庆是民族文化生活的直接表现形式，能比较集中地反映民族的历史、经济、物质生活、宗教、道德、审美、禁忌等文化现象。北方游牧民族的节日很多，根据岁时节庆习俗的来源和性质，分为时令节日、宗教节日、生产节日、娱乐节日，这些节日中大多有饮食活动。每当节日来临，人们都以各种形式庆贺，饮食活动或饮食行为可以烘托整个节日的气氛。

一　饮食与时令节日

北方游牧民族从古至今，按时令分正旦（春节）、上巳（农历三月初三）、端午、中元、重九等节日，还有一些定期的集会，具有明显的民族文化特色。每逢佳节，有一个共同的特征就是以酒行乐，以宴会友。

鲜卑在每年的春季举行集会，宴饮行乐，这在前文的婚俗中亦有反映。每年春季三月，鲜卑人都要在饶乐水（今内蒙古西拉木伦河）畔集会，这个春季月，可能就是农历三月初三，辽代的契丹族也过这一节日。

根据《契丹国志》卷二七《岁时杂记》和《辽史》卷五三《礼志》六的记载，契丹族的时令节日有正旦、人日、中和、上巳、端午、中元、重九、冬至等，都要以酒宴庆贺。

正旦，即农历正月初一。契丹族皇帝命大臣用糯米和白羊骨髓捏成拳头大的米团，每个帐幕内散发四十九个。到夜深时分，皇帝和各位帐主把米团从帐幕的窗户向外扔出，扔到外面的米团如果是双数就算吉日，便马上鼓乐齐鸣，宴饮行乐。如果扔到外面的米团是单数则意味着不吉，便请来十二名巫师在帐幕外摇铃执箭，唱诵咒语祛邪。帐幕内把盐放入火炉中爆响，或烧地拍鼠，谓之惊鬼，帐幕主人七日后才能行动。正旦之日，皇宫举行盛大宴会，宴请宋代使臣和契丹各级官吏。天显"四年（公元929年）春正月壬申朔，宴群臣及诸国使，观俳优角抵戏。"[37]这是正月十五，即中国人民传统的元宵节。应历"十三年（公元963年）春正月，自丁巳，昼夜酣饮者九日。"[38]应历"十八年（公元968年）春正月乙酉朔，宴于宫中，不受贺。己亥，观灯于市。"[39]契丹人也过正月十五的观灯节。

人日，即农历正月初七。契丹人占卜，如果是晴天为吉日，阴天则为凶日。这一天，契丹人在庭院中做煎饼，谓之"熏天"。

中和节，即农历二月初一。届时，契丹萧姓贵族设家宴宴请耶律姓贵族。

上巳，即农历三月初三。契丹族用木雕兔作靶，分两队骑射之，先射中者为胜，负者下马跪奉酒给胜者，胜者在马上饮尽敬酒。这一天人们都集会于河边，还进行沐浴。

端午，即农历五月初五。中午时分，契丹人都采艾叶，供驱毒避邪。皇帝和大臣都要穿艾衣，举行盛大酒宴，渤海厨师在宴饮期间进献艾糕和大黄汤。会同三年（公元940年）"五月庚午，以端午宴群臣及诸国使，命回鹘、敦煌二使作本俗舞，俾诸使观之。"[40]契丹妇女用五彩花线系在臂膊上，并用彩布扎成人形为长寿索，佩于身上，被除病毒。

中元，即农历七月十五，为中国传统的"鬼节"。在七月十二夜里，契丹皇帝离开夏捺钵的行宫，西行二十里扎下毡帐，并事先备好酒食。到十四那天，皇帝与随行臣僚在契丹乐的伴奏下，宴饮终日，晚上才回到行宫，谓之"迎节"，即迎祖先神祇共渡节日之意。七月十五这一天奏汉乐，大摆宴席，欢乐整天。七月十六，皇帝及随从人员西行，令部属军伍大声鼓噪，谓之"送节"，意为送走祖神。

重九，即农历九月初九，又名重阳节、菊花节。契丹皇帝率群臣部族，以打虎为乐，射猎少者被罚"重九宴"一席。狩猎活动结束后，皇帝率契丹、汉族大臣登高，饮菊花酒，用兔肝拌上鹿舌酱而食之。还要用茱萸泡的酒洒于门户间以示避邪，也有人在酒中放入少量的盐而饮之。会同八年（公元945年）"九月壬寅，次赤山，宴从臣，问军国要务。"⑪应历十三年（公元963年）"九月庚戌朔，以青牛白马祭天地。饮于野次，终夕乃罢。辛亥，以酒脯祭天地，复终夜酺饮。"⑫统和三年（公元985年）"闰九月庚辰，重九，骆驼山登高，赐群臣菊花酒。"⑬统和四年（公元986年）"九月甲戌，次黑河，以重九登高于高水南阜，祭天。赐从臣命妇菊花酒。"⑭每当重九节时，契丹皇帝都要与大臣宴饮，登高饮菊花酒。

冬至日，契丹族杀白羊、白马、白雁，用其血与酒相和，皇帝用其向北遥祭黑山。应历十四年（公元964年）"十一月壬午，日南至，宴饮达旦。自是昼寝夜饮。"⑮在冬至这一天，也要饮酒庆贺。《辽史》卷五三《礼志》六记载："冬至朝贺仪：臣僚班齐，如正旦仪。皇帝、皇后拜日，臣僚陪位再拜。皇帝、皇后升殿坐，契丹舍人通，臣僚入，合班，亲王祝寿，宣答，皆如正旦之仪。谢讫，舞蹈，五拜，鞠躬。出班奏'圣躬万福'；复位，再拜，鞠躬。班首出班，俯伏跪，祝寿讫，伏兴，舞蹈，五拜，鞠躬。赞各祗候。分班，不出，合班。御床入，再拜，鞠躬。赞进酒。臣僚平身。引亲王左阶上殿，就栏内褥位，搢笏，执台盏，进酒。皇帝、皇后受盏讫，退就褥位，置台，出笏，俯伏跪。少前，自通全衔臣某等谨进千万岁寿酒。俯伏兴，退，复褥位，再拜，鞠躬。殿下臣僚皆再拜，鞠躬。宣答如正旦仪。亲王搢笏，执台，分班。皇帝、皇后饮酒，奏乐；殿上下臣僚皆拜，称'万岁寿'，乐止。教坊再拜，臣僚合班。亲王进受盏，至褥位，置台盏，出笏，引左阶下殿。御床出。亲王复丹墀位，再拜，鞠躬。赞祗候。分班引出。班首右阶上殿奏表目进奉。诸道进奉，教坊进奉过讫，赞进奉收。班首舞蹈，五拜，鞠躬。赞各祗候。班首出，臣僚复入，合班谢，舞蹈，五拜，鞠躬。赞各祗候。分班引出。声警，皇帝、皇后起，赴北殿。皇太后于御容殿，与皇帝、皇后率臣僚再拜。皇太后上香，皆再拜。赞各祗候。可矮墩以上上殿。皇太后三进御容酒，陪位皆拜。皇太后升殿坐。皇帝就露台上褥位，亲王押北南臣僚班丹墀内立。皇帝再拜，臣僚皆拜，鞠躬。皇帝栏内跪，祝皇太后寿讫，复位，再拜。凡拜，皆称'万岁'。赞各祗候。臣僚不出，皇帝、皇后侧座，亲王进酒，臣僚陪拜，皇太后宣答，皆如正旦之仪。臣僚分班，不出，班首右阶上殿奏表目，合班谢宣宴，上殿就位如仪。御床入。皇帝进皇太后酒如初，各就座行酒，宣饮尽，如皇太后生辰之仪。皇后进酒，如皇帝之仪。三进酒，行茶，教坊致语，行肴膳，大馔，七进酒。曲破，臣僚起，御床出，谢宴，皆如皇太后生辰仪。"在庆贺冬至的时候，契丹皇帝、皇后、皇太后、亲王、臣僚相聚在一起，共同宴饮行乐，礼仪虽然繁缛，但进酒、行酒贯穿了整个过程，还有行茶、行膳的饮食行为。今日的北方各族人民在冬至要吃肉或饺子，其寓意是防止冻坏身体，实指借此过节。

　　蒙古族的时令节日有春节、元宵节、清明节、端午节、腊八节等，以春节最为隆重。春节前的腊月二十三，是蒙古族的祭灶日，举行祭火仪式。从早晨开始，把准备好的羊肉整块放在锅里慢煮，然后打扫庭院、房屋。夜幕垂临，点燃一把香，绕住它一周，来到准备好的火撑子前，左右各绕祭三周，插香于火盆内。在火撑子前，铺一席白毛毡，摆一张木桌，桌中央的一只碗里盛着炒米、茶叶、红枣、黄油、羊胸脯肉等，上插燃着的香。桌上还有一个盘子，内装绵羊的四根肋条、颈骨、灌肠、胸脯、羊尾等。盘中祭品于当晚仪式上用，碗中祭品留待正月初一以前向火撑子投祭。祭仪中，向火撑子内投食，并诵祭辞。祭完后，全家人吃"阿木斯"（一种加黄油、大枣的米粥）和手扒羊肉，并饮酒。除夕日和除夕夜，人们先用肉、酒祭天，再围坐在一起吃羊骨头和牛羊蹄筋肉，大家玩乐闲聊，守岁到天亮。

正月初一，蒙古族家家户户都要出门给族人和邻里拜年，带上酒、饼、糕点等饮食。每到一家，先给佛像进香磕头，再给长辈献上礼物，敬酒磕头。主人要摆酒宴，招待来拜年者。这种欢乐的气氛，整日的宴饮游乐，一直要延续到正月底。

端午节，各地蒙古族的习俗各不相同。通辽地区的蒙古族到此日清早，到水井边由上往下俯视，然后打无根水（不接触地）洗脸漱口。还要到野外采艾蒿堵耳朵，并把艾蒿挂在门窗及箱柜上，以避疫驱虫。登高处以示长寿。若附近有湖泊，日出前年轻人必须下水一游，若没有湖泊也可用井水浇身。此日要煮鸡蛋吃，鸡蛋必须前一天晚上放屋外过夜。

清明节，为祭祀祖先的日子。上坟、添土、烧纸、焚烧酒食告祭，大家聚在一起共同祭祖。如通辽地区的蒙古族，在清明节到祖坟上添土祭祀。添土时要在距坟丘五六十步远的地方挑土，若祖坟在两地，此日可迁并到一起。给祖坟烧吐勒希（即炒米、黄油、鲜肉、茶叶、枣、柱香、布块、纸钱等）上供。有些地方还群集宰杀猪羊并在坟地搭灶起锅，向先人坟墓献肉食。添完土后，共同喝稀粥，吃布胡勒，然后到附近打猎。

二　饮食与宗教祭祀节日

北方游牧民族的原始宗教和祭祀活动，形成很多传统的节日。佛教自东汉后期传到草原地区后，又出现了一些与佛教有关的节日。此外，北方游牧民族还信仰祆教、景教、道教等，又遗留下相关的节日。如匈奴每年的三次祭祀集会、契丹的祭山仪、佛诞日、蒙古族的祭敖包节、成吉思汗祭奠日等。这里主要介绍成吉思汗祭奠日，其他节日详见本章第四节。

成吉思汗祭奠日，每年有大祭四次，分别为农历三月二十一日的查干苏鲁克祭、五月十五日的淖尔祭、九月十二日的禁奶祭、十月初三的皮条祭，因四次大祭各在春、夏、秋、冬举行，称之为"四时大祭"。

春季祭奠，活动规模最大。届时鄂尔多斯蒙古族几乎所有的人都来参加，地点就在今内蒙古自治区伊金霍洛旗成吉思汗陵。这天早晨，将金马桩栽在溜圆白骏面前。在成吉思汗及其夫人的灵包前置供桌，桌上和周围摆放着"九九"八十一只膘肥尾壮的全羊和一匹全马祭品，还有丰盛的奶油、美酒、砖茶等，桌旁悬挂白色和蓝色的哈达。祭奠的内容：一是酹祭"九九"八十一匹白色母马之乳，一是吉赫上的成吉思汗金殿的内外祭祀，晚上还有珠太熏香、招福致祥祭等仪式。酹酒马奶为开始的小祭，金殿之祭为大祭，晚上的招福祭为夜间小祭（图70）。

关于祭奠的程序，在《祭祀程序》的抄本中有记录："三月二十一日的祭奠者，初献哈达，献神灯，献香烛，献三盘（献酒三次），芦苇熏香，诵读牲羊赞，让羊领牲。去吉拉上泼散泼散物，小祭就是这些。大祭开始，初献哈达，献神灯，献香烛，献全羊，诵香赞，献铃、奶油、蜡扦，祭灶分份子诵读伊克乌其克，献圣酒，唱十二支歌，定查古，殿内分份子，宫外的祝赞，诵读铃赞，四全羊，大祭结束。晚上小祭开始，珠太熏香，献阿木苏，献全羊，抹画呼德格，招福致祥，定三天。"

在白天的大祭仪式接近尾声时，主祭者重跪灵前，手持银尊，倒入刚祭过成吉思汗的圣酒，一旁守陵人双手捧起古老的马头板，将马头伸入酒中，轻沾酒水表示敬意。然后，主祭人和所有参祭者共同分饮这尊有福之圣酒。同时，将祭祀用的全羊分成大块，作为有福的圣物，给大家分食。参加祭奠的每一个人都可

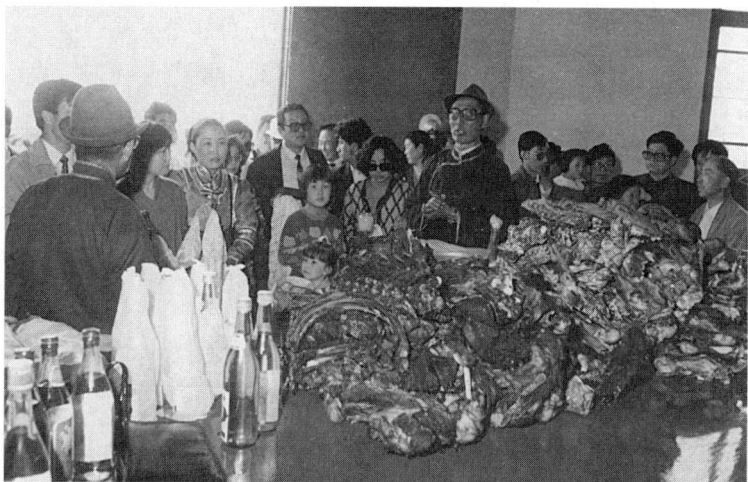

图 70　成吉思汗陵祭奠

尝到羊肉，还悄悄留下一小块包好，带回去让未能参加的人分享。

　　整个成吉思汗大奠，所敬奉的羊肉、鲜奶、白酒都成了圣食。奶食本来在蒙古族中被奉为"圣洁之食"，在成吉思汗大奠中更视为"圣洁"至上的圣食，人们纷争享用祭品，祈望带来幸福、平安。

三　饮食与生产节日

　　北方游牧民族在长期的劳动生产中，总结了丰富的实践经验，给某些生产活动赋予"活"的趣味性，便成为值得庆贺的节日，其中的饮食行为变成节日的重要内容。

　　匈奴在每年的秋祭时，"马肥，大会蹛林，课校人畜计。"㊻在秋季时，畜牧业取得丰收，利用集会之日，稽查人口，了解牲畜增减和繁殖的情况，如果情况好，就会举酒食肉以示庆贺。

契丹族把每年十二月的第一个辰日作为狩猎节。《辽史》卷五三《礼志》六记载："腊辰日，天子率北南臣僚并戎服，戊夜坐朝，作乐饮酒，等第赐甲仗、羊马。"《辽史》卷五一《礼志》三记载了腊仪的详细情况。"腊，十二月辰日。前期一日，诏司猎官选猎地。其日，皇帝、皇后焚香拜日毕，设围，命猎夫张左右翼。司猎官奏成列，皇帝、皇后升辇，敌烈麻都以酒二尊、盘飧奉进，北南院大王以下进马及衣。皇帝降舆，祭东毕。乘马入围中。皇太子、亲王率群官进酒，分两翼而行。皇帝始获兔，群臣进酒上寿，各赐以酒，至中食之次，亲王、大臣各进所获，及酒讫，赐群臣饮，还宫。"从契丹皇家贵族狩猎节活动中，可见饮食行为的重要位置。

蒙古族的生产节日有兴畜节、"其本哈尔"、祭打谷场节、马奶节等，多数节日中的饮食活动都很突出。

兴畜节，蒙语为"玛力音新敖如鲁呼"，大体上在每年的正月和清明前后举行。届时，男女老幼穿上节日盛装，集合到野外，搭建蒙古包，设锅灶。将畜群围住，逐头查看膘情，研究接羔接犊事宜，选出最肥壮的种公畜，给它披红挂彩。同时，焚香烧纸，诵经祈祷，求山神保佑风调雨顺、牧业繁盛。然后，举行摔跤、说书、唱歌等娱乐活动。摆设宴会，欢乐竟日。

祭打谷场节，蒙语为"乌图如模格黑呼"，在打谷时择吉日举行，主要流行于巴林草原。做加入黄油、大枣的米粥，在每件打谷用具上抹一点，并诵祝辞。然后把米粥、酒、黄油等食品投入灶膛里焚祭，参加者磕头。此后，大家一起吃喝、唱歌、跳舞。

"其本哈尔"，汉译为"阉割"、"劁骟"，在每年农历五月上旬择日。此日早晨，人们便起来打扫卫生，准备骟羊用的工具。饭后，亲朋好友会齐，开始轮流劁骟当年所生的羔羊。完毕后，主人杀肥羊一只，做成手扒肉招待亲友。

马奶节，在每年农历八月末举行。节前一两天，派人到各个牧民点发通知，告诉集中活动地址及过节时间。此日早晨，牧民们身着盛装，带着食品赶往会场。集会开始后，主持人向贵宾和蒙医敬献马奶酒和礼品，祝大家节日快乐。然后进行唱歌、诵诗、赛马、摔跤、掷远等娱乐活动，尽欢整天。

四　饮食与娱乐节日

从关于北方游牧民族的汉文史籍记载看，娱乐节日比较少，如蒙古族的"那达慕"（汉译娱乐、游玩之意）大会，饮食活动在这种节日中显得不很重要（图71）。

图71　蒙古族那达慕大会

蒙古族的"那达慕"大会，在每年的农历七八月间举行，为期三至七天，是蒙古族的盛大节日，最早可追溯到成吉思汗时期。在集会期间，附近的蒙古族都来参加，进行摔跤、射箭、赛马的传统"好汉三赛"活动，还有唱歌跳舞活动。蒙古族的三项竞技活动，获胜者可以得到马、牛、羊和砖茶、马鞍、绸缎等奖励。参加者自带食物，或者集体宰羊，饮酒吃肉。现代的"那达慕"大会，除传统项目外，还有众多的文艺演出以及物资交流活动。届时有许多流动餐厅在会场外营业。大会的主要目的是娱乐，而不是进行饮食活动。

第四节　饮食与宗教礼仪

在各种宗教礼仪中，饮食活动成为重要的组成部分，并可以直观地反映宗教礼仪的文化现象和内容。北方游牧民族长期生活在草原地区，生活资料来源于大自然，便衍生出对大自然的敬畏和恐惧，产生了最初的原始宗教。人们希望通过对神的敬畏而得到它的护佑。费尔巴哈曾说："对自然的依赖感，再加上那种把自然看成一个任意作为的，有人格的实体的想法，就是献祭这一自然宗教的基本行为的基础。"[47]北方游牧民族的原始宗教非常发达，根深蒂固，饮食活动的作用在原始宗教礼仪中特别显著。佛教和其他宗教传入草原地区后，并没有代替固有的原始宗教。人为宗教礼仪中也有饮食活动的表现。

一　饮食与原始宗教礼仪

恩格斯曾指出："宗教是在最原始的时代从人们关于自己本身的自然和周围的外部自然的错误的、最原始的观念中产生的。"[48]北方游牧民族从一开始就崇拜大自然的山川、日月、星辰、树木等，在灵魂不死的观念产生以后，才又出现对祖先、英雄的崇拜，并举行一定的仪式，与饮食行为有着密切的联系。北方游牧民族的原始宗教中，最具代表的是萨满教，从古代到现代一直存在。其崇拜对象十分广泛，天地、山川、日月、星辰、林木、风雨、神兽、祖先等都在其中。

在山戎创造的夏家店上层文化遗址中，发现有专门的祭祀场所。内蒙古自治区克什克腾旗龙头山遗址[49]，分为居住区、祭祀区、墓葬区。祭祀区用石墙围起，从文化堆积层看延用时间较长。除发现一座规模较大的墓葬外，还发现多座祭祀坑，坑内弃一至六人不等，死者姿态各异。在一些祭坑内有成组的陶器，计有罐、鬲、甗、钵，有的陶器内盛已炭化的粟粒。祭坑及杀人弃尸的做法和陶器、粮食，都是山戎祭祀天地、山川及祖先的祭品。

匈奴每年有三次集会，分别为春、夏、秋祭，在举行祭祀的仪式中，用牛羊作祭品。《史记》卷一一〇《匈奴列传》记载："岁正月，诸长小会单于庭，祠。五月，大会茏城，祭其先、天地、鬼神。秋，马肥，大会蹛林，课校人畜计。"在这三次集会中，都要用牲畜、乳品、供器等敬奉祖先、天地、鬼神，祈求一年的风调雨顺、丁旺畜繁。关于祭祀活动，在《后汉书》卷八九《南匈奴传》中也有记载，"匈奴俗，岁有三龙祠，常以正月、五月、九月戊日祭天神。南单于既内附，兼祠汉帝，因会诸部，议国事，走马及骆驼为乐。"

匈奴在日常生活和军事上表现出对自然现象和先世人物的崇拜。《史记》卷一一〇《匈奴列传》曰："单于朝出营，拜日之始生，夕拜月。……举事而候星月，月盛壮则攻战，月亏则退兵。"这表示对日、月、星辰的崇拜。文献中还有把人物神化的记载，并使匈奴产生敬畏感。乌孙昆莫诞生，被抛弃于野外，有乌鸦衔肉飞其上，狼往乳；单于觉得奇怪，以为得神庇佑而收养之；后来昆莫长大，率众远徙，不肯隶属于匈奴，单于派骑兵前往攻击，不胜，以为神而远避之[50]。匈奴扣留汉朝使臣苏武后，把他关闭在地窖中，断绝饮食，正遇天下雪，苏武饮雪水，吃毡毛，好几天不死，单于认为是神，就把苏武迁徙到北海（今贝加尔湖）上[51]。《汉书》卷九四《匈奴传》上记载："贰师在匈奴岁余，卫律害其宠，会母阏氏病，律饬胡巫言先单于怒，曰'胡故时祠兵，常言得贰师以社，今何故不用？'于是收贰师，贰师骂曰：'我死必灭匈奴！'遂屠贰师以祠。会连雨雪数月，畜产死，人民疫病，谷稼不孰，单于恐，为贰师立祠室。"祈求避免自然灾害造成的经济损失。这里的胡巫就是萨满，其地位很高，匈奴的祭祀活动都由巫来主持，用马、牛、羊作祭品。《后汉书》卷八九《南匈奴传》记载有汉使拜奉李陵庙的情况，汉朝派遣使者送匈奴的人质回单于庭，在路上与匈奴使者相遇，拜奉祭祠完李陵庙后，汉使送给匈奴使者彩缯、锦缎、黄金及太官御食酱、橙、桔、龙眼、荔枝等食品。李陵为汉朝投降匈奴的将领，死后匈奴单于为之立庙，进行祭祠。所以，汉朝使者到来时，首先到庙里拜祭，然后才送给匈奴单于及使者的礼物，这也是匈奴对英雄人物崇拜的史实。

乌桓人崇拜鬼神、天地、日月、星辰、山川及已故有名望的首领，在举行祭祀仪式时，用牛、羊作祭品，以求神灵保佑。《后汉书》卷九〇《乌桓鲜卑列传》记载："敬鬼神，祠天地日月星辰山川及先大人有健名者，祠用牛羊，毕皆烧之。"

鲜卑在宗教祭祀方面也能反映出与饮食相关的现象。《三国志》卷三〇《魏志·乌丸鲜卑传》引《魏书》曰："敬鬼神，祠天地日月星辰山川，及先大人有健名者，亦同祠以牛羊，祠毕皆烧之。饮食必先祭。"鲜卑还有祭日月、祭祖先的习俗。祭四月主要内容为祭天，由女巫（萨满）主持。《魏书》卷一《序纪》记载："夏四月，祭天。诸部君长皆来助祭，唯白部大人观望不至。于是征而戮之，远近肃然，莫不震慑。"《南齐书》卷五七《魏虏列传》记载了拓跋鲜卑祭天的若干仪制。"（平城）城西有祠天坛，立四十九木人，长丈许，白帻、练裙、跐坡，立坛上。常以四月四日杀牛马祭祀，盛陈卤簿，边坛奔驰奏伎为乐……宏（北魏孝文帝拓跋宏）与伪公卿从二十余骑戎服绕坛，宏一周，公卿七匝，谓之蹋坛。明日，复戎服登坛祠天，宏又绕三匝，公卿七匝，谓之绕天。"每年的四月四日，拓跋鲜卑杀牛宰羊，歌舞宴乐，在平城西郊举行祭天仪式。

《魏书》卷一〇八《礼志》一和《通鉴》晋纪三二·晋安帝隆安二年注引《通典》记载了北魏的祭天仪式。"平城西郊设祭天方坛，上置柱七；祭坛四周，围以土墙，开四门，青门、赤门、白门、黑门；牺牲用白犊、黄驹、白羊；祭天之时，皇帝立于青门内，靠近坛南，面向西；内朝臣列于坛北，面向西；外朝臣、诸部大人等，列青门之外，面向西；皇后率六宫从黑门入，立于青门内，靠近坛北，面向西；牺牲陈列于坛前，女巫执鼓，与选出的皇室十姓子弟执酒者七人，并在坛东，面向西；祭天开始，女巫升坛摇鼓，帝拜，后肃拜，内外百官尽拜，杀牲，执酒者西向，以酒洒天、洒神主，复拜；如此重复三次，礼毕而退。"用牛羊和酒作祭品，以洒酒作祭祀的方式。《魏书》卷一〇八《礼志》一记载了拓跋鲜卑以牲畜祭祖的场面。"魏先之居幽都也，凿石为祖宗之庙于乌洛侯国西北。自后南迁，其地隔远。真君中，乌洛侯国遣使朝献，云：'石庙如故，民常祈请，有神验焉。'其岁，遣中书侍郎李敞诣石室，告祭天地，以皇祖先妣配。……敞等既祭，斩桦木立之，以置牲体，而还。"1980年，在内蒙古自治区鄂伦春自治旗阿里河镇西北的嘎仙洞发现"太平真君四年"的石刻祝文，证实了《魏书》记载的太平真君年中李敞到石室祖庙祭祀一事（图72）。

敕勒崇信萨满教，举行仪式时杀牲祭祀，以乳酪作祭品。《魏书》卷一〇三《高车传》记载："喜致震霆，每震则叫呼射天而弃之移去。至来岁秋，马肥，复相率候于震所，埋杀羊，燃火，拔刀，女巫祝说，似如中国被除，而群队驰马旋绕，百匝乃止。人持一束柳桋，回竖之，以乳酪灌焉。妇人以皮裹羊骸，戴之首上，萦屈发鬓而缀之，有似轩冕。"这个仪式是祭天，选择

图 72　内蒙古自治区鄂伦春自治旗嘎仙洞拓跋鲜卑先祖居住遗址

　　在秋季丰收之时，以饮食行为答谢天神的庇佑。《北史》卷九八《高车传》曰："文成时，五部高车合聚祭天，众至数万，大会走马，杀牲游绕，歌吟忻忻。其俗称自前世以来，无盛于此会。"证实了敕勒的祭天活动。

　　柔然的萨满教仪式在《魏书》卷一〇三《蠕蠕传》中有记载："丑奴立后，忽亡一子，字祖惠，求劳不能得。有屋引副升牟妻是豆浑地万，年二十许，为医巫，假讬神鬼，先常为丑奴所信，出入去来，乃言此儿今在天上，我能呼得。丑奴母子欣悦，后岁仲秋，在大泽中施帐屋，斋洁七日，祈请天上。经一宿，祖惠忽在帐中，自云恒在天上。丑奴母子抱之悲喜，大会国人，号地万为圣女，纳为可贺敦，授夫副升牟爵位，赐牛马羊三千头。"这种请医巫做法的经过，就是萨满教的一种表现，在做法成功后，大宴宾客，赐医巫牲畜。

突厥有祭日、天、地、祖先等习俗。《北史》卷九九《突厥传》记载："可汗恒处于都斤山，牙帐东开，盖敬日之所出也。每岁率诸贵人，祭其先窟。又以五月中旬集他人水拜祭天神。"《隋书》卷八四《西突厥传》记载："每五月八日，相聚祭神，岁遣重臣向其先世所居之窟致祭焉。"《阙特勤碑》和《毗伽可汗碑》多次提到对天神的敬意，如"朕是同天及天生突厥苾伽可汗"，"承上天之志，历数在躬，朕立为可汗。"有关萨满教的仪式，在张星烺的《中西交通史料汇编》第四册中有详细的记述。公元6世纪的室点密可汗在位时期，东罗马使臣蔡马库斯出使西突厥，在抵达中亚索格底亚境时，有突厥人"来言，能驱逐魔鬼，预阻不详之兆。围绕蔡马库斯及从人，取其行李置众人之中，摇铃击鼓于其上。又有手持香者，火势熊熊，来往绕走，状类疯狂，指天画地，几若魔鬼诚被其驱逐者。咒既读毕，乃请蔡马库斯经过两火间，其人亦自皆陆续走过两火间。谓如是，则妖魔悉可洗净也……"这几段记载，虽然没有提及祭祀仪式中的饮食情况，但从其他民族的惯例来看，突厥祭祀必以牲畜作祭品，并有相当重要的饮食行为或活动。另外，突厥可汗的即位仪式，虽然作为一种政治形式，但长期以来形成一种固定的习俗。《北史》卷九九《突厥传》记载："其主初立，近侍重臣等舆之以毡，随日转九回，每回臣下皆拜，拜讫乃扶令乘马，以帛绞其颈，使才不至绝，然后释而急问之曰：'你能作几年可汗？'其主既神情瞀乱，不能详定多少，臣下等随其所言，以验修短之数。"整个可汗即位仪式，先拜天日，然后再使新可汗失去理智，神魂附身，代天而言，这是一种君权神授的表现形式，也是萨满教在突厥人政治及社会生活中的具体运用。

回纥人的原始崇拜、祭祀、宗教信仰在史书中多有记载。《乌古斯可汗的传说》记载了传说中的乌古斯可汗在战胜所有的敌人后，召开祭天大会，文中说："这之后，乌古斯可汗召集大会，侍臣和百姓都来参加了。乌古斯可汗坐在大帐里，在大帐右方立了四十庹的一根木杆，杆顶挂着一只金鸡，杆下拴着一只白羊。在左方也立了四十庹长的一根杆，杆下拴着一只黑羊。"在祭天时，用鸡、羊祭祀，以庆祝借上天之神力战胜敌人的事件。回纥信仰萨满教，通过"巫"来从事宗教活动。国外的学者说，回鹘人"先奉之宗教为珊蛮教，与亚洲北方其他诸部族同。其教之巫者曰珊蛮，即此粗野宗教之教师也。"[52]萨满教还在军队中流行，用以占卜战事的胜负。公元765年，回鹘牟羽可汗率兵南下，拟入侵唐境，让萨满师占卜了战事的后果，"始，虏有二巫，言'此行必不战，当见大人而还'；及是相顾笑曰：'巫不吾给也。'"在对吐蕃的战争中，萨满祈风降雪，以助战争的顺利进行。《旧唐书》卷一九五《回纥传》记载："初，白元光等到灵台县西，探知'贼'势。为月明，思少阴晦，回纥使巫师便致风雪。及迟明战，吐蕃尽寒冻，弓矢皆废，披毡徐进，元光与回纥随而杀之蔽野。"萨满无论在日常生活还是军事行动中，举行教事仪式都不免要杀牲祭祀，祈求福降。

早期契丹社会的宗教信仰主要是萨满教，祭祀天地、日月、山川、祖先时，多用牛、马、羊作祭品。在契丹人的观念中，天地是至高无上的，凡世间万事万物，无一不是天地所生、天地所赐。契丹礼俗，凡新君即位，必先举行柴册礼，祭告天地，取得天地认可后，其权利方才合法生效。这种礼俗形成于遥辇时代的初期，并为辽代所继承。《辽史》卷四九《礼志》一记载："柴册仪：择吉日。前期，置柴册殿及坛。坛之制，厚积薪，以木为三级坛，置其上。席百尺毡，龙文方茵。又置再生母后搜索之室。皇帝入再生室，行再生仪毕，八部之叟前导后扈，左右扶翼皇帝册殿之东北偶。拜日毕，乘马，选外戚之老者御。皇帝疾驰，仆，御者、从者以毡覆之。皇帝诣高阜地，大臣、诸部帅列仪仗，遥望以拜。皇帝遣使敕曰：'先帝升遐，有伯叔父兄在，当选贤者。冲人不德，何以为谋？'群臣对曰：'臣等以先帝厚恩，陛下明德，咸愿尽心，敢有他图。'皇帝令曰：'必从汝等所愿，我将信明赏罚。尔有功，陟而任之；尔有罪，黜而弃之。若听朕命，则当谟之。'金曰：'唯帝命是从。'皇帝于所识之地，封土石以志之。遂行。拜先帝御容，宴飨群臣。翼日，皇帝出册殿，护卫太保扶翼升坛。奉七庙主置龙文方茵。北、南府宰相率群臣圜立，各举毡旁，赞祝讫，枢密使奉玉宝、玉册入。有司读册讫，枢密使称尊号以进，群臣三称'万岁'，皆拜。宰相、北南院大王、诸部帅进赭、白羊各一群。皇帝更衣，拜诸帝御容。遂宴群臣，赐赉各有差。"在传统的柴册仪上，契丹大臣给皇帝进献白羊和黑羊各一群，而皇帝要宴请并赏赐群臣。

契丹人有崇东拜日的习俗。《新五代史》卷七二《旧夷附录》记载："契丹好鬼而贵日，每朔日，东向而拜日。"《文献通考》卷三四五《契丹》载："好鬼而贵日，每月朔日，东向而拜日，其会聚，视国事，皆以东向为尊。四楼门屋，皆东向。"在每月的农历初一日，是契丹人崇东拜日之日，辽代时更加明确。在《辽史·本纪》中，多次提到以牲畜、野生动物、禽类祭祀天地和拜日之事。天赞三年（公元924年）"八月乙酉，至乌孤山，以鹅祭天。甲午，次古单于国，登阿里典压得斯山，以麃鹿祭。"⑤³应历二年（公元952年）"九月戊午，诏以先平察割日，用白黑羊、玄酒祭天，岁以为常。壬戌，猎炭山。祭天。"⑤⁴保宁九年（公元977年）"十二月戊辰，猎于近郊，以所获祭天。"⑤⁵统和九年（公元983年）"八月己亥，猎赤山，遣使荐熊肪、鹿脯于乾陵之凝神殿。十二月戊申，千龄节，祭日月，礼毕，百僚称贺。"⑤⁶

契丹的原始祭祀活动，除天地、日月、星辰外，还有对风雨、雷电、山川、祖先的崇拜，用酒食和牲畜作祭品，其中的祭山仪最为隆重。在契丹人的心目中有两座圣山，一为木叶山，一为黑山。木叶山是契丹祖神的所居之山，辽代帝王死后魂归此山。黑山是契丹部民死后的魂归之地，《契丹国志·岁时杂记》记载："又彼人传云：凡死人，悉属此山神所管，富民亦然。契丹黑山，如中国之岱宗。云北人死，魂皆归此山。每岁五京进人、马、纸物各万余事，祭山而焚之。其礼甚严，非祭不敢近山。"祭木叶山、黑山之俗，到契丹立国后越演越烈。《辽史》卷四九《礼志》一记载："祭山仪：设天神、地祇位于木叶山，东向；中立君树，前植群树，以像朝班；又偶植二树，以为神门。皇帝、皇后至，夷离毕具礼仪。牲用赭白马、玄牛、赤山羊，皆壮。仆臣曰旗鼓拽剌，杀牲，体割，悬之君树。太巫以酒酹牲。祀官曰敌烈麻都，奏'仪办'。皇帝服金文金冠，白绫袍，绛带，悬鱼，三山绛垂，饰犀玉刀错，络缝乌靴。皇后御绛帔，络缝红袍，悬玉佩，双结帕，绛缝乌靴。皇帝、皇后御鞍马。群臣在南，命妇在北，服从各部旗帜之色以从。皇帝、皇后至君树前下马，升南坛御榻坐。群臣、命妇分班，以次入就位；合班，拜讫，复位。皇帝、皇后诣天神、地祇位，致奠；阁门使读祝讫，复位坐。北府宰相及惕隐以次致奠于君树，遍及群树。乐作。群臣、命妇退。皇帝率孟父、仲父、季父之族，三匝神门树；余族七匝。皇帝、皇后再拜，在位者皆再拜。上香，再拜如初。皇帝、皇后升坛，御龙文方茵坐。再声警，诣祭东所，群臣、命妇从，班列如初。巫衣白衣，惕隐以素巾拜而冠之。巫三致辞。每致辞，皇帝、皇后一拜，在位者皆一拜。皇帝、皇后各举酒二爵，肉二器，再奠。大臣、命妇右持肉，左持肉各一器，少后立，一奠。命惕隐东向掷之。皇帝、皇后六拜，在位者皆六拜。皇帝、皇后复位，坐。命中丞奉茶果、饼饵各二器，奠于天神、地祇位。执事郎君二十人持福酒、胙肉，诣皇帝、皇后前。太巫奠酹讫，皇帝、皇后再拜。皇帝、皇后一拜，饮福，受胙，复位，坐。在位者以次饮。皇帝、皇后率群臣复班位，再拜。声跸，一拜。退。"在祭山仪式上，酒和食物为主要祭品，几次重复出现，祭酒、食肉成为整个仪式中的重要环节。

内蒙古自治区巴林右旗罕山辽代祭祀遗址[57]，发现用于祭祀场所和祭祀者居住与守护的建筑遗迹，出土了陶罐、盖盒、盆、瓮、瓷碗、钵、罐、注碗、牛腿瓶、铁锅、勺等器物，应为祭器或祭祀者食用之器。罕山即为黑山，是辽代契丹人祭山的主要场所之一。

契丹人祭祀祖先，其对象为始祖奇首以及历朝已故的皇帝。《契丹国志·初兴本末》记载："古昔相传，有男子乘白马，浮土河而下，复有一妇人乘小车驾灰色之牛，浮潢河而下，遇于木叶山，顾合流之水，与为夫妇，此其始祖也。是生八子，各居分地，号八部落。……立遗像于木叶山，后人祭之，必刑白马杀灰牛，用其始来之物也。"《辽史》卷三七《地理志》也有同样的记载，后人每行军及春秋祭祀时，必用白马青牛作祭品，以表示不忘本祖。另外，契丹还尊奉其他三位祖先。《契丹国志·初兴本末》载："后有一主，号曰乃呵，此主持一髑髅，在穹庐之中覆之以毡，人不得见。国有大事，杀白马灰牛以祭，始变人形，出视事，已，即入穹庐，复为髑髅。因国人窃视之，失其所在。复有一主，号曰喝呵，戴野猪头，披猪皮，居穹庐中；有事则出，退复隐入穹庐如故。后因其妻窃其猪皮，遂失其夫，莫知所如。次复一主，号曰昼里昏呵，惟养羊二十口，日食十九，留其一焉，次日复有二十口，日如此。是三主者，皆有治国之能名，余无足称焉。"契丹人祭祀祖先时，必杀青牛白马作祭品，而乃呵、喝呵、昼里昏呵三位祖先，从他们的特征看，反映了早期契丹猎取猪鹿、饲养牛羊的情景。

契丹人还有立春仪、冬至日（祭日）、瑟瑟仪（射柳祈雨）等，祭祀用牲为白马、白羊、黑羊，同时还备有茶果、饼饵、米酒、肉食之类的祭品。如立春日，《辽史》卷五三《礼志》六记载："皇帝出就内殿，拜先帝御容，北南臣僚丹墀内合班，再拜。可矮墩以上入殿，赐坐。帝进御容酒，陪位并侍立皆再拜。一进酒，臣僚下殿，左右相向立。皇帝戴幡胜，等第赐幡胜。臣僚簪毕，皇帝于土牛前上香，三奠酒，不拜。教坊动乐，侍仪使跪进彩杖，直起，再拜。赞各祗候。司辰报春至，鞭土牛三匝。矮墩鞭止，引节度使以上上殿，撒谷豆，击土牛。撒谷豆，许众夺之。臣僚依位坐，酒两行，春盘入。酒三行毕，行茶。皆起。礼毕。"在祭仪之中，多次以酒、肉等饮食活动来祭奠，祈求大自然和祖先的保佑，达到风调雨顺、国泰平安的功效。

党项的祭祀活动常由巫来主持，在举行的祭祀活动上宰杀牛、羊以供。出兵打仗时，总要卜凶问吉，以求得一种神秘力量的帮助。《宋史》卷四八六《夏国传》下记载："笃信机鬼，尚诅祝，每出兵则先卜。卜有四：一、以艾灼羊髀骨以求兆，名'炙勃焦'；二、擗竹于地，若揲蓍以求数，谓之'擗算'；三、夜以羊焚香祝之，又焚谷火布静处，晨屠羊，视其肠胃通则兵无阻，必有血则不利；四、以矢击弓弦，审其声，知敌至之期与兵交之胜负，及六畜之灾祥、五谷之凶稔。"通过占卜来判断凶吉，推断敌军何时到来，胜败结果；还断定六畜兴衰、五谷丰歉等。

元代的蒙古族崇拜天地、山川、日月、五行、先祖，由萨满主持祭仪，常用牛、马、羊及饮食作祭品。《元史》卷七二《祭祀志》一记载："其天之亲遣使致祭者有三：曰社稷，曰先农，曰宣圣。而岳镇海渎，使者奉玺书即球处行事，称代祀。其有司常祀者五：曰社稷，曰宣圣，曰三皇，曰岳镇海渎，曰风师雨师。其非通祀着五：曰武成王，曰古帝王庙，曰周公庙，曰名山大川、忠臣义士之祠，曰功臣之祠，而大臣家庙不与焉。"祭祀仪式在城郊或宗庙举行。该书记载了英宗至治二年（公元1322年）九月在南郊的一次祭祀活动，大臣们商议祭祀之事，其中的内容包括匏爵、牺牲、割牲。所谓匏爵，"郊之祭也，器用陶匏，以天象地之性出。"也即"陶瓦器，匏用酌献酒。"牺牲，是"郊特牲而社稷太牢"，"天地之牛角茧栗"。"国朝大德九年（公元1305年），苍犊二，羊豕各几。至大三年（公元1310年）马纯色肥腯一，牲正副一，鹿一十八。圆议依旧仪。"割牲，"盖犬豕牛羊，分别骨肉贵贱，其解之为体，则均也。皇朝马牛羊豕鹿，并依至大三年割牲用于国礼。圆仪依旧仪。"也就是郊祭时，用陶器盛酒以献，用牛、羊、猪、狗、鹿作祭品，肢解以献。

内蒙古自治区正蓝旗羊群庙发现的元代祭祀遗址[58]，由四组祭祀遗迹组成。每一处祭祀遗迹都有石围墙、祭台、建筑、石人雕像，有的有供台，出土有罐、壶、碟等供奉之物。如1号祭祀遗址，围墙平面呈椭圆形，用自然石块垒砌。祭台位于围墙内中部偏后，平面呈长方形，基座由自然石块和黄土相间夯筑，座上有建筑遗迹和方形夯土台。汉白玉石雕像位于石围墙内中部偏东，石雕人像正襟端坐于靠背圈椅上，内着紧袖口长衫，外穿右衽半袖长袍，缺头，腰部右侧佩带鞘刀、角锥，左侧佩带鞘刀、长方形袋和方形小盒，座椅下为长方形基座。供台平面呈不规则的长方形，用残砖和石片四面围砌而成，叠压在石雕像后部的基座上。在祭祀址出土白瓷弥勒佛像、罐、壶、碟等，应为供奉之物。《元史·祭祀志》中有设方坛祭祀的记载，大概就是这种祭祀址。羊群庙祭祀遗址，在元上都和桓州城故城西北三十余公里处，应为元上都、桓州城的郊祭之所。"世祖中统二年（公元1261年），亲征北方。夏四月己亥，躬祀天于旧桓州之西北。洒马湩以为礼，皇族之外，无得而与，皆如其初。"[59]元世祖忽必烈的这一次祭祀活动，应在羊群庙的祭祀场所进行的。

根据《元史》卷七四《祭祀志》三的记载，宗庙祭祀的对象是先祖。"其祖宗祭享之礼，割牲、奠马湩，以蒙古巫祝致辞，盖国俗也。"其祭品为"大祀，马一，用色纯者，有副；牛一，其角握，其色赤，有副；羊，其色白；豕，其色黑；鹿。凡马、牛、羊、豕、鹿牲体，每室七盘，单室五盘。太羹，每室三登；
和羹，每室三铏。笾之实，每室十有二品；豆之实，每室十有二
品。凡祀，先期命贵臣率猎师鲜獐鹿兔，以供脯醢醓醢。稻粱为
饭，每室二簠；黍稷为饭，每室二簋。彝尊之宝，每室十有一。"
祭祖时，用马、牛、羊、猪、鹿、干肉、肉酱和稻、高粱、黍、
稷等作祭品，用盘、铏、笾、豆、簠、簋、彝、尊作供器。宗庙
祭祀仪式中的亲祀时享仪，包括齐戒、陈设、车驾出宫、省牲
器、晨裸、进馔、酌献、车驾还宫等内容，与饮食器和饮食行为
有直接的关系。蒙古族还有"射草狗"之俗，也属于原始祭祀的
一种。每年十二月下旬，洒扫平地，以干草束一人形、一狗形，
剪杂色彩缎充为肠胃，选达官世家子弟以箭交射之，射至糜烂，
遂以羊、酒祭之。祭毕，皇后及太子、嫔妃并射之，各解所服
衣，由蒙古巫觋祝赞，以求脱衣。

　　清朝蒙古族有祭天、祭地、祭敖包、祭火、祭祖等活动，并
一直流传至今，仪式中的饮食行为比较明显。祭敖包（人工垒成
的石堆）的时间在农历五月或七月，仪式从早晨开始，人们从四
面八方来到敖包前，按顺时针方向转一圈，到南边磕头，向敖包
添加石块、树枝。主持祭仪者焚香、酹酒、献哈达、献祭品、献
祭歌。祭品有酒、奶油、奶酪等（图73）。仪式结束后，举行赛
马、摔跤、射箭等文体娱乐活动。在科尔沁蒙古族萨满教的尚西
求雨祭祀活动中，遭旱灾的人们聚集在居住地附近的独颗大树
下，用花布条装扮树杆和树枝，由萨满诵经祈祷，奉献全羊，还
有两个人扮成"尚西老人"坐在神树下，大家都向他敬酒，进献
奶食品等食物，以请求赐予雨水。这些原始祭祀活动一直流传到
现在。布里亚特蒙古族认为，腾格里（天）发出的闪电是一种最
浓的鲜乳从天而降，遇到大雷雨天气时，谁看到这新奶谁得幸
福，但真正被授予新奶的人十分稀少。如果有人希望天神把天上
的新奶注入自己家的奶桶获得丰收，便去拜访萨满中的预言家，

图 73　蒙古族祭敖包

由预言家详尽叙述可能实现的办法，于是立刻就有新奶灌注下来。然后，把这些乳汁再倒入白桦树皮做成的杯中，这样就永远保持了天神的灵气，并把它奉祭在高处。他们坚信桦树皮杯里的乳汁和雷神的箭一样，都是应当返还归天的圣物。蒙古族称火神"渥德"为火神母，在农历腊月二十三日对火神进行年祭。在科尔沁草原一带，每到这天晚上，先把一棵榆树锯断，分成几段，捆上茅草再缠上皮子，扔到火中烧，并向火中不停地洒酒和油，使火高旺，而蒙古勃额念祭火经咒"嘎林索德日"。另外，除一年一度的祭火外，还实行月祭，多在每月初一初二举行，照例由勃额念祭火经，在火盆中烧松枝，投放酒、奶油等物，供祭传统的奶食品，俗称"白食"祭时，口诵祝词："勃额点燃的神火啊，渥德干用嘴吹旺的'渥德'；我们向你献上纯洁的奶油，我们向你敬上香甜的奶酒。"⑩蒙古族类似这种萨满祭祀很多，都与饮食或饮食行为密切相关。

二 饮食与佛教礼仪

佛教于东汉初年从西域传入我国的内地，很快兴盛起来，在东汉至两晋时期，传入草原地区，并被有的民族所接受。藏传佛教于元朝传入蒙古地区，在明朝中期以后逐渐盛行。其礼仪涉及饮食行为不如原始宗教那么强烈，但信佛的民族向寺院敬奉饮食和器具，使寺院的素食团体更加庞大。

鲜卑从两晋开始信仰佛教，从辽宁省北票市西官营子冯素弗墓[61]出土的佛像纹金饰牌可证实。鲜卑拓跋部迁都平城、洛阳后，在今山西省大同市云冈、河南省洛阳市龙门、甘肃省天水市麦积山等地开凿石窟寺。北魏的佛寺，据《洛阳伽蓝记》记载，仅洛阳一地就有佛寺1300余座，这与北魏统治者大力扶持佛教的发展有关，政府投入巨额钱财修建寺院，加之信徒们捐献的钱财、食物、供器，使寺院形成一个食素食的饮食团体。

柔然也信仰佛教。"永平四年（公元511年）九月，丑奴遣沙门洪宣奉献珠像。"[62]由此推断，柔然贵族供给寺院生活资料和日用品。

突厥在隋朝时期就信仰佛教，于唐朝时期成为普遍现象。突厥可汗每年设斋宴，施舍生活资料及日用品。新罗僧人慧超的《往五天竺国传》记载："建驮国，此王及兵骢是突厥，土人是胡，兼有婆罗门。……此王虽是突厥，甚敬信三宝；王、王妃、王子、首领，各各造寺，供养三宝。此王每年两回设无遮大斋，但是缘身所受用之物，妻及象、马等并皆施舍。……儿女亦然，各各造寺，设斋施舍。"

佛教在契丹建国前后传入，在辽代统治范围内建有许多寺院，有众多的僧尼，形成一个特殊的饮食团体。《辽史》卷一

《太祖纪》上记载：公元912年，"以所获僧崇文五十人归西楼，建天雄寺以居之，以示天助雄武。"神册三年（公元918年）五月，"诏建孔子庙、佛寺、道观于皇都。"此后，辽朝信佛之风日盛。《契丹国志》卷二七《岁时杂记》记载契丹人有佛诞日，"四月八日，京府及诸州，各用木雕悉达太子一尊，城上舁行，放僧尼、道士、庶民行城一日为乐。"

辽代统治者大力推崇佛教，给佛寺提供食物和饮食器具。内蒙古自治区巴林右旗庆州白塔地宫[63]，出土长颈舍利瓶、银匙、小银碟、小银碗、白瓷碟、漆盘、水晶杯、玻璃瓶等。辽宁省朝阳北塔天宫地宫遗址[64]，出土的供器有金舍利塔、金盖玛瑙舍利罐、鎏金银塔、银碟（图74）、铜碟、银罐等。以上二塔出土的供器中，有一些本为饮食器具，在此变为用以盛食的供器。

元朝的蒙古诸帝，笃行佛事，有的一年四季斋醮不断，"僧徒贪利无已，营结近侍，欺昧奏请，布施莽斋，所需非一，岁费千万。"[65]仁宗延佑四年（公元1317年），据宣徽院统计，这一年仅用在做佛事的饮食供应上就耗费面四十三万九千五百斤，油七万九千斤，每日宰羊达万头。可见，元朝政府供奉佛教寺院所需的巨大财物。

明朝的蒙古族主要信仰喇嘛教。蒙古封建领主为了表达对喇嘛教的虔诚，争相把自己的土地、

图74　龙纹银碟　辽

牲畜、金银财宝施舍给寺庙，还免除喇嘛的赋税，使喇嘛寺庙占有了越来越多的土地、牲畜和属民，上层喇嘛逐渐形成一个新的封建领主集团，拥有雄厚的经济实力。各寺院定期举行"庙会"，前来拜奉和捐物者甚多。清朝时期，蒙古地区的喇嘛教更进一步发展，仅今呼和浩特地区就有"七大召，八小召，七十二个绵绵召"的喇嘛教寺院，形成一个庞大的饮食团体。

近现代的部分蒙古族仍然信仰喇嘛教，采用祭敖包和到寺庙的形式。去庙里许愿、还愿、祈福，特别在各庙举行庙会时，远近的蒙古族和其他民族都来参加，布施寺庙。以前用羊、食品布施，现代多以钱钞。如锡林郭勒盟蒙古族的玛拉盖庙会，从每年农历五月最后一天开始至六月二十日结束。在民国时期，六月十三日是太仆寺旗左翼牧场五个牧群的祭祀仪式，届时不论官员、喇嘛和俗人，男女老少都穿节日盛装，带上供奉和要出售的物品、牲畜等，从各地聚集庙前，除给庙内奉献外，剩余牲畜、皮毛、奶食品在庙会上出售或兑换日用品。六月十四日是跳鬼日，各庙喇嘛聚集于玛拉盖庙，戴各种鬼怪面具，身着专用服装，随着低沉音乐手舞足蹈，以示辟邪驱鬼，祈盼幸福吉祥。庙会期间，各地商人、牧民都前来赶会。庙会最后一天是抬麦达尔出巡日，喇嘛抬着事先做好的大型佛像，绕庙一周，以示颂佛。现代的农、牧区仍保留有各种庙会，除宗教仪式外，基本上成为人们物质交流的盛会。

在每年的农历正月十五、十月二十五等日子，蒙古地区的喇嘛教寺院都要过"迈达哩"（弥勒佛）节、千盏灯节。在千盏灯节上，各寺院集会诵经，夜间繁星出现后，点燃千盏佛灯，乐善之人参拜。蒙古族家家户户同时在佛前点灯，用新鲜黄油供佛，做"阿木斯"（加入黄油、大枣的米粥）饭，邻里互赠。巴林草原在此节里还做一种"豪喇森巴达"的食品，将炒米碾碎，用黄油炒后，加上红糖，放入做奶豆腐的模子内压成硬块，切成四方形或三角形互赠。这一节日传说是黄教创始人宗喀巴的诞辰和圆寂日，以此饮食活动来纪念。乌拉特蒙古族每月初一、十五日，请喇嘛念经；农历正月十五，三月初三，五月初三，杀牛祭佛；七月十五，九月初九，十月初三，宰羊祭佛。

三　饮食与其他宗教礼仪

北方游牧民族除信仰原始宗教、佛教之外，还信仰摩尼教、道教、景教、伊斯兰教等，在宗教仪式中蕴含了饮食行为，具有饮食象征意义，通过祭品和饮食活动祈求带来福运。

在回鹘汗国中期，回鹘人开始信奉摩尼教。根据汉文《九姓回鹘可汗碑》的碑文记载，牟羽可汗在唐玄宗时，助唐平叛"安史之乱"而最初接触摩尼教，并率先信奉，回鹘都督刺史、内外宰相，上行下效，逐渐在回鹘汗庭广为传播。《新唐书》卷二一七《回鹘传》上曰："始以摩尼至，其法日晏食，饮水茹荤，屏湩酪，可汗常与同国者也。"摩尼师行法之日，饮水食肉，但不食奶食。摩尼师在回鹘享有很大的特权，可以参与国政，还能得到唐朝政府的赏赐，待遇如同回鹘使者一样。

突厥人信奉祆教、景教，契丹人还信道教，元代汪古部信景教、回教、道教等，用饮食布施。如契丹齐国王耶律隆裕自小就信奉道教，做官以后，修建道观，用素食献给道院。《契丹国志》卷一四《齐国王隆裕》载："齐国王隆裕，……自少时慕道，见道士则喜。后为东京留守，崇建宫观，备极辉丽，东西两廊，中建正殿，接连数百间。又别置道院，延接道流，诵经宣醮，用素馔荐献，中京往往化之。"

在内蒙古自治区阿拉善左旗有一部分信仰伊斯兰教的蒙古族，他们的语言、文字、生产、生活方式基本上同于蒙古族，在信仰上却与回族相同，以至于对其生育、婚姻、丧葬、节日、饮食等习俗有很大的影响。在饮食上也与其他蒙古族一样喜食奶食品和牛羊肉食，但杀牲必须由阿訇主刀，同时与信仰伊斯兰教的民族一样有对某些食物禁忌的习俗。

不管是原始宗教，还是佛教、道教、景教、摩尼教、伊斯兰教，在其礼仪中，饮食文化所起的作用为饮食祭品、饮食器的供奉、饮食行为和饮食象征意义。每一类宗教在举行仪式时，必定有饮食作为祭品，献给神灵。饮食行为是指宗教祭祀活动中的外在形式，与饮食祭品一起在沟通人与神联系过程中扮演着媒介角色，并为饮食象征传递信息，使人们现实生活中的各种请求、愿望、情感等得到满足。

四 饮食禁忌

禁忌包括很多内容，有饮食禁忌、居住禁忌、交通禁忌、宗教禁忌、生产禁忌等，饮食禁忌反映在生育、婚姻、平安等观念中，有的是经验生活的总结。

东胡、匈奴、乌桓、鲜卑、柔然、突厥、回纥、契丹、党项民族的饮食禁忌，史籍中记载甚少。从现有的资料看，蒙古族有饮食禁忌或与饮食相关的禁忌。

明代蒙古族在天阴雷鸣时，震死牲畜，认为"大不祥"，须以酒食祝祷天地，立两根柞木杆作为门，然后驱赶牲畜，从门中通过者为吉，可留下；从门外过者为凶，则不留，让众人抢走。遇事，烧羊琵琶骨以断吉凶。每月的初八、十五、十八、二十五、三十概不得宰杀牲畜。若有违犯者，见者可夺取其宰杀之畜归为己有，并告官作证。不得杀健康之马、蛇、蛙、海番鸭、野山羊羔、百灵鸟及狗，若有杀死者，见者可夺取其一马。

清代蒙古族认为江河、湖泊、雨水为龙王爷所有，忌讳在河水里洗澡和迈过井口，也不能将井水往回倒。孕妇禁吃骆驼和兔子肉，怕生兔唇的孩子；禁吃花鸟和带斑点的鸟蛋，怕生麻子；禁吃葱蒜和辣子，怕对孩子的眼睛有害。在吊丧期间，禁止宰杀牲畜、打猎和买卖，不许参加祭祀、宴会、喜事及娱乐活动。主人待客割手扒肉，禁止刀刃对着客人，以示不敬。禁食河中之鱼，认为鱼是水中的精灵。忌讳在火的近旁用刀切割肉食，也不许用刀子直接从锅中把肉扎插出来，认为这样做是对火不敬；更不允许向火中投放不洁之物或散发臭味的东西，甚至连那些很容易使火势减弱的东西也不准投入，如毛、皮、骨、葱、蒜等，这与蒙古族的敬火之俗有关。

在近现代蒙古族的生活习俗中，继承了传统的饮食或与饮食相关的禁忌风俗，并且各地都有一定的差异。呼伦贝尔地区的蒙古族，在蒙古包内主人献茶时，客人应欠身双手或用右手去接，不能用左手接。在蒙古包门外挂条毡子或在门右侧绑一把草作为标志，以示家中有妇女坐月子，或家中有病人，表示主人不能待客，外人不能随便进入。在家中招待客人，不能大声吵嚷，不可当着客人的面数落妻子（丈夫）或教训子女或摔打动物，否则被看作是对客人不友好、不礼貌。家中的锅灶不能用脚踩碰，不能在火盆上烤脚。使用蒙古刀有十一不准和十一禁忌，十一不准为不能用蒙古刀指天、地、山、水、人、畜、日、月、星、火、佛；十一禁忌为忌孩子玩刀，忌传递时扔刀，忌刀尖对人，忌刀尖向上递刀，忌刀尖插地，忌插树，忌插烤肉，忌插肉吃，忌插肉递人，忌插肉供佛，忌从刀面上迈过。兴安盟地区的蒙古族在生活中，不能从火上迈过，对落地火苗不能用脚踩灭。不能在火上洒倒奶汁、水等液体。不能在火上挥动红布，不能把葱蒜皮放入火里。火盆顶上不能放东西，并保留火种永远不能熄灭。作客时，不准在火盆上烤脚烤鞋袜或往火盆里吐唾液。吃饭时，不准在长辈落座前就坐，不准坐在正中的位置。通辽地区的蒙古族，给人盛饭时忌舀三次或左手递碗。忌奶食与葱、蒜、咸菜同食。

吃饭时忌碗里剩饭菜，未吃完前忌扔下饭碗出去。盛饭时不能压饭，不能盛太满。孕妇忌吃驴骡肉、飞禽肉和蛋，忌吃兔肉，禁止喝酒吸烟，忌用碟、盘、瓢、勺舀水喝。赤峰地区的蒙古族，忌吃马、驴、狗肉，忌打凶悍之鸟和杀驼、食鱼。不得杀死健康的马、驼、野山羊羔、百灵鸟、鸿雁、海番鸭。每月初八、十五、十八、二十五、三十日不得宰杀牲畜，否则见者都可取其宰杀之畜。产妇月子中忌食生盐，孩子过满月时吃长寿面忌放肉，亲友做客可给孩子压岁钱、衣物，但忌给帽子。

在内蒙古中西部地区，各地蒙古族的饮食禁忌也有所不同。锡林郭勒地区的蒙古族，主人躬身端上奶茶，客人应欠身双手去接。敬酒时，敬与被敬双方都要把帽子戴正，把衣扣扣好，把衣袖拉直。晚辈在长辈面前不能喝酒。不能往地上撒奶子或饭食。乌兰察布地区的蒙古族，禁食羊尾骨，尤其子女未婚嫁前绝对不准啮食。禁食狗肉。鄂尔多斯地区的蒙古族，禁用筷子敲碗，视之为饿死鬼行为。吃肉时忌噎气，否则饿死鬼附体。忌白开水里放盐，否则过穷日子。忌给客人用破碗倒茶，倒空茶或无盐茶，否则是辱慢客人的行为。吃羊背子、手扒肉时不用筷子，用刀子，骨头不能随地乱扔。煮羊背子时不能用葱、蒜、辣椒等调料，忌用刀子从锅里捞肉。吃羊肝时要切成块吃，否则夫妻不和，家庭破裂。夫妻吃后腿肉时，必须分吃胯骨肉，否则预示着离婚。忌用左手敬酒，用单手敬茶盛饭。吃热饭喝热茶时忌吹气，吃饭喝茶时忌长吁短叹。巴彦淖尔地区的蒙古族，为客人看茶时必须双手端递，禁单手递碗，更忌用左手递碗。阿拉善地区的蒙古族，给客人敬酒行礼时，忌不戴帽、不穿外衣。客人忌一手接碗，也忌主人一手递饭、递茶。留人吃饭在客人未离开之前，不能收拾餐桌，茶壶必须盖好盖子。客人临别时要向主人打招呼，并邀请主人到自己家做客，忌不声不响离去。到牧人家做客，出入蒙古包时，忌踩蹬门槛。烧火做饭时，锅不能斜放，锅里不能放刀、叉之类东西。羊胛骨肉和脊椎肉不能一人吃，要分给在座每一个人。请人吃饭，不能把羊脖子端上。摆好羊背子绝对不能从上跨越。忌从火、锅盖、盆上跨过。吃肉时刀不能对着客人放，也不能把刀子反放。忌吃自死的牛、羊、马、驴、狗肉。忌农历正月、四月宰杀牲畜。举行婚礼时，被请来的喇嘛不能坐席吃宴。有节约用水和注意保持河水、泉水清洁的习俗，视水为生命之源。

---

① 宋蜀华：《论中国的饮食文化与生态环境》，《中央民族大学学报》（人文社会科学版）2001 年第 1 期。

② 项春松、李义：《宁城县小黑石沟石椁墓调查清理报告》，《文物》1995 年第 5 期。

③ ［汉］司马迁撰：《史记》卷一一〇《匈奴列传》，中华书局标点本，1959 年。

④ 林耀华主编：《民族学通论》（修订本），第 301 页，中央民族大学出版社，1997 年。

⑤ ［汉］司马迁撰：《史记》卷一一〇《匈奴列传》，中华书局，1959 年标点本。

⑥ 同⑤。

⑦ ［宋］范晔撰：《后汉书》卷九〇《乌桓鲜卑列传》，中华书局，1965 年标点本。

⑧ ［宋］范晔撰：《后汉书》卷九〇《乌桓鲜卑列传》，中华书局，1965 年标点本。

⑨ ［唐］李延寿撰：《北史》卷九九《突厥传》，中华书局，1974 年标点本。

⑩ ［宋］欧阳修、宋祁撰：《新唐书》卷二一七《回鹘传》上，中华书局，1975 年标点本。

⑪ 同⑩。

⑫ ［元］李志常：《长春真人西游记》上卷，王国维笺证本。

⑬ 萨囊彻辰著、道润梯步译校：《蒙古源流》，第 108 页，内蒙古人民出版社，1980 年。

⑭ 项春松、李义：《宁城小黑石沟石椁墓调查清理报告》，《文物》1995 年第 5 期。

⑮ 吉林大学边疆考古研究中心等：《2002 年内蒙古林西县井沟子遗址西区墓葬发

掘纪要》，《考古与文物》2004 年第 1 期。

⑯ 田广金：《桃红巴拉的匈奴墓》，《考古学报》1976 年第 1 期。

⑰ 曾庸：《辽宁西丰西岔沟古墓群为乌桓文化遗迹论》，《考古》1961 年第 6 期。

⑱ 内蒙古文物工作队：《内蒙古陈巴尔虎旗完工古墓清理简报》，《考古》1965 年第 6 期。

⑲ 内蒙古文物工作队：《内蒙古扎赉诺尔古墓群发掘简报》，《考古》1961 年第 12 期。

⑳ ［北齐］魏收撰：《魏书》卷一〇三《高车传》，中华书局，1974 年标点本。

㉑ 新疆维吾尔自治区博物馆等：《温宿县包孜东墓葬群的调查和发掘》，《新疆文物》1986 年第 2 期。

㉒ 齐晓光：《巴林右旗塔布敖包石砌墓及相关问题》，《内蒙古文物考古文集》第一辑，第 454～461 页，中国大百科全书出版社，1994 年。

㉓ 白劲松：《陈巴尔虎旗西乌珠尔古墓清理简报》，《辽海文物学刊》1989 年第 2 期。

㉔ 前热河省博物馆筹备组：《赤峰县大营子辽墓发掘报告》，《考古学报》1956 年第 3 期。

㉕ 辽宁省博物馆：《法库叶茂台辽墓纪略》，《文物》1975 年第 12 期。

㉖ 内蒙古文物工作队：《昭乌达盟宁城县小刘仗子辽墓发掘简报》，《文物》1961 年第 9 期。

㉗ 河北省文物研究所等：《河北宣化张文藻壁画墓发掘简报》，《文物》1996 年第 9 期。

㉘ 内蒙古自治区文物工作队：《敖汉旗范仗子辽墓》，《内蒙古文物考古》1984 年第 3 期。

㉙ ［宋］叶隆礼撰：《契丹国志》卷九《道宗天福皇帝》，上海古籍出版社，1985 年。

㉚ ［明］叶子奇：《草木子》卷三下，中华书局，1983 年。

㉛ ［明］宋濂等撰：《元史》卷七七《祭祀志》六，中华书局，1976 年标点本。

㉜ ［汉］司马迁撰：《史记》卷一一〇《匈奴列传》，中华书局，1959 年标点本。

㉝ ［元］虞集：《孙都恩氏世勋之碑》，载《道园学古录》卷一六，商务印书馆，1937 年。

㉞ 夏建中：《文化人类学理论学派》，第 151 页，中国人民大学出版社，1997 年。

㉟ ［唐］李延寿撰：《北史》卷九九《突厥传》，中华书局，1974 年标点本。

㊱ 朱风、贾敬颜译：《汉译蒙古黄金史纲》，第 62～63 页，内蒙古人民出版社，

1985 年。

㊲ ［元］脱脱等撰：《辽史》卷三《太宗纪》上，中华书局，1974 年标点本。

㊳ ［元］脱脱等撰：《辽史》卷六《穆宗纪》上，中华书局，1974 年标点本。

㊴ ［元］脱脱等撰：《辽史》卷七《穆宗纪》下，中华书局，1974 年标点本。

㊵ ［元］脱脱等撰：《辽史》卷四《太宗纪》下，中华书局，1974 年标点本。

㊶ 同㊵。

㊷ ［元］脱脱等撰：《辽史》卷六《穆宗纪》上，中华书局，1974 年标点本。

㊸ ［元］脱脱等撰：《辽史》卷十《圣宗纪》一，中华书局，1974 年标点本。

㊹ ［元］脱脱等撰：《辽史》卷十一《圣宗纪》二，中华书局，1974 年标点本。

㊺ ［元］脱脱等撰：《辽史》卷七《穆宗纪》下，中华书局，1974 年标点本。

㊻ ［汉］司马迁撰：《史记》卷一一〇《匈奴列传》，中华书局，1959 年标点本。

㊼ 《费尔巴哈哲学著作选读》下卷，第 460 页，三联书店，1976 年。

㊽ 《马克思恩格斯选集》第四卷，第 250 页，人民出版社，1972 年。

㊾ 内蒙古自治区文物考古研究所：《内蒙古克什克腾旗龙头山遗址第一、二次发掘简报》，《考古》1991 年第 8 期。

㊿ ［汉］司马迁撰：《史记》卷一二三《大宛列传》，中华书局，1959 年标点本。

(51) ［汉］司马迁撰：《史记》卷五四《苏武传》，中华书局，1959 年标点本。

(52) 冯承钧译本：《多桑蒙古史》，中华书局，1962 年。

(53) ［元］脱脱等撰：《辽史》卷一《太祖纪》上，中华书局，1974 年标点本。

(54) ［元］脱脱等撰：《辽史》卷六《穆宗纪》上，中华书局，1974 年标点本。

(55) ［元］脱脱等撰：《辽史》卷九《景宗纪》下，中华书局，1974 年标点本。

(56) ［元］脱脱等撰：《辽史》卷十《圣宗纪》一，中华书局，1974 年标点本。

(57) 内蒙古自治区文物工作队等：《内蒙古巴林右旗罕山辽代祭祀遗址发掘报告》，《考古》1988 年第 11 期。

(58) 内蒙古自治区文物考古研究所等：《正蓝旗羊群庙元祭祀遗址及墓葬》，《内蒙古文物考古文集》第一辑，第 610 ~ 621 页，中国大百科全书出版社，1994 年。

(59) ［明］宋濂等撰：《元史》卷七二《祭祀志》一，中华书局，1976 年标点本。

(60) 白翠英、邢源等：《科尔沁博艺术初探》，内蒙古自治区哲里木盟文化处编印，1986 年。

(61) 黎瑶渤：《辽宁北票县西官营子北燕冯素弗墓》，《文物》1973 年第 3 期。

(62) ［北齐］魏收撰：《魏书》卷一〇三《蠕蠕传》，中华书局，1974 年标点本。

(63) 德新、张汉君、韩仁信：《内蒙古巴林右旗庆州白塔发现辽代佛教文物》，《文物》1994 年第 12 期。

㉔ 朝阳北塔考古勘察队：《辽宁朝阳北塔天宫地宫清理简报》，《文物》1992 年第
　　7 期。

㉕ ［明］宋濂等撰：《元史》卷二〇二《释老传》，中华书局，1976 年标点本。

第八章　北方游牧民族饮食文化与艺术

　　饮食文化与艺术的结合，是物质文化和精神文化相互渗透的结果，是以饮食为物质载体，在精神文化领域中的一种艺术升华。北方游牧民族的饮食，讲究"色、香、味、形、器"五个方面，其中色、形、器本身就是艺术的创造与表现形式。饮食文化与艺术的联系主要反映在饮食器的造型和装饰艺术、烹饪艺术、食品造型、宴饮艺术、绘画艺术、文学作品、音乐舞蹈等方面。

第一节　饮食与艺术创作

　　饮食是物质文化，饮食这一物质载体可以作为艺术创作的道具。饮食器是饮食文化的重要物质组成部分，从古至今人们都讲究饮食器皿的外观美，器皿的造型和装饰正表现了这种审美艺术和情趣。在烹饪和宴饮过程中，艺术使饮食制作与饮食行为得到升华，达到物质文化和精神文化的珠联璧合。

一　饮食器的造型艺术

　　北方游牧民族的饮食器有自己传统的造型艺术，在接受周邻民族、中原地区、西方国家的文化以后又有创新的特征，尤其是中原地区文化的影响非常浓厚，造成诸民族各具特色的艺术风格。饮食器的造型艺术，讲究器物的整体美、对称美、对比美、仿生美。在装饰艺术中，注重线条流畅、色彩和谐、构图整齐，有的器物纹样装饰繁缛，但主次分明，繁而不乱。

商代早期，以牧业经济为主的北方游牧民族或部族就出现了有特色的饮食器。青铜刀，呈弧背凹刃，便于切割肉食，具有实用功能，并作为游牧民族的典型进食器。其他的饮食器主要为陶器，斝、鬲、瓮的造型对中原地区的同类器物有着直接的影响，以平底器和三足器为主，圈足器的数量增多，器物形制规整，胎薄而均匀，整体造型艺术比较规范。这种三足、圈足器所占放置面的空间较大，容易造成较强的视觉刺激效果，在形制上各部位的收扩、大小比例适当，具有较强的节奏感。陶器表面多饰纹样，绳纹数量增多，还有篮纹、方格纹、弦纹、蛇状附加堆纹和云雷纹，方格纹与弦纹常在同一器物上装饰，各种纹饰都以现实生活中的实物和几何图形为母体，取得装饰性的艺术效果。

在夏家店下层文化晚期遗址[①]中（商代早期），出土大型青铜甗、鼎，为三足器，采用了分范合铸的技术，器耳于器身铸成后在其上安模、翻范、浇铸成型，形成器体的对称美。器表装饰有"宁"、"宁"形符号纹，"宁"字在甲骨文中读为"贮"字，金文释为"宁"字，"贮"有深藏义，"宁"有安定义，意为安全埋葬；"宁"为图画字，表示庙堂之意。两个符号合起来就是把甗、鼎炊具作为祭器，埋藏在庙室之中。这一装饰不仅具有图画艺术，还有深刻的文化寓意。

山戎所创造的夏家店上层文化遗址中，饮食器分为陶器、铜器。陶器的器形有鬲、甗、鼎、瓮、碗、钵、豆等，以三足器和平底器为主，圈足器的数量有所增加。陶器盛行外叠唇，见于各类器物，起加固器口的作用，有凝重之感。在器物口部至上腹部，普遍流行装饰耳，既实用，又增加了外表的立体感。有一种陶钵，从口到底都呈方形，打破了一直盛行圆形陶器的造型模式。筒形陶罐，平底向外平伸突出器身，为仿制桦树皮器的造型，整体轻盈。部分器物有纹饰，多饰窝状附加堆纹。还有一种纹饰为压印的篦点纹组合图案，以单条或数条平行线作轮廓，中间填曲折、竖线、交叉或动物纹。动物纹为篦点相连的马或鹿图案，作奔跑状，写实性较强。内蒙古自治区喀喇沁旗大山前遗址②出土的彩陶罐，在上腹部用褐红彩绘动物和人物纹，呈同一图案的连续重复布局，具有很强的色彩艺术。

青铜饮食器的类型有罍、盂、尊、鬲、簋、盘、豆、罐、勺、刀等，盛食器、炊煮器、饮用器多为三足器和圈足器，出现四足器和带座器，銴、耳、把盛行，器物造型比较复杂，但形制规整，融整体美、对称美、对比美为一体。罐、豆出现联腹现象，有的在盖顶装饰马形钮，兼有实用和美观的功能（图75）。勺的柄部造型为男性生殖器，有原始生殖崇拜之意。刀为弧背凹刃，柄首有铃形和兽形环状，柄部装饰兽纹、云雷纹、短线纹，

图75　马钮青铜双联罐　西周晚期至春秋中期

排列有序。炊煮、盛食、饮用器上多装饰纹样，有饕餮纹、窃曲纹、鳞纹、鸟纹、夔纹、弦纹、人物纹等，在器表分单元装饰，多出现一周相同的纹饰。器物的鋬、耳、把铸成兽形，具有雕塑的立体美感。

东胡的饮食器主要为陶器，质地多为夹砂陶，少数是泥质陶。陶器以红褐色居多，灰褐色较少，烧制的火候不高，表面色泽不均。器类简单，有罐、鬲、钵，其中，罐的数量、类型最多。罐、钵均系泥圈套接法成形，器形不规整，均素面，器表多有打磨的痕迹。陶鬲的空足部分系模制，空足以上为泥圈套接而成，上腹与口部有戳印的珍珠纹和压印的箆点纹、短线纹等。作为进食器的青铜刀，弧背弧刃，刀首上翘，刀身较窄，柄部下端有齿，刀身中后部一侧起棱，有锻打痕迹。骨匕呈窄长条形，柄端有穿孔，另一端呈扁平铲状。

匈奴的饮食器在陶器、铜器的基础上增加了银器。银器的色泽感比较强烈，更加突出了当时人们对审美意识的认识。战国时期，匈奴的陶质饮食器制作粗糙，类型简单，素面无纹。西汉时期，陶器制作较为精细，以小口、细颈、瘦腹为特征，罐的表面用磨光发亮的黑色暗纹装饰，有的在肩部饰附加堆纹或刻划波浪纹。铜器类型有鼎、镂、壶、勺、刀等。鼎、镂附有对称的环形或长方形耳，个别镂的圈足镂孔。壶分圆腹和扁腹两种，扁腹壶附两个或四个环形耳，穿系提绳携带方便（图76），这是北方游牧民族器物的一个显著特征。在内蒙古自治区凉城县出土的一件青铜壶③上，从颈部到下腹分别装饰有变体动物纹、勾云纹、舞蹈纹，舞蹈纹共五人，身着短裙，头上结辫，双手下摆，双腿交叉作跳舞状，舞姿优美，是匈奴人反映社会生活的艺术杰作（图77）。

铜勺多呈椭圆形，个别的有圆形，直柄，有的柄呈竹节形或曲波形，便于执握，造型显得有些笨拙，没有曲柄勺那样流畅

（图78）。作为进食器的青铜刀，造型已趋于固定，以环首为主，装饰图案比较繁缛，有三角折线纹、点状纹、绞索纹、连续涡纹和动物纹。动物纹以草原地区常见的牛、马、鹿等家畜和野生动物为题材，说明匈奴人是通过观察现实生活而创作了饮食器上的纹饰。

图76　青铜扁壶　汉　　　　图77　舞蹈纹青铜壶　战国晚期

　　东汉时期，鲜卑的饮食器以陶器为主，器形有罐、壶、尊、碗、钵，多为平底器，还有少量的圈足器，常见耳、系、乳突装饰。陶器表面多素面，纹饰仅见于器物的颈部和腹部。颈部饰指甲纹，个别器物腹部装饰由附加堆纹组成的几何形图案，总体装饰比较简单。内蒙古自治区满洲里市扎赉诺尔墓葬④出土的一件陶鬲，腹部饰狩猎纹，反映出鲜卑早期的经济类型和生活场景。另外，鲜卑人还以桦树皮制作饮食器，器形有罐、壶、筒，素面。虽然造型简单，但可以就地取材，制成轻便实用的器皿，是

图78 青铜勺 汉

古老的桦皮文化造型艺术的重要组成部分。

两晋时期，鲜卑慕容部的饮食器仍以陶器为主，器形有壶、罐、尊，其中，连通壶的造型美观。陶壶外表多饰纹样，颈部饰竖线纹，腹部饰网状纹、弦纹、米字形网格纹，颈、上腹、下腹往往用弦纹隔开，分成单元装饰，层次分明，既简洁，又美观。陶罐多素面，有的器表经打磨，少量罐的颈部饰弦纹。陶尊的腹部饰网状抹压暗纹及划弦纹，分上、下两个单元装饰，排列整齐。

北魏时期，随着鲜卑拓跋部南下中原，饮食器多受中原文化的影响。陶质饮食器有罐、壶，多素面。还把与饮食相关的家畜、家禽和其他什物制作成模型，如马、驼、羊（图79）、猪、鸡、狗、仓、井、磨、碓、灶等，使造型艺术进一步扩大。出现了金、银贵重的饮食器皿，有银碗、银耳杯，素面无纹。

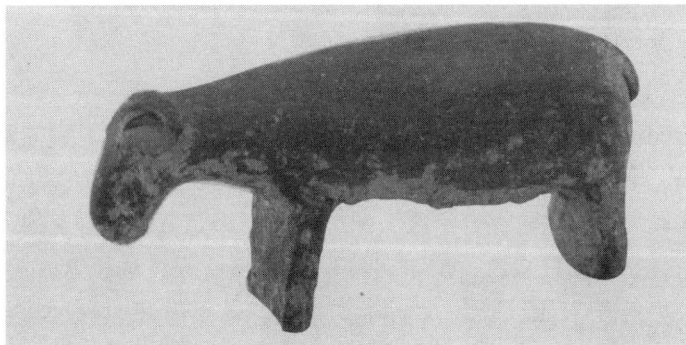

图79 陶羊 北魏

突厥的饮食器有陶器、金器、银器。陶器器形简单，器表多抹光，无纹饰，装饰艺术不发达。器物多附流、鋬、耳，增加了立体造型的美感。还有仿生造型，如鸭形壶，流口为鸭嘴，背部刻划羽毛，短尾，整体造型栩栩如生，既为实用器，又是一件工艺品。鹰首彩绘陶壶也是如此（图80）。突厥还使用金、银器，从有限的出土实物看，多受中亚、西亚的影响。器形有罐、壶、盘、杯，多用动物、植物装饰，纹饰类别有虎、猞猁、宝相花等，在布局上显得整齐、对称。

契丹立国前的饮食器以陶器为主，有的器表施黑色陶衣，器形有壶、罐、碗，类型比较简单。器表纹饰粗朴简化，有梳齿纹、钱形纹、弦纹、波折纹、篦点纹、锥刺纹、附加堆纹等。有的器物同时施几种纹饰，如陶壶，肩部施压印的梳齿纹间以扁圆点纹，腹部施钱形纹间梳齿纹，下腹施几周梳齿纹，装饰艺术简单明了。

辽代契丹族饮食器的造型和装饰艺术达到了一个鼎盛时期，有金银器、陶器、瓷器、铜器、铁器、木器等，其中以金银器和瓷器的造型艺术最为典型，其他质地的饮食器的造型和纹饰则较为简单。金银饮食器从风格和特

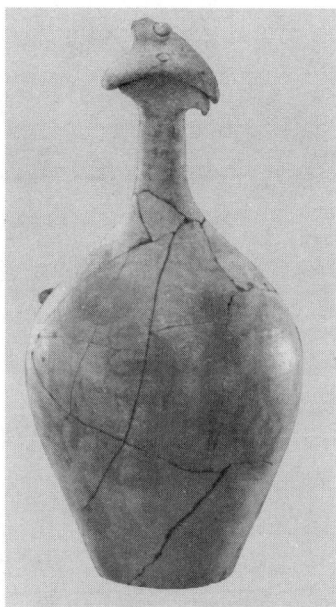

图80　鹰首彩绘陶壶　唐

征上分为三期。第一期为太祖至圣宗时期（公元907～1030年）；第二期为兴宗时期（公元1031～1055年）；第三期为道宗至天祚帝时期（公元1055～1125年）。第一期的器形和纹饰比较复杂，

分早、晚两个阶段，早一阶段为太祖至穆宗时期（公元907～968年）；晚一阶段为景宗、圣宗两朝（公元960～1030年）⑤。

辽代金银饮食器第一阶段的器形有碗、盘、杯、壶、盒、罐等，器口变化大，形式有花瓣、圆形、多角、曲角、椭圆、盘状，以花瓣口为主，五瓣口器最多（图81）。圆口器见于杯、壶，部分杯口呈圆形，腹部为五瓣形。杯、碗、盘腹部较单薄，弧度小。高足杯的足矮小。圈足器发达，平底器较少。

图81　双凤纹鎏金银盘　辽

纹饰题材有动物、植物、人物故事。动物纹有龙、凤、摩羯、狮、鹿、羊、鸳鸯、鸿雁、鸟、鱼等，植物纹有牡丹、莲花、莲瓣、卷草、宝相花、折枝花、盘带花，人物故事有孝子图、高士图、对弈图。动物纹以龙、凤、摩羯、鸳鸯（图82）常见，植物纹以莲瓣、牡丹、卷草居多，常以缠枝的形式出现，团花分区装饰为主要特征。龙体形纤细，胸脯细小；凤为尖喙，长颈，展翅，呈飞翔状；摩羯为长鼻利齿，鱼身鱼尾。纹饰布局采用环带夹单点式装饰和满地装。环带夹单点式装饰用于碗、盘、杯，在器口内沿上錾刻花纹。在杯、碗的口、底、腹饰联珠纹，饱满圆润，多为铸造而成，起点饰作用。图案讲求对称，繁缛但层次分明。

图 82　鸳鸯纹鎏金银碗　辽

    辽代金银饮食器晚一阶段的器形与早一阶段相同，器口有圆口、花瓣口、方口、盘口等。以圆口器为主，器种有碗、杯、罐、盒、钵、盏托。花瓣口器见于碗、杯，以六瓣和八瓣居多。方口器增多，有盒、盘。杯、碗的腹部更加丰满，弧度大。高足杯的足变得稍高。

    纹饰题材有动物纹、植物纹、人物故事和佛教造像。动物纹有龙、凤、鸳鸯、兔、鹤，以龙、凤为主，龙同早一阶段相比体形粗大，胸脯高挺；凤多为飞凤状，勾喙，戴羽冠，尾巴长曳，形象生动飘逸。植物纹以缠枝忍冬纹为主，还有牡丹、莲花、海棠。人物故事有仙人、伎乐天，后者为这一阶段新增纹样。佛教造像图案开始出现。鱼子纹作为器物的地纹特别流行，少见羽状纹。在器物上錾刻年号、被供奉者名字、贡臣结衔署名等，是这一阶段最明显的特征。纹饰布局采用环带夹单点式装饰和满地装。环带夹单点式装饰用于碗、杯。在碗、杯、盒的口沿、底沿上饰联珠纹，比早一阶段饱满，腹部不见点饰的联珠纹。满地装非常盛行，用于盒、函等器物，在布局上又分为适合纹样、连缀纹样、格律式纹样、单独纹样、平视纹样和装饰画式纹样。在杯的纹样装饰中，还有单点式和满地装相结合的纹样布局。

辽代金银饮食器第二期的器形有碗、碟、杯、盒、壶、罐、盘，器口有花瓣形、圆形、海棠形。花瓣口见于碟、盒、杯，圆口器有罐、壶，海棠口器有盘。以花瓣口为主，分五瓣、六瓣、十瓣。碟、碗的腹部变为斜直，圈足器减少，平底器增多。纹饰种类减少，简练明朗，没有分区装饰，在纹样构图上不讲究，缺少规化整齐的布局。单点装饰和满地装的布局仍然使用，素面器大量增加。单点装饰仅限于碟，图案简单明了。

辽代金银饮食器第三期的器形有执壶、温碗、杯、盘，器口有花瓣口、圆口、海棠口。器物造型富于变化，打破了前代民族金银饮食器那种呆板、僵硬的风格，更具艺术化。纹饰种类有莲花纹、牡丹纹、石榴纹、鸟羽状纹、双鱼纹等，以莲花纹为主，多见复瓣莲花。龙、凤、狮、摩羯等象征吉祥如意、驱魔祛邪的图案很少出现，素面器大量增加。在纹饰布局上以写实为基调的花叶形为主，打破了前两期的团花格局，显得生动、活泼、优美。多曲式的曲瓣花形，使得器物造型与纹饰和谐统一

图83　复瓣仰莲纹银杯　辽

（图83）。

　　在制作工艺上，第一期的纹饰工艺采用线雕、镂雕、立雕、錾刻技法，浮雕只限于局部花纹；制作采用铸、铆、焊、切、锤镍、抛光、模冲、鎏金等工艺。第二期继承了第一期的工艺。第三期的制作加工技术日臻成熟，切削、抛光、焊接、模冲、压印、锤镍、錾刻等工艺应用更加自如，不见鎏金工艺，浮雕凸花技术得到新发展，出现立体装饰技法。

　　辽代契丹族的瓷器，在传统制陶工艺基础上，吸收北方系统的瓷器技法而独创，在五代和北宋时期南北窑的产品中独树一帜。器形有鸡冠壶、凤首瓶（图84）、盘口瓶、鸡腿瓶、罐、盘、执壶（图85）、碗、碟、盏托、杯等，分黄釉、绿釉、白釉、酱釉、褐釉等，有的在器口描金或底部刻铭款。纹饰有联珠纹、弦

图84　白釉剔花绿彩凤首瓶　辽

纹、莲瓣纹、缠枝菊花纹、牡丹纹、龙纹、凤纹、双蝶纹、鱼纹、昆虫纹等，在器物外表、内底、内腹装饰纹样，造型艺术进一步发展。

　　在辽代瓷器和三彩器中，出现了仿生造型，如凤首瓶、三彩摩羯壶（图86）、三彩鸳鸯壶、三彩龟形壶，用表示吉祥、祛邪

图85　白釉莲瓣纹执壶、温碗　辽

的动物形象为造型，生动活泼，既为实用器，又是制作精美的艺术品。辽代三彩饮食器的种类有长盘、圆盘（图87）、方碟、执壶、果盒、扁壶等，施黄、白、绿三色，也有黄、白和绿、白二色。器内、器表印或刻划枝叶花朵，也有龙、凤等图案。色彩斑斓，纹饰精巧，具有很高的艺术价值。

西夏的饮食器有金

图86　三彩摩羯壶　辽

图87　三彩圆盘　辽

器、银器、铜器、铁器、瓷器、陶器等。瓷器的类型简单，多圆口、圈足，施釉不匀，褐釉剔花工艺为其主要特征。纹饰比较单一，常见牡丹、海棠，少见动物图案，往往在瓶的腹部装饰相同的纹饰。金器的纹饰以植物为主，类别有牡丹、莲瓣、芍药、西番莲、草叶（图88），纹饰布局受唐文化和宋文化的影响；动物

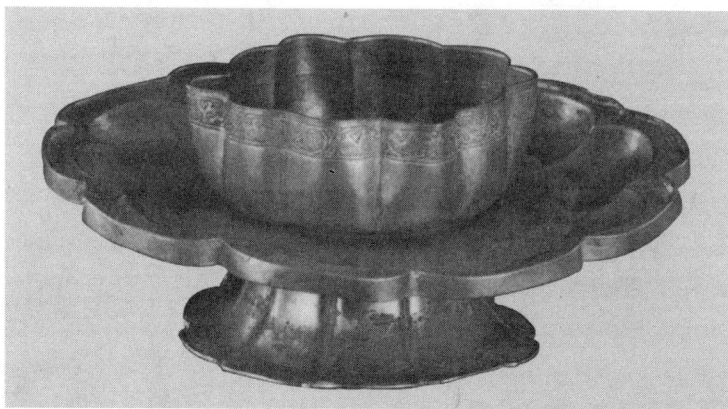

图88　莲花形金盏托　西夏

仅见凤，作相对状。银器多素面，部分装饰西夏文。铁器多以弦纹装饰，个别为八瓣莲纹，纹饰简单。

蒙古汗国时期，金属制作的饮食器的工艺就比较发达。铁木真的亲兵夺取了塔塔尔的产银地，对金银器的制作和使用都十分讲究。成吉思汗与王罕的战争，获得了金酒具、金碗具。窝阔台在位期间，命令制作金银象、狮、马等动物，还有华丽的器皿。汗宫的"帐口有长桌，上陈饰宝石之宝银大盏及马湩。宝座附近有一银制大树，四银狮承之，吐葡萄酒、马湩、蜜酒、米酒于四银盘中。树顶一银制天使矗立其上，手执喇叭，司酒人酌酒于外柜，酒通于树下时，喇叭即发声。"⑥这些金银器皿制作精湛，工艺先进，造型独特，代表了这一时期金银制作的高超技术。

图89　荷花纹高足金杯　元

元朝时期，金银器制作有了新发展。饮食器有高足金杯、鋬耳金杯、灵芝柄银杯、龙首柄银杯、银碗、银盘、银玉壶春瓶等。从造型上看，多为前代民族所常见，杯、碗、盘、壶以圈足、圜底、平底为主。器表多素面，盘、杯装饰纹样，有单点装饰和分区装饰两种。单点装饰在器物内底饰主体图案，内沿錾花瓣纹。分区装饰在器表錾刻花纹，腹部分四区饰主体纹饰，口沿、足沿錾辅助性的花草纹（图89）。有的杯口沿下錾连缀式的卷草纹，具有飘逸之感。制作工艺采用铸、锤鍱、焊接、錾刻等，应用十分娴熟⑦。

　　陶瓷饮食器的器形有罐、瓶、壶、碗、钵、杯，玉壶春瓶、梅瓶、四系壶各具特征，牛腿瓶、双系扁壶具有本民族的造型特点。纹饰种类有花草纹、树叶纹、牡丹纹、莲花纹、双鱼纹、飞鹤纹、文字纹等，釉分白、黑、茶、绿、影青、蓝等色，纹样装饰在器物外表、内底、内腹部，常见随意点饰的简单花草纹，双鱼的形象活灵活现，立体艺术非常强烈。

　　清代以来的蒙古族饮食器有银碗、蒙古刀、银盘、铜壶、包银木奶桶、铜火锅等，造型具有本民族的传统特征。银碗分木胎包银和德银两种，碗外表錾刻盘带纹，有的底部半浮雕龙纹（图90）。其他银器上还錾刻云纹、龙凤纹、卷草纹、八宝纹和各种

图90　龙纹银碗　清

几何形图案。铜器的装饰也很华丽，如凤嘴龙把铜壶，錾刻卷草、莲瓣、龙、几何纹，与铜器固有的光泽相映衬，形成了精巧的工艺效果。民间蒙医使用的各种精美铜药勺，錾刻犄纹、花草、盘肠、云纹等图案，具有较强的装饰美。蒙古刀，在木鞘上

包银饰、铜饰，錾刻花草和龙纹，有的镶嵌绿松石及珊瑚珠，造型美观，装饰精巧，融实用和艺术为一体。

二　烹饪艺术

烹饪艺术主要体现于制作食物、菜肴的过程中，包括对食物的选料、制作、成型一系列工序，具体反映在食物的形、色、味三个方面。林语堂先生曾说："整个中国的烹调艺术要依靠配合的艺术的。"鲁耕先生在《烹饪属于文化范畴》中写到："总括起来烹调这一门应属于文化范畴，我们这个国家历史文化传统悠久，烹调是劳动人民和专家们辛勤地总结了多方面经验积累起来的一门艺术。"

北方游牧民族在历史上就产生了烹饪艺术，对于饮食的要求，不仅在于食物的形、色、味俱佳，还在于讲究品尝时能给人多方面的刺激，从感官功能上将视觉、嗅觉、味觉用于分辨食物的属性。美国学者卡罗琳·考斯梅尔说："我们将发现食品在艺术中获得意味与它在实用中的意味有一些重合之处，但是，虽然连贯性是预料之中的，我们还是会发现艺术的夸张、选择和创造。艺术提供的不仅是对食品中的意味的说明，还有对味道、食品和吃喝的意味在其中显现的广阔的历史语境的看法。"[8]

食物的形态艺术，包括选料、选菜以及烹制好的成品形状。北方游牧民族由于独特的生活方式，劳动大众一般不讲究食品的形状，随意把生肉煮烤而食。但在中上层社会里，对食物的形状非常讲究。在山戎创造的夏家店上层文化遗址中，出土的青铜双联罐、四联罐内分格装有肉、鱼、韭菜、瓜果、野葱，菜中含有盐。可看出当时贵族的饮食经过精选制作，分置于罐内的每格中，已经开始注重食物的形态和调味。

北魏贾思勰的《齐民要术》记录了酵面制作技术。做烧饼已懂得在发酵面中加入鸡、鸭蛋和牛奶、牛油或羊脂奶，制成松脆可口的"鸡子饼"，或取其形状称之为"环饼"、"截饼"。这种胡饼的制作，就是面点的一种造型艺术。用奶油和面制出的饼，"入口即碎，肥如凌雪。"在记载的做干酪法、做漉酪法中，把半干不湿的酪捏成梨子大小的团，也是一种食品的造型。书中把我国古代的烹饪技术归结为"鲊"、"脯腊"、"羹"、"蒸"、"煎"、"炙"、"饼"等二十余种方法，每一种方法都要注意食物的形、色、味，尤以味重要，它表示人对饮食的偏爱。"烤"、"煎"、"炙"等方法要控制火候，过火和欠火会使食物烤焦或夹生。

契丹族的面食很讲究，在《辽史》中多次提到"酒肴"、"茶饆"、"馒头"，还提到正月初一日以糯米饭和白羊髓为饼，正月初七日做煎饼，重九节饮菊花酒，说明当时的契丹人在饮食上讲究时令性，在制作上讲求形、色、味的艺术。内蒙古自治区巴林左旗滴水壶辽墓壁画[9]中，有两位契丹少年抬着一个大漆盘，内装四种面食，馒头二盘，馍五盘，麻花一盘，花瓣形点心一盘。契丹的馒头就是肉包，馍为现代意义上的馒头，把肉馅包在面中，一是为形，一是为味。麻花、花瓣形点心属于精制面食，从形制上看，具有特殊的形态艺术，同时兼顾色与味的艺术。

《契丹国志》卷二一《南北朝馈献礼物》记载："承天节（宋代节日），又遣庖人持本国异味，前一日就禁中造食以进御云。"这里的异味是契丹人风味美食中的一种特制貔狸，李时珍在《本草纲目》卷五一中称之为"味极肥美，如豚子而脆。"在契丹皇帝送给宋朝皇帝的礼单中，有牛、羊、野猪、鱼、鹿腊，还有蜜渍山果、蜜晒山果，这都是经过盐渍或蜜渍加以熏制和晒干的风味食品，说明契丹和宋朝皇家贵族对味觉的审美情趣。

契丹人的饮食味觉还反映在主食、饮酒、饮茶等方面。奶粥是契丹人的主要食物之一，以奶加米煮制而成，为了味觉上的美感，常添加蔬菜和生油。契丹皇家贵族在春捺钵捕鹅钓鱼，获取天鹅和鱼，举办头鹅宴和头鱼宴，品尝鲜鹅、鲜鱼的美味，因为春季的鹅和鱼最为鲜美，这也是契丹人心理上对美味的一种偏爱的反映。在饮酒上讲究酒味的感觉，契丹人在端午节饮黄酒，在重九节饮菊花酒，追求酒仪中的美味。河北省宣化辽张文藻墓⑩内棺前置一绿釉鸡腿瓶，内盛散发香味的橘红色液体，应为一种特制的酒液。契丹人饮茶也很讲究味觉，从宋朝引进的茶有团茶、乳茶、岳麓茶等名贵品种，主要以茶饼的形式出现，在饮法上先以煎茶、后以点茶。辽代墓葬壁画有多幅"茶道图"，可以看出煮茶的工序非常讲究，来调制美味的茶饮。契丹人的点茶，还要加盐、奶等调味。宋人苏辙的《和子瞻煎茶》曰："君不见闽中茶品天下高，倾身事茶不知劳；又不见，北方茗饮无不有，盐酪椒姜夸满口。"可见，契丹人既保留了唐代煎茶放盐和其他调料的做法，又突出了本民族传统的奶乳，使这种煮茶法一直流传到现在，增加茶的美味。

元代蒙古族的食品有暗木宿（饭）、不朵（粥）、阿昌补答（米饭）、兀都麻（烧饼）、罗撒（汤面）、口涅（馒头）等⑪。肉食制作采用煮、煎、熬、炖、炙、烤等方法，注重食物的形、色、味。

元代蒙古族的祭祖仪式，也讲究食物的形、色。《元史》卷七四《祭祀志》三记载了祖宗祭享之礼，在大祭中，祭祀品为纯色马、赤色牛、白色羊、黑色豕，每室供马、牛、羊、豕、鹿肉七盘，还有獐、鹿、兔、脯肉及羹、稻、黍、稷、高粱等为饭作祭品，以示对祖先的祭奠。

野味中最著名的是"蒙古八珍"，包括醍醐、麆沆、野驼蹄、鹿唇、驼乳、麋、天鹅炙、元玉浆、紫玉浆。这是元代蒙古大汗的御膳，也是清代蒙古王公的"进宴"之物。每一珍都有各自独特的烹饪方法，来满足蒙古贵族的美味情趣。

清代蒙古族的奶食品、酒、茶都追求味的美感。"寻常度日，但持牛马乳。每清晨，男妇皆取乳，先熬茶熟，取其滓，倾乳而沸之，人各啜二碗。暮亦如此。"[12]记述了蒙古族奶茶的熬制和饮用。在《蒙古酒考》中，记载了"六蒸六酿者为上品"，[13]表述了蒙古族对酒味的美感。

近现代蒙古族饮食的烹饪艺术，在原有的基础上仍然注重食物的形、色、味，从颜色上分为白食和红食，白食指奶食品，红食指肉食品。白色的奶食，被蒙古族称为"圣洁之物"，是最崇尚的食品，有鲜奶、奶酪、奶豆腐、奶油、酸奶等。奶酪、奶豆腐的味有酸有甜，口感特好。奶豆腐除正方块状外，还有各种形状，用模具制作，有人面形、亚腰形、鱼形、虎形等，尤其是以象征年年有余和驱魔祛邪的动物为造型，图案艺术非常显明（图91）。奶酒的特点是澄澈醇香，沁人心脾，酒性柔软，口感酸甜。肉食品主要是绵羊肉、山羊肉、牛肉及野生动物肉，吃法很多，如烤全羊、手扒肉、涮羊肉等，各具风味。烤全羊不仅味美，而且颜色呈棕色，焦油脆口，富有形、色、味的艺术。

图91　奶豆腐木模

总之，北方游牧民族的饮食在形、色、味以及感官上的艺术形式和审美情趣，是饮食文化发展过程中的一种独立的艺术形式，从创作到传承、发展，有自身的规律，并把饮食文化的内涵上升到一个精深的境界。

三　宴饮艺术

宴饮艺术是饮食在艺术创作中的又一个方面，与烹饪艺术相辅相成。宴饮艺术包括宴席中的上菜、菜肴、主宾互敬、行酒令等内容。这种艺术可以反映一个民族的精神内涵，也可以反映不同饮食群体的文化差异。北方游牧民族历来好客，设宴摆酒敬待宾客，或者在喜庆欢乐时自摆宴席，都能体现出宴饮过程中的艺术。

匈奴每年的三次集会、鲜卑每年春季大会饶乐水、突厥男女会于葬所地等，都体现了借集会之机而举行交友、配偶等活动，主要是通过宴饮场面进行的，充分表现了宴饮的艺术魅力。

辽宁省朝阳市袁台子东晋墓⑭壁画的"奉食图"，反映了墓主人生前宴饮前侍者奉进食物的场景。画中共一列七人，左起第一人右手执环首刀，左手按于胸前；第二人双手合于胸前，似捧瓶；第三人双手合于胸前，作捧物状；第四人双手捧案，案上置耳杯三件；第五人双手捧樽于胸前；第六人左手提魁，右手拿勺；第七人双手捧盘。七位侍者准备给主人依次进奉食物，说明当时慕容鲜卑的贵族在宴饮时讲求上食的艺术。

在辽代墓葬壁画中，反映进食、宴饮的场面很多。内蒙古自治区敖汉旗羊山 1 号辽墓⑮壁画的"宴饮图"，墓主人端坐于方凳上，右手执箸，伸入左手中的碗内夹食。右后侧一侍者手捧一个大圆盘，内盛三个小盏，盛酒、茶类，躬身奉侍。左侧一侍者坐于案前，右手持刀准备切割肉食。左边侧置一深腹大鼎，内煮兽腿，一侍者双手持棍（叉）在鼎内搅动肉食。其后共有三位侍者，抬放一长方形木桌，桌上放两个黑色食盒，盛馒头、馍，里侧置大碗、小碗、箸、刀，侍奉主人进食。从画面看，契丹贵族的宴饮有多人侍奉，食肉吃饭、饮酒喝茶都很讲究，宴饮有序，具有艺术性。

　　根据《辽史·礼志》记载，契丹国家的典礼仪式和契丹人的婚丧嫁娶、过节娱乐都要宴饮。在国家的各种典礼场合中，行酒方式和行酒次数都有严格的程序，行酒次数有"酒一行"、"酒三行"、"酒五行"、"酒七行"、"酒九行"，均取单数，即阳数，象征吉利。在最高规格的典礼场合，行酒九次，依据参加者的身份、地位安排宴饮的座次，并讲究进食的顺序。如曲宴宋使仪，契丹皇帝升殿后，宋使及随行者从大殿的东洞门进入，面向西鞠躬。契丹的文武大臣都七拜皇帝，答谢宴请。致词，舞蹈，再五拜。由舍人（皇帝近侍）带引契丹大臣、宋使、副使等从西阶上殿，按等级就位，没资格就位的契丹臣僚从西洞门出殿，宋使随从人员入殿，谢赐宴，站立于殿的两廊中。有二人监酒，教坊奏乐。皇帝行酒，大臣及宋使也行酒，监酒者告诉在旁殿就宴者饮尽酒。中间要稍作休息，然后皇帝再升殿，进行一些敬拜礼仪。再依序行茶、行酒、行膳、行果，当酒九行时，以音乐助兴，使宴会达到高潮。之后，两廊从人、契丹臣僚和宋使各谢宴，契丹臣僚马上退殿，宋使、副使等观完舞蹈后，五拜，退出。整个宴会结束。可见，契丹国宴中的参加者位次、行酒次数、饮食顺序都有严格的规定，充满了宴饮的艺术氛围。

　　契丹人以酒行乐，讲究行酒的艺术。在上巳节（三月初三日），契丹人进行射兔的娱乐活动，先中者为胜，负者要下马向胜者跪着敬酒，胜者在马上接杯饮尽，这是一种赌赛酒令的做法。辽代中晚期，国家安泰，文事日盛，辽宋之间互派使者的现象增多，在国宴上用文字酒令和吟诗酬唱以助酒兴。《梅硐诗话》记载："富郑公（富弼）使于辽，辽伴使云：'蚤登鸡子之峰，危如累卵。'答云：'夜宿丈人之馆，安若泰山。'又云：'酒如线，因针乃见。'答云：'饼如月，遇食则缺。'伴使服其机警。"《契丹国志》卷七《圣宗天辅皇帝》载："承平日久，群方无事，纵酒作乐，无有虚日。与番汉臣下饮会，皆连昼夕，复尽去巾帻，促席造膝而坐。或自歌舞，或命后妃已下弹琵琶送酒。又喜吟诗，出题诏宰相已下赋诗，诗成进御，一一读之，优着赐金带。又御制曲百余首。"类似这样的记载很多，可看出契丹人宴饮的艺术气氛。内蒙古自治区赤峰学院北方民族研究所藏有一件辽代棱状骨朵形瓷器，中间有孔，上书"老牛饮水"等文字，应为行酒令的用具。

蒙古族在宴饮中表现出多重的艺术形式。内蒙古自治区赤峰市三眼井元代墓葬⑯壁画的"宴饮图"，男主人居左，女主人居右。女主人身后有两个侍女，一个手持扇，一个手托盖碗。男主人身后有一男侍，手捧浅盘奉食，极其恭敬。说明元代蒙古贵族的宴饮讲求礼仪。清朝时期，"食羊背子为蒙古人最敬之食品。全羊由背上第七肋骨至尾部割为一段，再割四肢、头、颈、胛各为一件。带尾入锅。其煮之火候，约为食时许，即达脆嫩之度。煮过久则肉老不堪食矣。用大铜盆盛之以奉客。客执餐刀划羊背上作十字形，祀也。然后庖人操刀，先由背上左右各割取三条，跪而进之客。客食前，亦必割尝庖人一二条，然后自用刀割食之。此其作法与食法也。"⑰这段记载反映了蒙古族烹饪艺术与宴饮艺术的结合。

蒙古族敬酒献茶以长辈、老人为先，并有告诫和祝福词。晚辈是男性，敬酒时单腿跪地，双手捧酒杯，长辈告诫说："希望你孝敬父母，尊老爱幼，为国效力。"儿媳给婆婆献茶敬酒要双腿下跪，举右手掌在自己右鬓侧表示三叩请安，婆婆则说："希望你们的行为让长辈满意放心，子女满堂，终生幸福。"女儿给父母献茶敬酒要连磕三个响头，父母祝福"女儿能得到称心如意的夫婿，太平幸福，以诚相待。"另外，在婚仪、祭仪的宴饮中，都有祝词或祭词相诵。在平时的聚会上，也要轮流唱传统的歌曲，有时还边唱边舞，其他人则以酒助兴。在饮食行为中创造出艺术形式，使人们置身于宴饮与艺术结合的浓郁氛围中。

第二节　饮食与艺术表现

饮食不仅可以作为创造艺术的物质载体，还能用艺术的形式表现出来，如绘画、文学、音乐、舞蹈。这些艺术表现形式多方面地反映了北方游牧民族传统的饮食对象和饮食行为。

一　饮食与绘画

反映北方游牧民族饮食对象和饮食行为的绘画形式有岩画、绢画、壁画、石棺画和画像石。岩画以狩猎和牧群为主，常见马、牛、驼、羊、鹿、野猪、虎、豹，都是游牧民族的传统饮食对象，未见饮食行为的岩画。

古代北方游牧民族的绢画传世的甚少，如契丹族胡瑰的"回猎图"、"还猎图"、"卓歇图"、耶律倍的"射骑图"、"平沙卓歇图"等，大部分反映了当时草原民族的生活情景和饮食对象，只有胡瑰的"卓歇图"绘有饮食行为。画面的后半部描绘契丹男女主人宴饮场面，在野外草地上铺一块长方形地毯，主人盘膝而坐，每人前放置一小木案，案上摆放饮食物，旁有男女侍者进食、酌酒，并有乐舞助兴。远处点缀群山、丘陵。人物和景色动静结合，布局参差有致，紧凑自然，明快热闹，把契丹民族外出休憩时的饮食行为刻画得淋漓尽致。

在绘画中反映饮食对象和饮食行为的主要形式是墓葬的壁画，描绘了北方游牧民族的狩猎、牧群以及备食、烹饪、进饮（进食）、宴饮、茶道等饮食过程。画面构图巧妙，布局适宜，画技高超，寓意深远，均以写实的手法表现经济生活和饮食行为。

内蒙古自治区和林格尔县东汉壁画墓[18]中，墓前室、中室墙壁上绘"使持节护乌桓校尉车马出行图"和"宁城护乌桓校尉幕府图",以及表现庄园的"牧马图"(图92)、"牧羊图"。"幕府图"中有表现乌桓人谒见的场面,还绘乌桓人、鲜卑人与汉人"互市"之所,用牛、马、羊换取粮食和日用品。

图92 内蒙古自治区和林格尔县东汉墓壁画牧马图 东汉

甘肃省嘉峪关市曹魏或西晋初期的墓葬[19],前室、后室有许多画砖。1号墓前室画砖的内容丰富,东壁以厨房炊作和墓主人家居宴饮为主题。厨房炊作的内容包括各种炊具、肉架、屠羊宰猪、洗涤器皿、井边抬水、灶前炊煮等,从事劳动的多为妇女。家居宴饮的画砖,描绘男女墓主人在男仆女侍的侍奉下进食、宴饮、奏乐等形象。西壁的画砖描绘了当时的经济生活,多为放牧、耕种、打场、出猎等场面。西壁北侧的方形画砖,左上角是一排畜栏,内关牛羊等牲畜;右下角绘两棵大树,上面分系骏马和犍牛。其他墓葬的画砖和壁画中,题材多为墓主人家居、厨事、屠宰牲畜、牛车、农耕、畜牧、出猎、宴饮等，有的墓葬虽为汉族大宗族，但在一定程度上反映了河西鲜卑的饮食行为和经济生活。

辽宁省朝阳市袁台子东晋壁画墓[20]，发现有"牛耕图"、"狩猎图"、"屠宰图"、"奉食图"、"膳食图"等。"膳食图"共绘三人，右边一人右手持刀，左手持物，俯首于俎案上作切菜状。俎旁置盛食的方盘，下置樽、魁。中间一人动作同前，前置三排杯盘。右边一女子忙于灶前，灶上置釜，身后有一个五层笼屉。反映了慕容鲜卑的备食情景。

内蒙古自治区清水河县山跳峁唐代墓葬[21]壁画的"对饮图"，虽然对饮的两位男子为汉人形象，身后站立的四位披发、左衽女子在形象、服饰方面与汉人有明显区别，具有少数民族特征。当时这一地区为突厥人活动的区域，在饮食上受突厥影响。壁画中还有鹿、驼、野猪、飞禽等具有草原生活环境的内容。

在内蒙古、河北、辽宁等地发现的辽代墓葬中，都有大量的壁画，其中反映饮食行为的壁画占了主要的内容，包括了契丹民族的整个饮食过程，是研究契丹饮食文化和绘画艺术的直观性资料。

内蒙古自治区敖汉旗七家2号辽墓[22]壁画的"备饮图"，画面共五人，右侧两人的画已脱落大部。左侧一人为女仆，双手托一黄色盏托，半侧身向内而立；左侧第二人亦为女仆，半侧躬身低首向外而立，双手执物递于第三人；后排立一男仆。人物前置红色高桌，上置一盘一碗。桌右侧放一浅腹火盆，内燃炭火，置一黄色长颈瓶，正在煮茶。

内蒙古自治区敖汉旗下湾子5号辽墓[23]壁画的"进饮图"，画中共四人，左侧第一人为契丹青年男子，双目视向第二人所端的碗，面含严肃之态。其余三人皆汉装，均半侧身双目视第一人，面含微笑，表现恭敬之态。第二人右手托一黄色大碗端向第一人，左手举至肩部；第三人手捧一浅盘，盘内放一黄色大碗；第四人双手捧一黄色洗。在四人前，左侧放一摞方形食盒，右侧放一黄色三足曲口浅腹火盆，内燃炭火，上放两个黄色执壶（图93）。画面人物形象逼真，神态各异，刻画细腻，表现了给主人进食的真实场景。

图93 内蒙古自治区敖汉旗下湾子5号辽墓壁画进饮图 辽

　　内蒙古自治区敖汉旗羊山3号辽墓[24]壁画的"烹饪图"，画中共四人，均为契丹男子，在一个由五根红色支柱支起来的尖顶白布棚下忙于烹饪食物。左第一人半侧身向内端坐于红色圆凳上，面带严肃，似主人或管家。第二人双腿叉开，立于一个三足大鼎后，口衔刀，挽袖，欲向鼎内取肉。第三人立于红柱后，右手指向第二人，嘴微张，似有所语。第四人半蹲坐，双手用力撅一木棍，身旁堆放一小堆撅好的柴棍。四人间置一大三小黑色铁鼎，大鼎内露兽腿，鼎下燃烧着柴火。鼎前置一大盘，内盛尚未做好的面（图94）。整个烹饪场面非常形象，线条流畅，人物形态惟妙惟肖。

图94 内蒙古自治区敖汉旗羊山3号辽墓壁画烹饪图 辽

内蒙古自治区敖汉旗北三家1号辽墓㉕壁画的"墓主人生活图"，画作屏风式，五壁面用粗黑线隔开，西边绘炊具、罐、鼎、碗、炕桌、面板等，所绘七人中各有差使，残存揉面、煮食、托盘、进食等画面。

河北省宣化下八里 6 号辽墓⑳壁画的"茶道图",画面由三男二女和家具、器皿组成。左右两侧各绘一长方形桌,左边桌上有夹子、提梁壶、刷子、刀锯、勺、箸、盖罐、方箱等,桌后一髡发男子怀抱白色执壶半侧身而立。桌前一童半侧身而坐,身前放一茶碾,碾前有一漆盘,内置一白色小碗。桌右前方绘火炉,炉上置白色瓜棱壶,一髡发男子跪于炉前,左手扶膝,右手执团扇煽火。右边桌上置花口盘、壶等器。桌前放盝顶式箱子,应为储饼茶的盒子。桌左后角立一妇人,双手托盘,半转身回首。妇人身后一髡发男子,双膝着地,双肘压着茶罗子,手背托下巴(图 95)。画中有男有女,还有孩童,人物形象刻画自如,茶道过程严谨有序,可想当时契丹人对茶的热衷和流行状况。"进茶图"由三人和一些用具、器皿组成,画面中间置一赭色方桌,桌上有红色盝顶式箱子、四个红色盏托、四个白色小碗、一个白色深腹盆,桌前放灰色五兽足火炉,炉内有火炭,上置一白色瓜棱壶,正在煮茶。桌后站一妇人,双手捧盏托,目视前方。桌右妇人双手捧渣斗于胸前,目视桌上。桌左一人左手拿团扇,右手抬起翘食指,与桌后妇人交谈。此画与"茶道图"相互衬托,反映辽代茶文化的真谛。

辽代墓葬壁画,均以写实的手法,艺术的形式,反映了契丹人的经济生活和烹饪、备饮、进饮、茶道、宴饮等饮食场面,构图巧妙,布局适宜,画技高超,寓意深远。其中,茶道图尤为珍贵,表现了选茶、碾茶、煮茶等一系列过程,绘出的茶道工具和用具十余种,主要有加工碾子、煮茶炉、点茶执壶、存茶箱子和用茶杯子。所有饮食画面中有男有女,还有孩童,人物形象惟妙惟肖,场面阔绰,可想当时人们对饮食的热衷程度。辽墓壁画所反映的经济类型为契丹人传统的获取食物的畜牧业和狩猎业,并不见农业,着重突出了游牧民族的特征。在饮食方面涉及饮食方

图95　河北省宣化下八里6号辽墓壁画茶道图　辽

式、食物结构、饮食器具、庖厨布局等，既兼容了汉民族的饮食风俗，又保留了契丹民族自身的饮食内容。

　　内蒙古自治区准格尔旗大沙塔1号墓[27]壁画的"夫妇对饮图"，檐枋下面的室内正中置方桌，桌两边各坐一人，右者头戴幞巾，身穿红袍，为小官吏的装束；左者头扎环髻，身穿斜领衣，为妇人装扮。二人应为夫妇，坐在高背椅上，手捧盏托对饮。甘肃省敦煌市安西榆林石窟[28]壁画的"农耕图"，为二人抬杠犁地的景象，说明了西夏党项人在受汉族经济的影响下，与中原地区有同等的农耕技术。第四窟的"酿酒图"，画面中置一方座塔式酿酒炉，炉前一妇人蹲着控制火苗，其左下侧置一长颈瓶，另一侧置提梁木桶和高足杯，旁站立一妇人，反映了西夏人的酿酒技术。

内蒙古自治区凉城县后德胜元代墓葬㉙壁画的"家居图"，男主人在画面正中，端坐于卷云形单扶手椅上。两旁各端坐一位衣着华丽的妇人，应为男主人的妻妾。男主人身后两边各站一名男侍，右边者双手握仪仗，左边者双手托物于胸前。妇人两边各站一女仆，右边女仆双手捧一褐色唾盂，左边女仆双手捧一红色唾盂。其后面各有两个正在摆列宴饮品的女仆，右边一组女仆站在黑色方桌旁，桌上放黄色执壶等；左边一组女仆跪在红色长方形几案的后面，几上置器物，右边女仆双手捧一小碟，碟内有一高足杯，左边女仆双手执一玉壶春瓶。

内蒙古自治区赤峰市三眼井墓葬㉚壁画的"宴饮图"，画面正中为三间歇山顶建筑，室内置一长方形桌，上摆放各种餐具和食品，男女主人平坐宴饮。男主人居左，身后立一男侍，手捧浅盘奉食。女主人居右，身后有两个侍女，一个手持扇，另一个手托盖碗。东间为膳房，有男女侍者各一，其身前有一案，上置长瓶、碗、碟、勺、食物等，为备食状（图96）。"出猎图"绘男主人出猎前的小饮状况，东间西门掩闭，正中一间有三个侍者，其中一个侍女袖手站立，催促手捧长瓶的侍女和手托碗的男侍端食进奉。在三间歇山顶房屋的垂脊上高挑酒帘，上有墨书汉字"春风馆"，为民间酒馆。西间屋内主人居中，女侍手捧一碗欠身向主人进饮，男侍手举一鹰立于旁侧，长方形桌上摆放碗、盘、碟、勺、箸等。出猎的场面是主人和两个侍从各骑一马，主人在前扬鞭回首，侍从一人为鹰倌，另一人手持长弓、背箭壶，驰马逐兔，两只猎犬和猎鹰扑向野兔，展现了围猎的真实情景。"猎归图"中的主人扬鞭走在前面，两个侍从分别负箭壶、举鹰，马后拴带猎物，面带笑容满载而归，两只猎犬一前一后奔跑嬉戏。迎接主人归来的仪仗队由五人组成，二侍者捧角杯、汤瓶献饮，后三人击鼓、奏排箫、吹横笛。房屋东间放一案，上有餐饮具和

图 96　内蒙古自治区赤峰市三眼井元墓壁画宴饮图　元

食物，两个侍者正在备餐。

　　内蒙古自治区赤峰市元宝山墓葬㉛壁画的"生活图"，绘于墓室的东、西壁上。东壁绘一长方形高桌，桌上倒扣三件敞口浅腹圈足碗，正中置一黑花执壶，旁有一黑花盖罐。桌旁立一人，左手捧碗，碗中一物似研杵，握于右手。西壁绘的高桌上置黑花瓷壶、盖罐、玉壶春瓶各一件，桌旁也立一人，双手托盘，盘内置两碗，作供奉状。

　　元代墓葬壁画，均以写实的手法、艺术的形式表现了蒙古族的生活场景和宴饮状况。三眼井墓葬的壁画内容具有连贯性，用流畅均匀的线条，高超的画技，反映男女主人和侍从的面目表情、衣着装饰、宴饮风情及出猎状况，就连猎犬、猎鹰的细微情节也描绘得真实细腻，具有很高的艺术价值。

二 饮食与文学作品

文学作品包括神话、传说、民间故事、歌谣、史诗、诗歌、谚语、诗词、散文、小说等，其题材直接来源于现实生活。鲁迅先生曾说："我们的祖先的原始人，原是连话也不会说的，为了共同劳动，必需发表意见，才渐渐的练出复杂的声音来，假如那时大家抬木头，都觉得吃力了，却想不到发表，其中有一个叫道'杭育杭育'，那么，这就是创作，……倘若用什么记号留存了下来，这就是文学。"㉜北方游牧民族的文学作品非常丰富，有很多直接表现饮食的内容。

《史记》卷一一〇《匈奴列传》之《索隐》引《西河旧事》说："山（祁连山）在张掖、酒泉二界上，东西二百余里，南北百里，有松柏五木，美水草，冬温夏凉，直畜牧。匈奴失二山，乃歌云：'亡我祁连山，使我六畜不蕃息；失我燕支山，使我嫁妇无颜色。'"匈奴本无文字，汉文古籍记载的民歌，反映了与汉朝战败后导致的经济萎缩和政治势力衰落，情调虽低，但内容涉及了主要生活资料的缺乏。

鲜卑创作和流传有许多民歌，如拓跋部的《真人代歌》。《魏书》卷一〇九《乐志》记载："凡乐者乐其所自生，礼不忘其本，掖庭中歌《真人代歌》，上叙祖宗开基所用，下及君臣兴废之迹，凡一百五十章，昏晨歌之，时与丝竹合奏。郊庙宴飨亦用之。"《真人代歌》叙述了拓跋鲜卑开创基业到建立政权的事迹，并反映了其经济生活。其内容在一些史书中有零散的记载，其中，《企喻》章在宋郭茂倩的《乐府诗集》卷二五中有四曲，曰："男儿欲作健，结伴不需多。鹞子经天飞，群雀两向波。放马大泽中，草好马著臕。牌子铁裲裆，𨥨鶹尾条。前行看后行，齐著铁裲裆。前头看后头，亦著铁𨥨。男儿可怜虫，出门怀死忧。尸丧狭谷中，白骨无人收。"歌辞中的"鹞子"、"群雀"、"大泽"、"草好马著膘"等飞禽和景象，都是鲜卑游牧狩猎生活中所常见。此歌在祭庙宴饮时经常唱吟，用文学的语言表达了拓跋鲜卑的经济生活，并用来作歌舞宴饮之娱。

现存敕勒民歌中最著名的是《敕勒歌》，在《乐府诗集》卷八六《杂歌谣辞》四中记述了歌的内容。"敕勒川，阴山下。天似穹庐，笼盖四野。天苍苍，野茫茫，风吹草低见牛羊。"这首歌由东魏、北齐的敕勒大将斛律金演唱，并迅速在民间流传开来，反映了阴山之下的敕勒川（今内蒙古呼和浩特市土默川平原）水草丰美、牛羊遍野的情景，表现出敕勒社会经济的繁荣盛况，人民生活殷实富足。

契丹的饮食文化在宋代诗词等作品中多有描述。北宋著名文学家王安石于公元 1063 年出使辽国，写下了《北客置酒》诗，云："紫衣操鼎置客前，巾韝稻饭随梁饘。引刀取肉割啖客，银盘臂臑荐与鲜。殷勤劝侑邀一饱，卷牲归舍觞更传。山蔬野果杂饴蜜，獾脯豕腊炰煎。酒酣众吏稍欲起，小胡捽耳争留连。为胡止饮具少安，一杯相属非偶然。"㉝介绍了契丹宴请宋使的饮食种类、饮食行为、饮食礼仪。

对于契丹的湩酪、奶粥等饮食，宋代使臣出使辽朝后多留诗记录。刘歧的《使辽诗》曰："置酒穹庐晓，僧山合管弦，应缘地褊小，难遣舞回旋。风急皮毛重，霜清湩酪膻。"梅晓臣的《送人使辽集》云："朝供酪粥冰生碗，夜卧毡庐月照沙。羊酪调羹尊汉使，毡堂举酒见阏氏。"毕仲游的《西台集》曰："日高宾馆驻前旌，馈客往来皆酪粥。"苏辙的《使辽诗·虏帐》云："会同出入九十日，腥膻酸薄不可食。羊修乳粥差使人，风隧沙场不宜客。"

契丹本土的文人也作饮食方面的诗。如刘经的《野韭诗》、虞仲文的《赋煎饼诗》、冯可的《重午酒资诗》、雷思的《食松子》等，其内容都反映了契丹的饮食对象和饮食行为。

　　元代蒙古族随着统一语言的形成和文字的产生，创作了各种形式的文学作品，描述了经济生活和饮食习俗。《蒙古秘史》是蒙古族第一部书面著作，采用编年的体例，传记文学的手法，韵散结合的形式，从蒙古族起源的原始传说写起，一直叙述到13世纪40年代为止。既是一部史书，又是一部文学价值很高的作品，书中多次提到蒙古族饮食行为的内容。

　　在大量的汉族人编写的诗中也提到蒙古族的饮食风俗。程文的《牛酥》诗云："牛酥真异品，牛乳细烹熬。坚滑黄凝蜡，冲融白泻膏。"程文还赋诗曰："煮酪以为饼，园方白更坚。斋宜羞佛供，素可列宾宴。"[34]杨允浮的《滦京杂咏》卷下曰："不须白粲备晨炊，乳酪羊酥塞北奇。"这是描述蒙古族传统的奶食品。

　　南宋降元后，宋室随行人员汪元量在燕京和上都参加元朝的宴会，深有感触，作了很多关于饮食方面的诗，多收录于《湖山类稿》中。如"御厨请给蒲桃酒，别赐天鹅与野菌。""天家赐酒十银瓮，熊掌天鹅三玉盘。""手持并铁刀，欣然割驼肉"等。耶律楚材作《鹿尾》诗曰："变舆秋狝猎南冈，鹿尾分甘赐尚方。浓色殷殷红玉髓，微香馥馥紫琼浆。韭花酷辣同葱韭，芥屑差辛类桂姜。何以毡根蘸浓液，邀将诗客大家尝。"这是赞美畜肉和野味的诗。吕诚的《摘菌》诗曰："鲜摘色莹润，薄美香敷腴。饮食贵适口，岂谓物细微。"[35]张之翰的《食松蕈诗》曰："初嚼带寒雨，再嚼生清风，三嚼五嚼六七嚼，一洗满腹荤膻空。"[36]赞美蒙古族食用的天然菌类食品。

　　明代蒙古族的英雄史诗中，《江格尔传》是史诗的代表作。诗中塑造了部落盟主江格尔、红色雄师洪古尔、智多星阿拉谭策吉、铁臂萨布尔、雄辩家明彦等个性鲜明的形象，篇章结构、故事情节具有游牧民族说唱艺术的特点，每一章以酒宴开始，以酒宴结束，涉及了蒙古社会生活的各个方面。

　　近现代蒙古族的口头文学多在祭祀、婚仪、丧葬中应用，有不少反映饮食内容的唱词。如"酒歌"、"宴歌"，这在下文叙述。诗歌、散文、小说中，有很多描述蒙古族的传统饮食文化，颂扬草原上的马、牛、羊以及传统的生产和生活方式，也有奶酒、奶食、肉食等饮食和饮食行为的描述。

三　饮食与音乐、舞蹈

北方游牧民族是能歌善舞的民族，在宴饮的场合中往往与歌舞结合，有的歌舞甚至直接表现出饮食行为，或用饮食器作道具表演舞蹈。如蒙古族的"乳香飘歌"和"筷子舞"等，以音乐旋律和动作节奏表示饮食内容。

拓跋鲜卑人唱《真人代歌》时，用丝竹类的乐器合奏，"郊庙宴飨亦用之"。㊲敕勒人宴饮时，以歌舞相伴。《北史》卷四八《尔朱荣传》记载了北魏后期的权臣尔朱荣在西林园与魏帝宴饮的情景，"及酒酣耳热，必自匡坐唱虏歌。……见临淮王或从容闲雅，爱尚风素，固令为敕勒舞。"敕勒舞在北魏后期已深入宫廷，用于皇家贵族的宴会。《隋书》卷八四《突厥传》曰："男子好樗蒲，女子踏鞠，饮马酪取醉，歌呼相对。"突厥人在闲暇之余，宴饮歌舞，玩赌踢鞠，极尽欢乐。

辽代契丹人的音乐，多在宴饮场合下进行。《辽史》卷五四《乐志》说："辽有国乐、有雅乐、有散乐、有铙歌、横吹乐。""正月朔日朝贺，用宫悬雅乐。元会，用大乐；曲破后，用散乐；角抵终之。是夜，皇帝燕饮，用国乐。七月十三日，皇帝出行宫三十里桌帐。十四日设宴，应从诸军随各部落动乐。十五日中元，大宴，用汉乐。春飞放吉埚，皇帝射获头鹅，存庙燕饮，乐工数十人执小乐器侑酒。"契丹皇帝一边宴饮纵乐，一边奏乐欢娱。

在辽代的一些礼仪宴会中，多有散乐。《辽史》卷五四《乐志》记载："皇帝生辰乐次：酒一行，觱篥起，歌。酒二行，歌，手伎入。酒三行，琵琶独弹。饼、茶、致语。食入，杂剧进。酒四行，阙。酒五行，笙独吹，鼓笛进。酒六行，筝独弹，筑球。酒七行，歌曲破，角抵。""曲宴宋国使乐次：酒一行，觱篥起，歌。酒二行，歌。酒三行，歌，手伎入。酒四行，琵琶独弹。饼、茶、致语。食入，杂剧进。酒五行，阙。酒六行，笙独吹，合法曲。酒七行，筝独弹。"在举行宴会时，根据礼仪内容、饮酒的巡数和用食情况，决定弹什么乐器、奏什么乐曲，并形成定制。

辽代的舞蹈分契丹民族传统舞和外部引进舞，多在礼仪和宴会中作为一种娱乐节目出现。《辽史》卷五三《礼志》六记载的贺生皇子仪就有舞蹈场面。"其日，奉先帝御容，设正殿，皇帝御八角殿升坐。声警毕，北南宣徽使殿阶上左右立，北南臣僚金冠盛服，合班入。班首二人捧表立，读表官先于左阶上侧立。二宣徽使东西阶下殿受表，捧表者跪左膝授讫，就拜，兴，再拜。各祗候。二宣徽使俱左阶上授读表官，读讫，揖臣僚鞠躬。引北面班首左阶上殿，栏内称贺讫，引左阶下殿，复位，舞蹈，五拜。礼毕。"

在一些娱乐宴饮的场合，契丹人乐舞齐上。内蒙古自治区翁牛特旗解放营子辽墓③壁画的"宴饮行乐图"，画中墓主人红衣毡冠，临几而坐，旁边有侍宴仆从执役，前有一散乐队伍，共八人，正在进行歌舞演奏（图97）。其中，一人起舞，其他七人分别奏觱篥、笙、横笛、箫、腰鼓、大鼓、拍板，场面热烈，气氛轻松，反映了宴饮时歌舞乐奏的欢乐情景。

蒙古族的音乐、舞蹈，发扬了本民族的传统和吸收其他民族的优点，丰富了乐舞的内容，有了很大的进步。乐器有筝、琵琶、胡琴、火不思之类，乐曲分大曲和小曲。元朝的戏曲、杂剧很流行，受到蒙古族人民的欢迎。同时，蒙古统治者的宫廷乐舞

图 97　内蒙古自治区翁牛特旗解放营子辽墓壁画宴饮行乐图　辽

也发展起来，元世祖时，仅宫廷乐工就有四五百人。凡诸王、权臣出师，也以女乐随行。宫廷乐舞十分复杂，祭祀用雅乐，朝会用燕乐，郊祭、宗庙、社稷、先农之祭都有特定的乐章、乐师。音乐、舞蹈常与宴饮联系在一起。如祭祀乐舞，在举行郊祭时，一边按顺序奏乐跳舞，一边进酒献食。

　　明代蒙古族能歌善舞，在岷峨山人的《译语》中有记录。"酋首将入凡虏家，家长即褰毡帷纳之正中，藉毡而坐。家长以下无男女以次长跪进酒为寿，无贵贱皆传饮至醉。或吹胡笳，或弹琵琶，或说彼中兴废，或顿足起舞，或抗音高歌以为乐。"公元 1550 年，蒙古瓦剌部首领也先招待明使李实，"宰马备酒相待，令十余人弹琵琶，吹笛儿，按拍歌唱欢笑。"[39]也先每宴会，都"自弹虎拨思儿唱曲，众达子齐声和之。"[40]

　　蒙古民族的歌舞艺术富有特色，如牧歌、酒歌、宴歌、劳动歌等，能反映饮食文化的内涵。酒歌、宴歌，多用于喜庆宴会，游戏式的轮番接唱或对唱，常即兴发挥，无伴奏。如敬酒歌《金杯》，前两节的歌词是"金杯里的美酒芳香流溢，赛拉尔白咚赛，结拜们哟，让我们在一起娱乐欢聚，赛拉尔白咚赛。银杯里的美酒醇香流溢，赛拉尔白咚赛，朋友们哟，让我们在一起娱乐欢聚，赛拉尔白咚赛。"人们一边唱着敬酒歌，一边给客人敬上美酒。舞蹈中的"筷子舞"和"盅碗舞"，直接用饮食器具作为舞蹈的道具。"筷子舞"是在强烈、欢快的音乐伴奏下，飞舞手中的筷子快速旋转，敲击肩、肢骨节，团团起舞，令人目不暇接。蒙古族有酒就有歌舞宴乐，有歌舞也必有美酒助兴，场合不分大小，或者一家男女老幼，或者乡邻亲友来访，或者遇喜庆吉日，大家围坐在一起不拘形式，边歌边舞，宴乐欢娱。

---

① 苏赫：《从昭盟发现的大型青铜器试论北方的早期青铜文明》，《内蒙古文物考古》1983 年第 2 期。

② 该遗址于 1998 年出土彩陶罐，资料待发，现藏于内蒙古自治区文物考古研究所东部工作站。

③ 现藏于内蒙古博物馆。

④ 内蒙古文物工作队：《内蒙古扎赉诺尔古墓群发掘简报》，《考古》1961 年第 12 期。

⑤ 张景明：《论辽代金银器》，《考古与文物》2001 年第 2 期。

⑥ ［英］道森编：《鲁不鲁乞东游记》，选自吕浦译本《出使蒙古记》，中国社会科学出版社，1983 年。

⑦ 张景明：《内蒙古地区蒙元时期的金银器》，《内蒙古文物考古》1999 年第 2 期。

⑧ ［美］卡罗琳·考斯梅尔著，吴琼、叶勤、张雷译：《味觉》，第 229 页，中国友谊出版公司，2001 年。

⑨　内蒙古自治区巴林左旗博物馆：《内蒙古巴林左旗滴水壶辽代壁画墓》，《考古》1999 年第 8 期。

⑩　河北省文物研究所等：《河北宣化辽张文藻壁画墓发掘简报》，《文物》1996 年第 9 期。

⑪　马宏伟：《中国饮食文化》，第 58 页，内蒙古人民出版社，1992 年。

⑫　［清］赵翼：《檐曝杂记》卷一。

⑬　《蒙古酒考》，转引自王讯等《蒙古族风俗志》上卷。

⑭　辽宁省博物馆文物队：《朝阳袁台子东晋壁画墓》，《文物》1984 年第 6 期。

⑮　邵国田：《敖汉旗羊山 1—3 号辽墓清理简报》，《内蒙古文物考古》1999 年第 1 期。

⑯　项春松、王建国：《内蒙古昭盟赤峰三眼井元代壁画》，《文物》1982 年第 1 期。

⑰　《达胡尔蒙古考》，转引自王讯等《蒙古族风俗志》上。

⑱　内蒙古文物工作队等：《和林格尔汉墓壁画》，文物出版社，1978 年。

⑲　甘肃博物馆：《酒泉、嘉峪关晋墓的发掘》，《文物》1979 年第 6 期。

⑳　辽宁省博物馆文物队等：《朝阳袁台子东晋壁画墓》，《文物》1984 年第 6 期。

㉑　内蒙古自治区文物考古研究所：《内蒙古清水河县山跳峁墓地》，《文物》1997 年第 1 期。

㉒　邵国田：《敖汉旗七家辽墓》，《内蒙古文物考古》1999 年第 1 期。

㉓　邵国田：《敖汉旗下湾子辽墓清理简报》，《内蒙古文物考古》1999 年第 1 期。

㉔　邵国田：《敖汉旗羊山 1—3 号辽墓清理简报》，《内蒙古文物考古》1999 年第 1 期。

㉕　敖汉旗文物管理所：《内蒙古昭乌达盟敖汉旗北三家辽墓》，《考古》1984 年第 11 期。

㉖　张家口市宣化区文物保管所：《河北宣化辽代壁画墓》，《文物》1995 年第 2 期。

㉗　郑隆：《准格尔旗大沙塔壁画墓及附近的古城》，《内蒙古文物考古》创刊号，1981 年。

㉘　王静如：《敦煌莫高窟和安西榆林窟中的西夏壁画》，《文物》1980 年第 9 期。

㉙　内蒙古自治区文化厅文物处等：《内蒙古凉城县后德胜元墓清理简报》，《文物》1994 年第 10 期。

㉚　项春松、王建国：《内蒙古昭盟赤峰三眼井元代壁画》，《文物》1982 年第 1 期。

㉛ 项春松：《内蒙古赤峰市元宝山元代壁画墓》，《文物》1983 年第 4 期。

㉜ 鲁迅：《鲁迅全集》第 6 卷，第 99～100 页，人民文学出版社，1996 年。

㉝ ［宋］王安石：《临川先生文集》，中华书局，1959 年。

㉞ 《诗渊》第一册，书目文献出版社，1984 年。

㉟ 吕诚：《来鹤亭集》卷四。

㊱ ［宋］翁卷：《西岩集》卷四，台湾商务印书馆影印文渊阁《四库全书》本。

㊲ ［北齐］魏收撰：《魏书》卷一〇九《乐志》，中华书局，1974 年标点本。

㊳ 翁牛特旗文化馆等：《内蒙古解放营子辽墓发掘简报》，《考古》1979 年第 4 期。

㊴ 《李北使实录》。

㊵ ［明］袁彬：《北征事迹》，《纪录汇编》本。

第九章 北方游牧民族饮食文化
的层次性与交流

饮食文化的层次性，是指一个民族或群体内人们由于政治、经济、文化地位的不同，而形成的饮食生活和饮食文化的差异性。这种差异主要是由于贫富悬殊造成的，在阶级社会中是由阶级差异造成的。在中国饮食文化的研究领域中，把封建时代的饮食文化层次分为市井细民层、士大夫层、贵族层、宫廷层[①]。北方游牧民族因各自所处的历史时代不同，只能分为上层社会、中层社会、下层社会三个饮食文化层次。

一个民族或群体由于各自有较稳定的生存地域和生计方式，因而具有相对独立的饮食文化，这是其饮食文化的主要特征。事实上，每个民族或群体的饮食生活是动态的，反映在文化上是相互交流的。在不同民族、地域、国家之间的文化传播、渗透、吸收、整合、流变中，饮食文化不断发展变化。这在北方游牧民族的饮食文化中显得非常突出。

第一节 饮食文化的层次性

古代北方游牧民族的上层社会，指建立奴隶制政权的首领、单于、可汗以及直系诸王、近臣阶层，以及建立封建制政权的皇家贵族、高级官吏阶层。这一阶层的饮食文化在史籍记载和考古资料中都很丰富，代表着同一民族同一时期的饮食时尚。

一　上层社会的饮食文化

从内蒙古自治区宁城县小黑石沟墓葬②出土的随葬品看，山
戎的等级制已很明确。大型墓中随葬有青铜饮食器（图98）及金
饰，器类繁多，既有用于祭祀的礼器，又有制作精细的实用饮食
器，而且器物外表装饰华丽，在青铜双联罐内发现有鱼、肉、韭
菜、瓜果、野葱等食物，可谓美食又美器。《礼记·礼器》记载：
"天子之豆二十有六，诸公十有六，诸侯十有二，上大夫八，下
大夫六。"北方游牧民族的礼制虽然没有中原地区那么严格，如
果按豆的数量表示食者的身份，该大墓中出土的四件青铜豆及六
联豆，也能代表墓主人的高级身份。

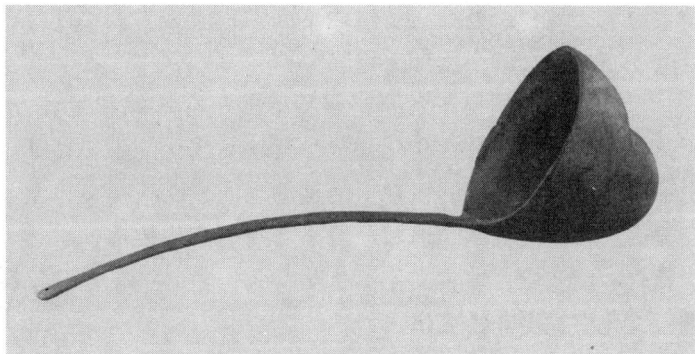

图98　曲柄青铜勺　西周晚期至春秋中期

匈奴建立政权后，从政治地位可以看出当时的高级身份者的
饮食地位。根据《史记》卷一一〇《匈奴列传》的记载，匈奴最
高行政和军事首领称"单于"，其下分左右贤王、左右谷蠡王、
左右大将、左右大都尉、左右大当户、左右骨都侯，共二十四级

军事首领，被称为"万骑"。匈奴氏族中以呼衍氏、兰氏、须卜氏丘林氏为贵，这些氏族的贵族担任左右骨都侯，辅助单于处理军事政务。每一个王都有自己的驻牧地，拥有一切生活资料。

乌桓以大人为首领，大人之下皆各自经营畜牧业。根据《后汉书》卷九〇《乌桓鲜卑传》的记载，汉建武二十五年（公元49年），乌桓愿意留下宿卫，汉朝封乌桓渠帅任侯王君长的八十一人，都居留在塞内，分布在汉朝边郡，招来乌桓人给其衣食。乌桓从汉朝得到食物，首先给其大小首领，然后才给一般的乌桓人。

鲜卑在檀石槐部落联盟时期，称首领为"大人"，其下置帅。东汉时期，鲜卑大人经常得到东汉政府赏赐的财物及饮食。汉永平元年（公元58年），鲜卑大人被汉打败，率众归附于汉，仅青、徐二州每年赐给鲜卑大人的钱财达二亿七千万③，这些钱财多为鲜卑上层贵族所拥有。

两晋十六国时期，慕容鲜卑先后建立前燕、后燕、西燕、南燕等地方政权，王室宗亲及高级官员拥有大量的生活资料，经常举行宴会，过着奢侈的生活。辽宁省朝阳市前燕奉车都尉墓④出土有金器、铜器、铁器、陶器、骨器等，并有殉牲现象。

北魏时期，对鲜卑贵族又增加了许多特权，占有私人牧场，有数以百计的牛、羊、马、驼，朝廷每有出征，常献马供粮，以助军用。山西省大同市北魏司马金龙墓葬⑤，规模庞大，全墓由墓道、甬道、前室、东耳室、后室组成，虽然早期被盗，仍出土陶俑、驮粮马、骆驼模型四百余件，还出土石砚、陶壶、青瓷唾壶、漆棺等。可见其生前豪华的生活状况。

柔然可汗为最高首领，设"千人为军，军置将一人，百人为幢，幢置帅一人；先登者赐以虏获，退懦者以石击杀之，或临时捶挞。"⑥还设大人、俟利、俟利发、俟利莫何、俟斤、莫何、莫弗、吐豆登等贵族职位。他们拥有大量的牲畜，经常得到北魏政府赏赐的粮食、食物及其他用品。

突厥奴隶主贵族除可汗为最高首领外，"大官有叶护、次设、次特勤、次俟利发、次吐屯发，及余小官，凡二十八等，皆世为之。"⑦回纥的官职称号主要沿袭了突厥，最高军政首领称可汗，其子弟称特勤，妻称可敦，领兵将帅称设，各级官吏有叶护、颉利发、始波罗、梅禄、啜、俟斤、达干等。还设置了仿唐的官制，置外宰相六、内宰相三，又有都督、将军、司马等官号。这些奴隶主贵族占有数量不等的牧场和牲畜，经常得到隋唐政府的赏赐，举行庆典、祭祀、婚仪、丧葬等礼仪时所用的牲畜数量很可观，宴会场面盛大，生活极其豪华。

辽代在政治上分各级官吏。"太祖神册六年（公元 921 年），诏正班爵。至于太宗，兼制中国，官分南北，以国制治契丹，以汉制待汉人。国制简朴，汉制则沿名之风固存也。辽国官制，分北、南院。北面治宫帐、部族、属国之政，南面治汉人州县、租赋、军马之事。"⑧《辽史》卷四五《百官志》一对此作进一步的解释，"太祖分迭剌夷离堇为北、南二大王，谓之北、南院。宰相、枢密、宣徽、林牙，下至郎君、护卫，皆分北、南，其实所治皆北面之事。"

在《契丹国志》、《辽史》中，多次提到辽代皇帝及大贵族的宴饮场面，无论是四时捺钵，还是各种吉仪、凶仪、军仪、宾仪、嘉仪，都要行酒宴饮。一些饮食珍品（如貔狸、肉腊、肉脯、茶）也为其拥有。宋人刘绩的《霏雪录》说："北方黄鼠（貔狸），……味极肥美。北朝恒为玉食以献，置官守其处，人不得擅取也。"《契丹国志》卷一八《耶律隆运》载："（景宗）及入，内同家人礼，饮膳服食，尽一时水陆珍品。"耶律隆运本为汉族（汉名韩德让），因其"性忠愿谨悫，智略过人"而得到重用，在辽代景宗皇帝到其府帐后，以珍奇饮食服侍，可见耶律隆运在饮食上的讲究。

契丹贵族以酒成礼、以酒行事、以酒为乐。在辽代皇家贵族

的墓葬壁画中，有许多
"备食图"、"进食图"
（图99）、"烹饪图"、
"宴饮图"、"茶道图"
等，画中反映的饮食非
常丰富，场面宏大。内
蒙古自治区敖汉旗康营
子辽墓⑨壁画的"备食
图"，画中一人调鼎鼐，
一人前置三足铁鼎，鼎
中煮畜头、雁头、肘蹄
等肉食，前有长几，上
置圈足碗、圈足盘等。
在辽代大贵族墓中，出

图99　内蒙古自治区巴林左旗
滴水壶辽墓壁画进食图　辽

土数量可观的金、银、铜、瓷饮食器，有的还随葬美味佳肴。内
蒙古自治区阿鲁科尔沁旗辽代耶律羽之墓⑩出土的金、银、陶、
瓷饮食器多达几十件，制作和装饰十分精美（图100）。河北省宣

图100　对雁衔花纹金杯　辽

化辽张文藻墓⑪内棺前的供桌上，放满了瓷碗、盘、瓶、漆箸、汤匙，碗、盘内盛栗子、梨、干葡萄、槟榔、豆、面等食物。足见辽代契丹上层社会的奢侈饮食生活。

　　党项建国前已有大小首领，拥有的财富不同，在饮食文化方面形成一个比较高的阶层。建立西夏政权后，元昊仿汉制，以"青天子"自居，规定"自中书令、宰相、枢使、大夫、侍中、太尉以下，皆分命蕃、汉人为之。"⑫以元昊为首的上层社会阶层，经常得到宋朝赏赐的各种财物，包括饮食及器具，他们拥有大量的生活资料和土地、牧场、牲畜，过着极其富有的生活（图101）。

图101　花瓣形金碗　西夏

　　在蒙古社会中，各级那颜以大汗为首，包括诸王、后妃、公主、驸马以及万户、千户首领等，是统治阶层，成吉思汗家族成员是这个阶层的最高层，享有政治、经济、军事、文化上的特权，拥有大小不等的封地和生活资料，过着豪奢的生活。

　　蒙古族上层贵族的饮食，在婚姻、丧葬、祭祀等礼仪中都极其奢侈。根据《元史·祭祀志》的记载，皇家贵族在一次郊祭中，用"马纯色肥腯一，牲正副一，鹿一十八，野猪一十八，羊一十八。"祭祖时，所用的祭祀品有马、牛、羊、豕、鹿的牲体和稻、高粱、黍、稷饭食，用盘、铏、笾、豆、簠、簋、彝、尊作供器。元代墓葬壁画的"生活图"（图102）、"家居图"、"出猎图"、"猎归图"、"宴饮图"中，饮食场面非常讲究，有多人应侍。元代皇帝在上都棕毛殿宴请大臣，参加者多达上千人，宴会上更见饮食八珍，野味美酒应有尽有。

图102　内蒙古自治区赤峰市宝山元墓壁画生活图　元

　　明代蒙古各封建领地内，都有世袭领主，这些领主和臣僚及子孙，构成蒙古社会的统治阶层，有额毡、诺颜、太师、太保、知院、宰桑等称号，有的又被尊为巴图尔、墨尔根、乌尔鲁克等。他们占有大量的牧场、土地和牲畜，饮食生活极其豪奢。清朝对归顺和降附的札萨克蒙古封建主，按他们原有的地位高低、效忠程度和功劳大小，分别授以亲王、郡王、贝勒、贝子、镇国公、辅国公等爵位，又根据蒙古社会尊重"黄金贵族"的习惯，对出自成吉思汗家族的众多贵族授以一至四等台吉的世爵。在一些喇嘛教寺院内，大喇嘛形成僧侣封建主，享有许多特权。这些俗僧贵族，不仅领有清政府发给的岁俸、马皮、米、草料，还拥有牧场和牲畜。

二　中层社会的饮食文化

北方游牧民族的中层社会阶层包括中下级官吏和富有的牧主、地主以及文人墨士。这一阶层的饮食文化与上层社会相比，在饮食规模、饮食质量等方面处于较低的层次。

在山戎所创造的夏家店上层文化中，发现有中型墓葬，有的有殉牲现象，出土青铜和陶质饮食器，但器物的数量、类别不如大型墓出土的多，装饰的华丽程度也有所降低。

匈奴在二十四级军事首领以下，置千骑长、百骑长、什骑长、裨小王、相封、都尉、当户、且渠等官，属于中下级官吏，他们以部众多少和拥有生活资料的数量来区分地位高低。匈奴以酒作为立功将士的赏赐，并给强壮者以美食，也可说明中层社会的饮食状况。

内蒙古自治区满洲里市扎赉诺尔鲜卑墓葬[13]，葬具木棺分有盖有底、有盖无底，还有个别无葬具。随葬品有多寡之分，殉葬的牛、马、羊数量不同，反映了鲜卑人的贫富之差及所拥有的生活资料的众寡。其中，有葬具及随葬品数量多的墓主人，生前为中层阶层。

两晋、十六国时期，鲜卑有势有财者开辟庄园（坞堡），在家园内发展生产、宴饮欢娱，这些庄园主属于中层社会成员。甘肃省嘉峪关市西晋初期墓葬⑭发现许多画像砖，厨房炊作的画面内容有各种炊具、肉架、屠羊宰猪、洗涤器皿、井边抬水、灶前炊煮等，从事劳动的多为妇女。家居宴饮画面，主要描绘男、女主人在男仆女侍的侍奉下进食、宴饮、奏乐的形象。还有经济生活的画砖，为放牧、耕种、打场、出猎等内容。在一定程度上反映了河西鲜卑中层社会的饮食场面和经济生活。

契丹中下级官吏的饮食生活在史籍中记载甚少，但从辽代墓葬的规模和随葬品看，形成一个饮食文化的中层群体。内蒙古自治区敖汉旗的几座辽墓主人就属于这一阶层，其壁画内容包括备饮、进饮、庖厨、侍奉、烹饪等，反映了较为奢侈的生活状况。

元朝蒙古的中小贵族阶层，都拥有一定数量的牧场和牲畜，其饮食生活比较丰富。清代的蒙古牧民中有一部分占有较好的牧场和数量较多的牲畜，形成富牧户，可免除赋税和劳役，他们属于中层社会的饮食层。

三　下层社会的饮食文化

北方游牧民族的下层社会，包括各民族的平民成员、奴隶等，拥有很少的生活资料，或者一无所有，完全依附于上、中层阶层。这一阶层的饮食文化在古代社会中不占主流，史籍记载非常有限。

在诸民族中，普通的社会成员都有自己的牧场和牲畜，只是面积稍小、数量较少，有的成员可以凭借战功晋升至中层阶层，并可得到美食的赏赐。匈奴、鲜卑都有"贵壮健，贱老弱"的风习，"壮者食肥美"，把壮健的民族成员的地位有所抬高。从内蒙古自治区西沟畔1—3号墓⑮的随葬品可看出等级的不同。三座墓葬均为长方形土坑竖穴，头向北，有殉牲现象，说明是同一时期的墓葬。2号墓随葬有精美的金银器，还有陶饮食器，墓主人身份为上层贵族；3号墓多随葬青铜器，应为中层贵族；1号墓仅有几件铁器，应为平民。所以说，匈奴人身份的高低决定了饮食方面的差异，平民只有少量的生活资料。

乌桓、鲜卑、柔然、敕勒、突厥、回纥、契丹、蒙古等民族的情况，基本上与匈奴相同，下层社会没有丰富多样的饮食生活，只有在婚姻、节日礼仪中有较多的饮食行为，平时只有粗糙的饮食状况。辽代契丹族的一般成员有一定数量的土地和牧场，契丹以外的少数民族虽然有维持生计的有限的生活资料，但受统治者剥削严重，有时很贫困。辽代对外侵略扩张，掠夺人口为奴，设投下军州专门安置，成为大贵族的私奴，所拥有的生活资料微乎其微，甚至无法维持正常的生活。

明朝时期，被统治的蒙古平民叫阿拉特，其人身依附于封建主，在封建主的领地上放牧。阿拉特虽有少量的牲畜，从事个体游牧，但封建负担十分沉重，在生活上往往处于贫困地步，出现"各部下穷夷，原无牛马可市，……日无一食，岁无二衣，实在难过"的局面。清朝时期，蒙古牧民因犯罪被判决为奴，或者是战争中的俘虏和过去遗留下来的奴隶，没有自己的牲畜和财产，依附于封建牧主的家庭，无偿地给主人提供一切劳役，侍奉主人的饮食起居。

第二节　饮食文化的交流

北方游牧民族，由于受自然条件和经济方式等因素的制约，形成了区域性特征明显的饮食文化，具有相对的稳定性和独立性。但是，任何事物不是绝对静止不变的，随着与周邻民族、中原地区、西方国家的政治、经济、军事、文化上的往来和接触，饮食文化必然受到影响，双向交流，形成你中有我、我中有你的现象，虽然有时这种影响的冲击很大，但不会改变本民族传统饮食文化的主流地位。饮食文化的互相交流，主要表现于食物原料、食物品种、饮食器的类型与装饰、饮食风俗、饮食风味等方面。

一　与中原地区的交流

在原始时代，北方游牧民族所处的区域就与中原地区在饮食器的类型和装饰风格上发生了直接的双向联系，之后不断扩大交流的对象，并通过政治上的联姻、军事上的征战、经济上的贸易来促进双方间饮食文化的交流。

北方游牧民族诞生之初，饮食器就与中原地区相互影响。内蒙古自治区伊金霍洛旗朱开沟第五阶段遗址[16]出土的三足陶瓮、花边陶鬲、蛇纹陶鬲、带钮陶罐、盆形陶甗、青铜刀等，陶器与河南省郑州二里冈上层文化[17]相类似，青铜刀对陕西省清涧县李家崖类型[18]的双环首刀、鹿首刀、羊首勺、蛇首匕有着直接的影响。

山戎所创的夏家店上层文化墓葬出土的青铜器，从器形和纹饰看，分两种类型。一种为典型的中原青铜礼器，如鼎、簋、罍、盉、壶等，纹饰有饕餮纹、夔纹、云雷纹、弦纹等；一种为地方特征的器物，如双环耳圜底鼎、犬纹双耳鼓腹鬲、豆、马形钮双联罐、四联罐、勺等。其中，双环耳鼎、犬纹双耳鬲、豆的器形与同类的陶器相似。内蒙古自治区宁城县小黑石沟大型石椁墓[19]出土的青铜礼器，明显为中原地区的礼器。如青铜簋，与陕西省出土的"大丰簋"形状相近，铸造的风格也一致，簋内腹底有十六字铭文，内容是"许季姜作尊簋其万年子子孙孙永宝用"，"许"为春秋时期的许国，在今河南省许昌、南阳一带，"季姜"为姜姓女子，即姜姓女子嫁给许国时所铸造（图103）。所以说，这批青铜礼器，是从中原地区传入的。文献中记载山戎势力强大时，与郑国、齐国、燕国经常发生战争，在战争中饮食风习和食物可能传入山戎的活动地区，山戎的饮食内涵也会传入齐国、燕国。如燕国出产的"鱼盐枣栗"，在夏家店上层文化墓葬中的青铜联罐内发现，这是饮食文化交流的必然结果。

图103　"许季姜"青铜簋　西周晚期至春秋中期

西汉时期，匈奴的陶质饮食器制作较为精细，应受汉代陶器制作工艺的影响。匈奴的进食器之一青铜刀，形状和装饰工艺一直影响到中原地区。匈奴十分重视与汉朝互通"关市"，以获得更多的生活资料。《盐铁论》卷九《论功》记载了匈奴的社会文化情况：匈奴上无义法，下无文理；织柳为室，毡席为墙，没有城廓、宫室的营建，没有文采、服饰的制作。这就使匈奴迫切需要用自产的牲畜和毛皮与中原地区的农产品及手工业品交换，以解决生产和生活上的需求。匈奴自冒顿单于以来，通过关市与中原地区通商，逐渐引入汉朝的先进文化和技术，从汉朝学会了计算和登记方法，以稽核他们的人口、牲畜和事物，促进了匈奴经济的发展；学会了筑城、凿井技术，以积蓄粮食和保证农业生产的丰收。汉文帝时，大臣贾谊曾说：关市是匈奴人所迫切需要的，如果派遣使者与他们和亲，允许他们通关市，那么匈奴人都愿投聚到长城之下⑳。事实上，从汉景帝至汉武帝初，匈奴人不断与中原地区互通关市。《史记》卷一一〇《匈奴列传》记载："今帝（汉武帝）即位，明和亲约束，厚遇，通关市，饶给之。匈奴自单于以下皆亲汉，往来长城下。"后来，汉匈之间经常发生战争，但匈奴仍不愿放弃关市。汉武帝元光二年（公元前133年）发生战争后，"匈奴绝和亲，攻当路塞往往入盗于汉边，不可胜数。然匈奴贪，尚乐关市，嗜汉财物，汉亦尚关市不绝以中之。"这种关市，一直延续到东汉时期，双方交换饮食等生活资料。

　　史籍中多处记载了汉朝与匈奴和亲的事实，送给匈奴大量的金帛食物。《史记》卷一一〇《匈奴列传》记载："高帝乃使刘敬奉宗室女公主为单于阏氏，岁奉匈奴絮缯酒米食物各有数，约为昆弟以和亲，冒顿乃少止。"在汉朝刚建立之初，为了巩固边境的安定，送给匈奴财物和饮食，结为和亲关系，从而沟通了匈奴与汉朝的饮食文化交流，这种汉朝赏赐匈奴物品之事，在后来的汉匈往来中屡见不鲜。汉武帝时期，与匈奴发生战争，匈奴单于仍想得到汉朝的赐物。《汉书》卷九四《匈奴传》上曰："其明年，单于遣使遗汉书云：'南有大汉，北有强胡。胡者，天之骄子也，不为小礼自烦。今欲与汉闿大关，取汉女为妻，岁给遗我蘖酒万石，稷米五千斛，杂缯万匹，它如故约，则边不相盗矣。"在匈奴五单于争位之时，汉朝仍一如既往地送给匈奴单于丰厚的财物和粮食。"呼韩邪单于正月朝天子于甘泉宫，汉宠以殊礼，位在诸侯王上，赞谒称臣而不名。赐以冠带衣裳，……诏忠等留卫单于，助诛不服，又转边谷米糒，前后三万四千斛，给赡其食。""元帝初即位，呼韩邪单于复上书，言民众困乏。汉诏云中、五原郡转谷二万斛以给焉。"[21]东汉时期，匈奴与汉朝的和亲关系还在持续，从汉朝得到物资支给。《后汉书》卷八九《南匈奴传》记载："（建武）二十六年（公元50年），诏赐单于冠带……饮食什器。又转河东米糒二万五千斛，牛羊三万六千头，以赡给之。……汉乃遣单于使，令谒者将送，赐彩缯千匹，锦四端，金十斤，太官御食酱及橙、橘、龙眼、荔枝。"匈奴贵族阶层能从汉朝得到许多食物，丰富了他们的饮食结构。

匈奴的饮食文化也影响到汉朝。《汉书》卷一九《百官公卿表》记载："武帝太初元年（公元前104年），更'家马'为'挏马'。"注引应劭曰："主乳马，取其汁，挏治之，味酢可饮，因以名官也。"如淳曰："……今梁州亦名马酪为马酒。"《汉书》卷二二《礼乐志》云："其七十二人给大官挏马酒。"李奇注："以马乳为酒，撞挏乃成也。"说明汉朝官员很喜欢匈奴的马奶酒，把制作方法传入汉朝，由专门官吏管理。

乌桓虽然经营农业，种植耐旱的青穄、东墙，但"米常仰中国"，从中原地区输入粮食。辽宁省西丰县西岔沟墓葬[22]出土了铁镰、铁斧、铁锛、铁锄等农具，证实乌桓确实经营农业生产，但这些农具则全部来自于中原地区，说明乌桓的农业生产技术是从汉族那里传入的。乌桓人"能作白酒，但不知作曲蘖。"曲蘖是酿酒时引起发酵的块状物，用某种霉菌和大麦、大豆、麸皮等制成。乌桓人酿造白酒，缺乏这种发酵物，只好从中原地区引进。另外，双方通过互市进行饮食文化的交流。东汉光武帝时，司徒掾班彪上书建议重新设置护乌桓校尉，得到皇帝的允许，"于是复置校尉于上谷宁城，开营府，并领鲜卑，赏赐质子，岁时互市焉。"[23]内蒙古自治区和林格尔东汉壁画墓[24]中，发现一幅绘有"宁城护乌桓校尉幕府图"，图中有互市场所，反映了乌桓人与汉人、鲜卑人物资交流的情景（图104）。

图104　内蒙古自治区和林格尔县东汉墓壁画宁城护乌桓校尉幕府图　东汉

鲜卑很早就与中原地区互通关市，用牲畜及畜产品来换取生活必需品和粮食。根据《后汉书》卷九〇《乌桓鲜卑传》的记载，东汉建武二十五年（公元49年），鲜卑与汉朝始通驿使。后来鲜卑经常得到汉朝的赏赐，包括钱财和食物。在汉安帝永初年中（公元107～113年），令护乌桓校尉在宁城（治所在今河北省万全县）通胡市，筑南北两部质馆，鲜卑的一百二十部，各派遣人质，双方进行贸易。北魏早期，拓跋鲜卑的政治中心在今内蒙古和林格尔及山西大同一带，这里与汉民族靠近或为汉民族的聚居区，便于在饮食文化方面的交流。

两晋十六国时期，慕容鲜卑入居辽东、辽西地区以后，经常与汉族往来，发生联系。在西晋元康四年（公元294年），慕容廆受汉族文化的影响，教部众从事农业生产。慕容皝称燕王后，"劝课农桑"，这都是受汉族文化的影响，使慕容鲜卑的饮食文化发生重大变化，从食肉饮酪转向食粮食。在辽宁省朝阳地区的慕容鲜卑的墓葬中，发现随葬的谷物，也能说明慕容鲜卑在饮食文化方面与汉族的交流情况。

北朝时期，拓跋鲜卑逐渐南迁，孝文帝迁都洛阳后，要求鲜卑人说汉话，穿汉服，与汉族通婚，饮食文化随之完全汉化。鲜卑统治者对汉族的饮食产生了浓厚的兴趣。《魏书》卷四三《毛修之传》记载，宋将毛修之被拓跋鲜卑俘虏后，送到平城，"修之能为南人饮食，手自煎调，多所适意。世祖亲待之，进太官尚书，赐爵南郡公，加冠军将军，常在太官，主进御膳。"《宋书》卷五九《张畅传》记载，元嘉二十七年（公元450年），魏太武帝率大军南侵，围彭城（今江苏省徐州市），遣使向守城宋将索要甘蔗、酒、甘橘等饮食，刘宋守将给之，拓跋焘尝了后，觉得味道极好，便再次索求。这不仅说明北魏统治者对南方的饮食感兴趣，也是一种饮食文化的交流状况。

拓跋鲜卑南下中原地区以后，在饮食风俗上完全汉化，并与敕勒、柔然等民族通过战争、朝贡、赏赐、互市等形式进行经济、文化上的往来。《魏书》卷一〇三《高车传》记载，北魏太祖时，曾多次攻打敕勒，"高车姪利曷莫弗敕力犍率其九百余落内附，拜敕力犍为扬威将军，置司马、参军，赐谷二万斛。后高车解批莫弗幡豆建复率其部三十余落内附，亦拜为威远将军，置司马、参军，赐衣服，发给廪食。"柔然是从北魏学会种植，开始经营农业生产，改变饮食结构，并能得到北魏赐予的粮食。拓跋鲜卑入主中原后，失去了漠北、漠南之地，使畜产品及牲畜较过去匮乏，需从柔然输入。二者之间的经济往来，必然促进了饮食文化的交流。

突厥在北朝时期就通过派使者朝贡的形式，与中原王朝交往。隋唐时期的朝贡不断，互通关市和联姻加强双方的贸易往来，促进饮食文化的交流。《北史》卷九九《突厥传》记载："其后曰土门，部落稍盛，始至塞上市缯絮，愿通中国。西魏大统十一年（公元545年），周文帝遣酒泉胡安诺槃陁使焉。……十二年（公元546年），土门遂遣使献方物。""时沙钵略既为达头所困，又东畏契丹，遣使告急，请将部落度漠南，寄居白道川内。有诏许之。晋王广以兵援之，给以衣食、赐以车服、鼓吹。""（公元588年）突厥部落大人相率遣使贡马万匹，羊二万口，驼、牛各五百头。寻遣请缘边置市，与中国贸易，诏许之。"《新唐书》卷二一五《突厥传》记载："高祖起太原，遣府司马刘文静往聘，与连和，始毕使特勒康梢利献马二千、兵五百来会。……武德元年（公元618年），骨咄禄特勒来朝，帝宴太极殿，为奏九部乐，引升御座。""初，突厥内属者分处丰、胜、灵、夏、朔、代间，谓之河曲六州降人。默咄又请粟田种十万斛，农器三千具，铁数万斤，……乃归粟、器、降人数千帐，繇是突厥遂强。""长安三年（公元703年），遣使者莫贺达干请进女女皇太子子，后使平恩郡王重浚、义兴郡王重明盛服立诸朝。默咄更遣大酋移力贪汗献马千匹，谢许婚，后渥礼其使。"突厥的农业就是受唐朝汉族的影响，也喜欢汉族人的食物，改变了突厥的饮食结构。同时，突厥的饮食对隋唐影响甚大，许多隋唐官吏以食胡饭为荣。

关于突厥与中原地区饮食文化交流的状况，在考古学资料中也有反映。新疆维吾尔自治区温宿县包孜东突厥墓葬㉕出土的带流圜底器、带流罐、鸭形壶，器表都经磨光，制陶技术较先进，这是中原文化影响的结果。器耳、把、流较发达，保留了游牧民族的特点。内蒙古自治区清水河县山跳峁墓葬㉖壁画中的两位对饮男子为汉人形象，侍奉者的形象、服饰却与汉人有明显区别。壁画还有鹿、驼、野猪、飞禽等具有草原游牧民族的生活环境的内容。当时这一带活动的主要民族为突厥，该墓主人的饮食风俗在一定程度上受到突厥的影响。

在史籍中，多处记载了突厥与隋唐政府朝贡和赏赐金银饮食器的情况。《隋书·本纪》载，公元591年突厥遣使献七宝碗。《册府元龟》卷五二〇记载，公元630年，李靖破颉利牙帐，突厥珍物，累亿万计，多靖取之。《隋书》卷八四《突厥传》记载，隋炀帝幸启民住所，"帝赐启民及主金瓮各一及衣服被褥锦采，特勤以下各有差。"《阿史那忠碑》记述了忠曾受"赐金银器物数十事。"《契苾明碑》记载契苾明受"赐锦袍、宝带、金银器物、杂采绫锦等数千件。"在北方草原地区，考古资料也有很多唐代风格的金银饮食器的实物，证明当时北方游牧民族与中原地区的饮食文化交流比较频繁。在内蒙古自治区喀喇沁旗锦山镇河东村窖藏㉗中，出土有摩羯团花纹鎏金银盘（图105）、雄狮团花纹鎏金银盘、卧鹿团花纹鎏金银盘、双鱼形鎏金银壶、鹿纹鎏金银罐等饮食器，从造型和装饰艺术的风格看，属于典型的唐代金银器。其中，卧鹿团花纹鎏金银盘的外底錾刻铭文，为唐德宗年间（公元785～805年）担任宣州刺史、兼御史中丞、宣歙池都团练观察使刘赞向朝廷贡献的物品，说明是江淮地区的产品，后来唐朝又赏赐给边疆少数民族，传入今内蒙古地区，反映了北方游牧民族与唐朝进行文化交流的状况。

回纥通过朝贡、受赐、关市、联姻、战争等手段，与中原王

图 105　摩羯团花纹鎏金银盘　唐

朝进行经济、文化的往来，促进了饮食文化的交流。《新唐书》卷二一七《回鹘传》上记载："（公元630年）复入朝。乃以回纥部为瀚海，……其都督、刺史给玄金鱼符，黄金为文，乐天子方招远夷，作绛黄瑞锦文袍、宝刀、珍器赐之。帝坐秘殿，陈十部乐，殿前设高场，置朱提瓶其上，潜泉浮酒，自左阁通坫趾注之瓶，转受百斛镣盎，回纥数千人饮毕，尚不能半。""大历四年（公元769年），以怀恩幼女为崇徽公主继室，兵部侍郎李涵持节册拜可敦，赐缯彩二万。是时，财用屈，税公卿骡、橐它给行，宰相钱中渭桥。"类似这样的记载很多，回纥从公元7世纪前叶就向唐朝朝贡，献方物，开始了二者之间的正式往来。其后，唐朝在回纥地设置瀚海都督府，任命回纥贵族为都督，加强了双方的友好关系。在回鹘建立汗国后，许多可汗都受唐朝的册封，使政治上得以沟通。唐朝公主嫁给回鹘可汗者有四位，仆固怀恩女以唐公主身份嫁与回鹘可汗者有二人，回鹘公主嫁与唐朝宗室者有一人，通过联姻促进了回鹘与唐朝之间的和亲关系。这一切都为回纥与唐朝经济的交往提供了便利条件，使得回纥经常用马匹交换唐朝的丝织品和茶叶，每次达数万匹马，从唐朝换回的丝织品也达数十万匹。

经济上的往来，促进了饮食文化的交流。回纥本以"肉饭酪浆"为主，在接近汉族居住区或进入中原地区的回纥人，大量食用粮食，改变了回纥的饮食结构。回纥人又嗜酒，但本身"不作酒"，只能仰靠从唐朝输入。回纥人还有饮茶风习，常以马与唐朝交换茶叶。《新唐书》卷一九六《陆羽传》记载："其后尚茶成风。时回鹘入朝，始驱马市茶。"可见，唐朝的饮食文化对回纥影响甚大。

早期契丹人主要与北魏至唐朝时期的中原地区往来，双方通过关市、贸易、朝贡、赏赐、战争等手段，促进经济上的贸易，带动饮食文化的交流。《魏书》卷一〇〇《契丹传》载："真君以来，求朝献，岁贡名马。……太和三年（公元479年），……其莫弗贺勿于率其部落车三千乘、众万余口，驱徙杂畜，求入内附，止于白狼水东。自此常朝贡。后告饥，高祖矜之，听其入关市籴。及世宗、肃宗时，恒遣使贡方物。熙平中（公元516～518年），契丹使人祖真等三十人还，灵太后以其俗嫁娶之际，以青毡为上服，人给青毡两匹，赏其诚款之心，余依旧式。朝贡至齐受禅常不绝。"契丹从北魏太平真君年（公元440～451年）以来，一直向北魏朝贡特产，并在边界的关市进行贸易，用牲畜换取必要的生活资料。《隋书》卷八四《契丹传》记载："开皇四年（公元584年），率莫贺弗来谒。五年（公元585年），悉其众款塞，高祖纳之，所居其故地。……其后契丹别部出伏等背高丽，率众内附。……开皇末，其别部四千余家背突厥来降。"指出了隋开皇年间，契丹与隋朝交往的情景。《新唐书》卷二一九《契丹传》记载："武德中（公元 618～626 年），其大酋孙敖曹与靺鞨长突地稽俱遣人来朝，而君长过小入寇边。后二年，群长乃遣使者上名马、丰貂。……贞观三年（公元 629 年），摩会复入朝，赐鼓纛，由是有常贡。""咸通中（公元 860～874 年）时，……复败约入寇，刘守光戍平州，契丹以万骑入，守光伪俱和，帐饮具于野，伏发，禽其大将。群胡协，愿纳马五千以赎，不许，钦德输重略求之，乃与盟，十年不敢近边。"在唐玄宗开元年以前，契丹向唐朝朝贡，但战争频繁。开元以后，契丹向唐朝朝贡献物增多，战争减少，有利于促进双方的经济往来，也带动了饮食文化的交流。

　　辽代早期，正是中原地区的五代时期。朱温建立后梁政权时（公元 907 年），契丹耶律阿保机送名马、女口、貂皮，求册封。公元 908 年，耶律阿保机和耶律述分别向后梁皇帝朱温赠送良马、细马、金马鞍辔、貂皮衣冠、男女小奴隶和朝霞锦[28]。公元 909 年 8 月，又赠送金镀铁甲、银甲、马匹、云霞锦[29]。后来，不断派人赠送物品给朱温。天赞四年（公元 925 年）五月，耶律阿保机给后唐"遣使拽鹿孟等来贡方物。"[30] 天显元年（公元 926 年），由于要"复寇渤海国，又遣梅老里已下三十七人贡马三十匹，诈修和好。"[31] 天显九年（公元 934 年），耶律德光向后唐赠送"马四百、驼十、羊二千。"[32] 双方的使者一直往返不绝。与南唐的关系，在《南唐书》卷一八《契丹传》中有记载。会同三年（公元 940 年）九月，"契丹……来聘，献狐白裘。"六年（公元 942 年）六月，"契丹……来聘，献马五驷；"七年（公元 943 年）正月，"契丹……来聘，献马三百、羊三万五千。"

　　辽代早期的饮食器具，从器物造型和装饰艺术及工艺看，主要受唐朝文化的影响。金银器中的花瓣口、圆形口、盘状、曲式、海棠形口器，与唐代金银器的圆形、葵形、椭方、海棠、花瓣、菱弧形口有着明显的共性，二者显然有着直接的渊源关系。从器口形式看，唐代金银器第一、二期以圆形为主，第三、四期则以多瓣形器口为主，这与辽代金银器第一期早段的风格十分相似，特别是唐代金银器第三、四期的花瓣形器口，在辽代被完全吸收并得到了充分的发展，仅在花瓣数上略有差异。辽代金银器第一期晚段与唐代金银器在器口变化上仍保持一致，没有走出唐代金银器的模式。辽代的银箸、银匙、渣斗、盏托，在造型上都与唐代同类器物有共同点。辽代金银器的纹饰题材和布局几乎是唐代艺术的翻版，尤其是第一、二期的纹饰布局讲求对称，构图繁缛而层次分明。纹饰有分区装饰、单点装饰和满地装等，在器物内底或器顶饰主体花纹，其他部位以辅助性花纹修饰。辽代早期金银器中的动物纹、植物纹以龙、凤、鸳鸯、摩羯、莲瓣、牡丹、卷草居多，植物纹常以缠枝的形式出现，团花装饰为主要特征。唐代金银器中的动物和植物纹更是主要的装饰题材，种类比辽代更为丰富，二者的承继关系十分明显。同时，辽代早期的仿皮囊式鸡冠壶是契丹民族典型的饮食器之一，这种造型的器物对唐代金银器的同类器有很大影响，当为契丹民族文化的冲击所致（图106）。辽代早期的瓷器也是如此，烧制细腻的白瓷器，多为定窑或仿定窑产品（图107）。

辽代中、晚期，辽宋之间经常互派使者，馈赠礼物。双方在公元1004年定下"澶渊之盟"，宋每年给辽输银十万两，绢二十万匹。此后，辽宋间继续互派使节，在边境互市，有利于加强辽宋之间的经济、文化交流。北宋初年，辽宋双方就已经在沿边互市，但没有设置官署管理，纯属民间贸易。公元977年，在北宋的镇、易、雄、霸、沧等州设置榷场。公元991年，又在雄州、霸州、静戎军、代州雁门砦设置榷场。公元1005年，辽在涿州新城、振武军及朔州南设置榷场；北宋在雄州、安肃军及广信军

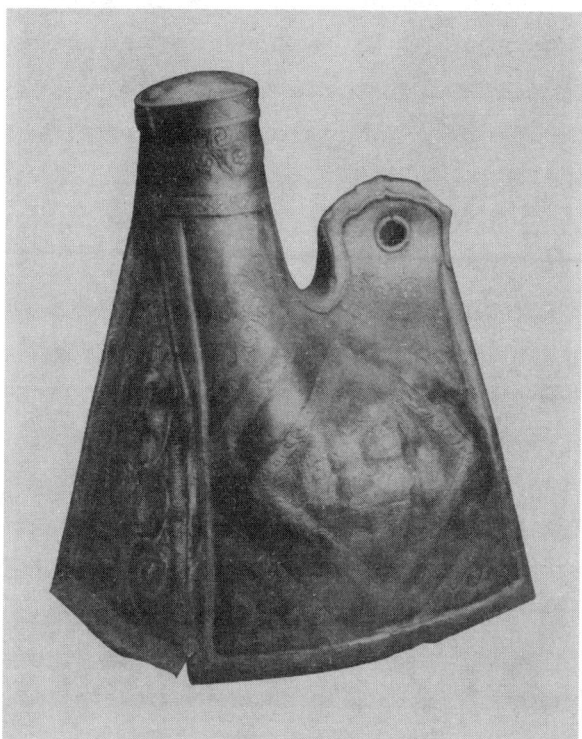

图106　鹿纹鎏金银鸡冠壶　辽

设置榷场，派官吏监督贸易。这些榷场开设的时间很长，"终仁宗、英宗之世，契丹固守盟好，三市不绝。"[33]短期设置的榷场有定州军城寨、飞狐萁牙、火军山、久良津等。榷场交易的物品，在澶渊之盟之前，从宋输入辽的有香药、犀、象、茶，后来增加苏木一项。澶渊之盟后，再增加缯帛、漆器、粳糯。由辽输入宋的商品有银、钱、布、羊、马、橐驼，羊的数量很大。在辽代遗址和墓葬中，发现有定窑白瓷、汝窑青瓷、景德镇窑青白瓷、钧窑淀青蓝瓷、磁州窑褐花瓷等器物，多为饮食器，足见辽宋间经

图 107 　白釉四系穿带瓶　辽

济往来的盛况，并带动饮食文化的交流。

契丹的饮食传入中原地区后，深受北宋上层社会和人民的喜欢。根据《契丹国志》卷二一《南北朝馈献礼物》的记载，契丹送给宋朝皇帝的生日礼物有法渍法麹枭麹酒、蜜渍山果、蜜晒山果、匹列山梨柿、榛栗、松子、郁李子、黑郁李子、枭枣、楞梨、棠梨及饮食异味（貔狸）。宋朝送给契丹皇帝生辰礼物有金银酒食茶器、法酒、乳茶、岳麓茶、盐蜜果、干果。宋朝给辽使的礼物有银器、秔、粟、麵、羊、法酒、糯米酒。

乳酪在北宋都城为珍贵而美味的饮品，有专门经营乳酪而成

名的"乳酪张家"。到南宋时，把乳酪改进，制成"酪面"。契丹
的肉食在北宋也由粗制走向细制。如北宋东京出现鹿脯、冬月盘
兔、炒兔、葱泼兔、奶房、野鸭肉等。羊肉在汉族居住区的大城
市，名目繁多。如旋煎羊白肠、批切头、汤骨头乳炊羊、炖羊、
虚汁垂丝羊头、入炉羊、羊头签、羊肉头肚等。这都说明辽代契
丹的饮食文化与中原地区饮食文化的交流互动关系。

辽代中期的金银饮食器，器形、纹饰布局、工艺等仍然继承
了唐文化的因素。辽代金银器第二期以花瓣口为主，特别是海棠
口器在此时期出现，是唐文化对辽代的影响继续走向深化的表
现，海棠花口在唐代金银器第三、四期常见。纹饰中的环带夹单
点式装饰和满地装还在盛行，以团花布局为主，已出现宋文化的
因素。到辽代晚期，金银饮食器的器形、纹饰布局多受宋文化的
影响，或直接从宋地输入，纹饰布局以写实为基调的花叶形为
主，打破了辽代早、中期的团花布局，显得生动、活泼、优美。
瓷器中多见宋朝瓷窑的产品，而辽三彩更是继承了唐三彩的风
格，在施彩上缺乏唐三彩中的靛蓝。

党项在很早时期就与中原王朝发生联系，入降归附，献物朝
贡。《隋书》卷八三《党项传》记载，在西魏、北周之际（公元
6 世纪中叶），党项几次侵扰魏、周的边境，掠抢财物。"开皇四
年（公元584年），有千余家归化。五年，拓拔宁丛等各率众诣
旭州内附，授大将军，其部下各有差。"在开皇十六年（公元596
年），党项又入侵会州（治所在今四川省茂汶羌族自治县境内），
但被隋朝打败，又"相率请降，愿为臣妾，遣子弟入朝谢罪。
……自是朝贡不绝。"根据《旧唐书》卷一九八《党项传》、《新
唐书》卷二二一《党项传》等史书的记载，在唐贞观三年（公元
629年），党项首领细封步赖率领部落归附唐朝，大受优待，唐朝
在其居住地设立轨州，授步赖为刺史。其他各部闻风兴起，纷纷
归附，唐朝又为此而设置崌、奉、严、远四州，供他们居住，授

其首领为刺史。贞观五年（公元631年），唐政府下令派遣使者到河曲地设六十州，内附唐朝的党项人口有三十余万。贞观八年（公元634年），唐朝大将李靖率军攻打吐谷浑时，党项首领拓拔赤辞帮助吐谷浑抵抗唐军，兵败请降，唐政府在其原住地，分设懿、嵯、麟、可等三十二个羁縻州，任命归附的党项部落首领为刺史，拓拔赤辞为西戎州都督，赐姓李，受松州都督府的节制。同时，散居在今甘肃南部和青海境内的许多党项部落，因受不了吐蕃的奴役，请求内徙，唐政府把原设在陇西地区的静边州都督府移置庆州（治所在今甘肃省庆阳县），辖下的二十五个党项州也一起迁徙。公元8世纪中叶，唐朝发生了"安史之乱"，散居在灵州（治所在今宁夏灵武县）、盐州（治所在今宁夏盐池县）、庆州一带的党项部落，经常与吐蕃联合扰边。唐政府为了隔离他们的关系，把党项部落迁到银州（治所在今陕西省米脂县）以北、夏州（治所在今陕西省靖边县）以东地区，静边州都督府也同时移置在银州境内。绥州（治所在今陕西省绥德县）、延州（治所在今陕西省延安市）也陆续迁来大批的党项人。还有部分党项人驱赶着牧群一度东进到石州（治所在今山西省山县），就地水草畜牧，后因不堪当地官吏的压迫而又逃回黄河西岸地区。党项本为游牧民族，饮酪食肉是他们的传统饮食，在多次迁徙到内地后，受汉族的影响开始经营农业生产，改变了饮食结构。还可用牲畜与汉族交换粮食等物，从而促进了党项与中原地区的饮食文化交流。

五代时期，党项人需要有固定的地方来扩大贸易，以换取更多的生活必需品。后唐明宗命令沿边设榷场，给党项民族提供贸易场所，更好地促进党项与中原地区的经济往来，扩大饮食文化交流的范围。北宋建立后，西夏通过朝贡获得北宋的丰厚赏赐，或设榷场进行经济贸易，或联姻扩大相互间的交往。根据《宋史》卷四八五、四八六《夏国传》记载，可知西夏与宋朝往来的

情况，进而涉及饮食文化交流的状况。宋建隆初（公元 960 年），
党项首领李彝兴献马三百匹，宋太祖为此高兴，赐以玉带作为回
赠。太平兴国七年（公元 982 年），党项首领继棒率族人入朝，
"宋太宗甚嘉之，赐白金千两、帛千匹、钱百万。祖母独孤氏亦
献玉盘一、金盘三，皆厚赉之。"端拱初（公元 988 年），宋太宗
对继棒"授夏州刺史，充定难军节度使、夏银绥宥静等州观察处
置押蕃落等使，赐金器千两、银器万两，并赐五州钱帛、刍粟、
田园。保忠（赐继棒姓赵，改名保忠）辞日，宴于长春殿，赐袭
衣、玉带、银鞍马、锦采三千匹、银器三千两，又赐锦袍、银带
五百，副马百匹。"淳化五年（公元 994 年），继棒族弟继迁"乃
献马以谢。又遣弟廷信献马、橐驼，太宗抚赉甚厚，遣内侍张崇
贵诏谕，赐药茶、器币、衣物。"景德三年（公元 1006 年），宋
朝厚赏德明（继迁子），拜官夏州刺史，"赐衣、金带、银鞍勒
马，银万两、绢万匹、钱三万贯、茶二万斤，给奉如内地。因责
子弟入质，德明谓非先世故事，不遣。乃献御马二十五匹、散马
七百匹、橐驼三百头谢恩。""四年（公元 1007 年），又献马五百
匹、橐驼三百头，谢给奉廪，赐袭衣、金带、器币。及请使至京
市所需物，从之。"公元 1038 年，党项首领元昊建立西夏政权，
此后一边与宋战争，一边继续朝贡。庆历四年（公元 1044 年），
元昊给宋朝上表誓言，要求和好，宋政府"仍赐对衣、黄金带、
银鞍勒马、银二万两、绢二万匹、茶三万斤。"嘉祐七年（公元
1062 年）谅祚（元昊长子）"遣人献方物"，并"进马五十匹，
求《九经》、《唐史》、《册府元龟》及宋正至朝贺仪，诏赐《九
经》，还所献马。"熙宁四年（公元 1071 年），"夏遣使入贡，且
以二砦易绥州，乞如旧约，诏不允。"这种朝贡关系一直延续到
北宋灭亡。

　　宋朝在与党项的边境设置榷场，进行经济上的贸易。党项首
领德明在公元 1007 年，请求在保安军（今陕西省志丹县）设置

権场，听许蕃汉贸易。大中祥符八年（公元 1015 年），德明"筑堡于石州浊轮谷，将建権场"，宋朝下令沿边安抚司制止。在権场上，宋朝"以缯、帛、罗、绮，易驼、马、牛、羊、玉、毡毯、甘草；以香药、瓷、漆器、姜、桂等物，易蜜、蜡、麝脐、毛褐、羱羚角、硇砂、柴胡、苁蓉、红花、翎毛。非官市者，听与民交易；入贡至京者，纵其为市。"[34] 德明为了从贸易额的增加中多得利益，常在边境私设権场，或派人在沿边一带贩卖禁物，进行走私活动。《续资治通鉴长编》卷七二记载："大中祥符二年（公元 1009 年），河东沿边安抚司奏：麟、府州人民多携带轻货，在夏境内擅立権场贸易，请求禁断。"《宋会要辑稿·方域》载："盖德明多遣人赍违禁物，窃市于边，间道而至，俱长壕之阻也。朝廷方务招纳，故止其役。"由此而看，党项及其建立的西夏政权与北宋通过朝贡和设置権场的形式，促进双方之间的经济贸易，也沟通了饮食文化的交流。

蒙古族在草原统治时期，生产技术落后，生产力低下。蒙古族主要从事畜牧业，只在哈拉和林（蒙古汗庭，故城在今蒙古国乌兰巴托附近）一带有少量的农业，社会经济很不稳定。蒙古贵族为了满足私欲，对各族人民进行了掠夺性和破坏性的战争，正如马克思、恩格斯所言："邻人的财富刺激了各民族的贪欲，在这些民族那里，获取财富已成为最重要的生活目的之一。"[35] 在战争中，必然出现经济、文化的交往，也会引起饮食文化的交流。元朝的交通业十分发达，自大都至全国各地的赤站很多，为商业的发展提供了有利的条件，当时蒙古地区的上都、应昌、肇州等地，都是著名的商业中心，"在市者则四方之商贾与百工之事为多。"[36] 忽必烈为了鼓励各地商人到蒙古地区贸易，"特免收税以优之"。[37] 来到这里的商贾，多贩运粮食。元朝政府还"悉出户部茶盐引，募有能自挽自输者，入其粟而授其券"，来"捐利以予商人"。[38] 蒙古族十分需要粮食，商贾把粮食源源不断地运入蒙古地区，对改善他们的饮食结构起了积极作用。另外，中原地区的钱币、银器、陶器、铁器等输入蒙古地区，密切了蒙古地区与中原地区的经济联系。

图108　龙泉窑缠枝牡丹纹瓶　元

内蒙古自治区呼和浩特市东郊白塔村窖藏㊳，出土六件精美的瓷器，计有钧窑香炉一件、钧窑镂空座双螭耳瓶二件、龙泉窑缠枝牡丹纹瓶二件（图108）、龙泉窑缠枝莲纹瓶一件。从工艺制作和装饰纹样看，都为元代瓷器中的精品，而且从中原和南方地区输入。在其他遗址和墓葬中，出土的多数饮食器和农业生产工具，都是从中原地区传入，成为蒙古族喜爱的物品。蒙古地区的牲畜和畜产品，也被中原地区的汉人所接受，用于饮食结构和发展经济。

"通贡"是在蒙古封建主与明朝之间进行的，各部领主利用属民上交的牲畜、猎物和各种手工制品向明朝"进贡"，明廷回赠丝织品、棉纺品、农产品、生活用具、医药、佛经及货币等。根据《明实录》记载，从永乐元年（公元1403年）至隆庆四年（公元1570年）间，蒙古封建主向明朝进贡八百多次。正统十二年（公元1447年），"瓦剌使臣皮儿马黑麻等二千四百七十二人来朝，贡马四千一百七十二，貂鼠、银鼠、青鼠皮一万二千三百。"㊵明廷回赠的物品，几乎被蒙古各部封建主占有，平民只能高价换取一点。

明朝通过马市和木市与蒙古地区交换物品。蒙古首领俺答汗几次要求开茶市，遭到明廷的反对，未能实现。马市在明朝初期就开始，"永乐间，设马市三：一在开原南关，以待海西；一在开原城东五里，一在广宁，以待朵颜三卫。"[41]永乐六年（公元1408年）明成祖命在甘州、凉州、兰州、宁夏等处进行马匹交易。正统三年（公元1438年），开大同马市，与中原进行贸易。嘉靖三十年（公元1551年），在俺答汗的强烈要求下，明朝在大同镇差堡、宣府新开口堡、延绥、宁夏等地开设马市。隆庆五年（公元1571年），俺答汗与明朝达成和平贡市协议，明朝先后在大同得胜堡、新平堡、守口堡、宣府张家口、山西永泉营、延绥红山寺堡、宁夏清水营、中卫、平虏卫、甘肃洪水扁都口、高沟寨等十一处开设马市。这种马市为官市，由明朝指定地点，每年定期开市一两次，每次三至十五日左右，双方官员监督，由明朝定出牲畜价格，用银两、钱钞收购马匹，或用布、缎、铁锅等折价易马。

因官市满足不了蒙古封建主的贸易要求和蒙汉民间对物品的需要，便在那些过去被明朝禁止的民间私下贸易之地，准予开设私市，以物易物。还有一种在适当地点开设的月市。《万历武功录》卷八《俺答汗列传下》记载："牛（易）米豆石余，羊穟糗数斗。无畜，间以柴盐数斗易米可一、二斗，柴一担易米可二、三升，而其甚者，或解皮衣，或执皮张马尾，惟冀免一日之饥。"交易的品种，官市蒙古方面主要出售马匹。在民市上，蒙古地区用马、驼、骡、驴、牛、羊、毡、裘、皮张、马尾、盐、碱、柴草、木材等，与明朝交换粮食、布、绢、丝、缎、衣服、农具、铁锅、铜锅、纸张、医药、颜料、日常用具、茶叶及各种食品。其中，牲畜、粮食、饮食器、食品的交易额度较大。互市给双方带来了稳定和繁荣，"俺答汗纳款马市互易，边疆无警，畿辅晏然，汉唐以来所未有也。"④有利于双方饮食文化的交流。

　　清朝由于汉族商人大批涌入蒙古地区进行贸易，结成山西和北京商帮，垄断蒙古地区的市场，他们从蒙古族那里收购原料和畜产品，贩卖各种日用品，逐渐居住下来，发展了原有的城市和形成新的城镇，在饮食上影响了当地蒙古族或接受蒙古族的风习。这些商人往往用很少的商品与蒙古族交换牲畜，出现了"茶一斤易一羊，十斤易一牛"的局面。从清朝晚期至民国时期，大批汉族到蒙古地区开垦蒙荒，使许多牧场变成农田，致使部分蒙古族的饮食风习同汉族一样了。

　　通过商业贸易，沟通了蒙古地区与内地的物质交流。汉族商人供应给蒙古族需要的生产工具和生活用品，也将蒙古族无力充分利用的土特产收购起来，供应内地人民的生活需要。另外，木材、盐、碱、矿产、药材、山货、猎物等，在蒙古族那里根本不从事生产或很少利用，通过商业的流通，为蒙古族人民开辟了新的生产领域，也使汉族人民得到了以前所未有的东西。在商贸过程中，饮食方面的交流幅度很大，同时与饮食相关的经济、风俗也在相互影响，促进了蒙古地区与内地的饮食文化交流（图109、110）。

图109　石榴纹青花执壶　清

图110 "大清光绪"款红彩金字餐具 清

二 与周边民族的交流

北方游牧民族的饮食文化，不仅与中原地区有着密切的联系，还与周边民族形成互动交流的关系，丰富了饮食文化的内涵，而且这种交流关系始于原始时代。北方游牧民族诞生以后，与周边民族的饮食文化交流愈演愈烈。

在辽宁省朝阳市魏营子遗址[43]中，可以看到饮食器与山戎创造的夏家店上层文化的同类器有着承继关系，二者在时间上基本衔接。均以夹砂红褐陶为主，以素面磨光陶和火候低为特点，口沿外叠唇、錾耳、双环耳也有共同的特征。从器形看，魏营子类型的折沿圜底鼎、叠唇盆、敞口罐、粗把豆，都可在夏家店上层文化中找到相似的器形。特别是筒腹鬲、鼓腹鬲、高领鬲的形制与夏家店上层文化同类器非常接近，演变序列也几近相同。如鼓腹鬲，由领部较高、口沿外撇变为短领直口，由最初口沿上饰附加堆纹花边装饰到逐渐退化，裆部由高分裆向矮联裆发展。

夏家店上层文化的夹砂红褐陶器和筒腹鬲，在下辽河流域的青铜文化中可以找到渊源。辽宁省沈阳市新乐上层类型[44]的陶器以夹砂红褐陶为主，素面陶外表多不打磨，筒腹鬲为直口、直腹、宽裆，柱状实足，腹部有四个横桥状耳，年代为商周之际。辽宁省新民县高台山类型[45]的筒腹鬲，直口筒腹，腹部稍弧，裆较深，圆锥形实足根，腹部有四个竖桥状耳，时代与夏家店下层文化晚期相当，这种筒腹鬲，与夏家店上层文化的同类器很相似，在年代上要比夏家店上层文化早，应受下辽河流域青铜文化的影响。

东胡强盛时，常入侵匈奴，向匈奴索取宝马、土地等。后被匈奴打败，部分退居今西拉木伦河流域，还有一部分归于匈奴，在饮食文化方面形成互动的交流关系。内蒙古自治区林西县井沟子墓葬[46]，被学术界认为是东胡的遗迹，出土的陶器以形体较大的素面夹砂红褐陶或灰褐陶的罐为主，另有少量的鬲、钵、壶，不见豆。同类陶器的形制也有很大不同，陶鬲与夏家店上层文化陶鬲相比有明显的差别，似非同一系统；陶罐口沿不见夏家店上层文化流行的抹斜口沿的做法。但还有一些文化因素相同，如井沟子出土陶罐中的高直领特征、外叠唇陶钵、个别陶鬲腹部带鋬作风，则体现了对夏家店上层文化同类器的继承性。

匈奴与乌桓、羌、西域诸族通过征税、商贸、战争等手段促进饮食文化的交流。《汉书》卷九四《匈奴传》下记载："汉既班四条，后护乌桓使告乌桓民，毋得复与匈奴皮布税。匈奴以故事遣使者责乌桓税，匈奴人民妇女欲贾贩者皆随往焉。"匈奴除向乌桓征收赋税外，还与乌桓发生交换，在饮食方面必然受到影响。

匈奴与羌族发生商业交往。《后汉书》卷三一《孔奋传》记载："建武五年（公元 29 年），河西大将军窦融请奋署议曹掾，守姑藏。八年（公元 32 年），赐爵关内侯。时天下扰乱，唯河西独安，而姑藏称为富邑，通货羌胡，市日四合，每居具者不盈数日辄致丰积。"

匈奴与西域诸族经常发生战争。西域受匈奴的控制，常想背叛匈奴。匈奴还在西域驻兵屯田，发展生产。这一切必然引起商业上的交换，促进饮食文化的交流。

鲜卑与匈奴可能发生经济上的贸易。西汉初期，东胡被匈奴所败，其余部鲜卑退居今西拉木伦河流域，在匈奴的控制之下。后来，鲜卑与匈奴经常发生战争，加强了两个民族之间的交往，使鲜卑的风俗带有匈奴的性质。东汉时期，随着鲜卑势力日趋强盛，占据了匈奴故地，匈奴十万余部都自号鲜卑。双方间的战争与交往，必然引起饮食文化方面的交流。鲜卑与乌桓同为东胡的两个部落，饮食、经济及习俗都相同，活动的范围也交错分布。曹魏时期，乌桓入居右北平、辽东、辽西，慕容鲜卑也入居辽西，进而驻辽东，二者相互混居，在饮食文化方面有众多的相似之处。慕容鲜卑还与扶余发生战争，必然在饮食及风俗方面有一定的影响。北魏时期，拓跋鲜卑先后攻破匈奴、慕容鲜卑建立的大夏、后燕政权，又征服西域诸族、柔然等，迫使他们遣使朝贡，由此引发饮食文化的交流。

敕勒的前身丁零主要居住在今贝加尔湖地区，受匈奴人控制，在饮食文化、风俗习惯等方面必然受到匈奴的影响。魏晋南北朝时期，西迁到今新疆地区的敕勒人，与同一活动范围内的西域诸族发生联系，在饮食文化方面必有交流。敕勒与柔然经常发生战争，促进双方的饮食文化交流。

突厥与回纥出现的时间和活动的范围有重叠之处，在饮食文化上应有交流。同时，还与契丹、室韦、西域诸族发生战争，进行经济、文化间的交往，也能引起饮食文化的共鸣。

辽代早期，在其西部、西北、北部、东部生存着许多民族，有奚、室韦、突厥、吐谷浑、党项、回鹘、阻卜、乌古、敌烈、女真、渤海。辽朝与这些民族经常发生战争，贡物互市，扩大了相互间的经济贸易。如吐谷浑，"有白承福者，自同光（后唐年号，公元 923～926 年）初代为都督。……丁壮常数千人。羊、马生息，入市中土。"⑰西瓜本为西域的特产，五代时期由回纥引进，在上京一带种植。宋使胡峤的《陷北记》曰："遂入平川，多草木，始食西瓜，云契丹破回纥得此种，以牛粪覆棚而种，大如中国冬瓜而味甘。"在契丹的食物中有一种回鹘豆，"高二尺许，直干，有叶无旁枝。角长二寸，每角止两豆，一根才六七角，色黄，味如粟。"⑱这种豆是从回鹘传入的，并引种。另外，葡萄也从西域传入。渤海的螃蟹、石鲨为契丹人所喜好，"渤海螃蟹，红色，大如椀，螯巨而厚，其跪如中国蟹螯。石鲨，蛇鱼之属，皆有之。"⑲

契丹与党项建立的西夏政权的关系是从党项首领继迁开始的。继迁利用宋、辽之间的矛盾，采取联辽政策，契丹也利用党项势力牵制北宋，于公元 986 年辽授继迁为定难军节度使，都督夏州诸军事。继迁为了进一步取得辽的支持，请求联姻，契丹主以宗室女耶律襄的女儿封义成公主许嫁，赐马三千匹。后封继迁为夏国王，接着又改封西平王。公元 1031 年，元昊与契丹兴平公主结婚，以加强二者之间的联盟关系。但是，西夏与辽的联盟，都是为了各自统治阶级利益而服务，在利益受到损害时，必然要发生战争。如公元 1044 年，辽兴宗北率十万大军西征西夏，大败而还，西夏获辽军器服辎重不计其数，西夏还经常遣使入辽朝贡，并能得到辽政府的赏赐。因此，契丹与西夏以联姻、战争、朝贡等形式，加强二者之间的联系，促进饮食文化的交流。

契丹与女真通过贡赐和贸易的方式进行经济联系。如统和年间，几乎每年女真都要向辽贡献方物。统和六年（公元988年）八月，"濒海女真遣使速鲁里来朝"。[50]九年（公元991年）正月，"女直遣使来贡"。[51]二十二年（公元1004年）二月，两次"女直遣使来贡"。[52]二十八年（公元1010年）十月，"女直进良马万匹"。[53]女真的一部分归契丹后称为"熟女真"，"自意相率，赍以金帛布、黄蜡、天南星、人参、白附子、松子、蜜等诸物入贡北番，或只于边上买卖。"[54]契丹的商人经常到女真地区买卖，"亦无所碍，契丹亦不以为防备。"[55]居住在粟末江以北的"生女真"也把北珠、人参等土特产，运到宁江州的権场与契丹进行贸易。

《契丹国志》卷二二记载了许多民族与契丹交易的情况。居住在契丹境内的屋惹、阿里眉、破骨鲁诸部落，每年除给契丹进贡"大马、蛤蚾、青鼠皮、貂皮、胶鱼皮、蜜腊"之外，还和契丹"任便往来买卖"。铁离部"惟以大马、蛤蚾、鹰鹘、青鼠、貂鼠等皮及胶鱼皮等物与契丹交易。"靺鞨"惟以鹰鹘、鹿、细白布、青鼠皮、银鼠皮、大马、胶鱼皮等物与契丹交易。"铁离喜失牵部"惟以羊、马、牛、驼、皮毛之衣与契丹交易。"蒙古里部"惟以牛、羊、驼、马、皮毛之物与契丹交易。"于厥部"惟以牛、羊、驼、马、皮毛之物与契丹交易。"契丹设置権场和西北各族贸易，"高昌、龟兹、于阗、大小食、甘州人，时以物货至其国（契丹），交易而去。"[56]契丹与周边民族政治上的联姻、军事上的攻战、经济上的往来，在很大程度上促进了饮食文化的交流。尤其是经济贸易的主要货物，多与饮食有关。

党项先后与吐蕃、西域诸族、契丹、女真等发生经济往来，带动饮食文化的交流。西夏与金国发生联系是在辽国灭亡的前夕。公元12世纪初，女真的势力不断强大，建立金政权，对辽进行战争，迫使辽天祚帝西逃至夹山（今内蒙古自治区萨拉齐西北、乌拉特中旗界）。金为了消灭辽国以解除后患之忧，全力对付宋朝，便联合西夏许以"下寨以北，阴山以南，乙室耶刮部吐禄泺西之地"[57]给西夏。西夏应允若天祚帝逃奔至夏境，即行执献于金。双方就此确立了政治上的主从关系。在金攻灭辽以后，就把战争烽火引入西夏，不时发生战争，阻隔了西夏与南宋间的联系，迫使西夏在经济上依赖于金国。公元1141年，金同意了西夏的请求，在边境设置権场。其后金国在市场中开放铁禁，让西夏的经济得以缓和。公元1172年，金世宗认为用生活必需品与西夏交易珠玉一类的奢侈品不太合算，下令停罢了保安、兰州两处権场。五年后，因顾虑西夏与西辽相勾结，发生异动而不利；又因尚书省奏："夏国与陕西边民私相越境，盗窃财富，奸人托名権场贸易，得以往来，恐为边患。使人入境，与富商相易，亦可禁止。"[58]便下令关闭了绥德権场，只留东胜州和环州两地。公元1181年，西夏仁宗请求恢复兰州、保安、绥德三处権场，并要求准许西夏使人入金贸易日用物品。金国以保安、兰州不产布帛为由，只允许在绥德设立关市，互通有无，并听西夏使人在都城进行贸易。直到公元1197年，金国才全部开放了和西夏交易的旧有権场。

党项与西域诸国及中亚一带也有着密切的联系。《西夏书事》卷一五记载："回鹘土产，珠玉为最；帛有兜罗、锦毛氎、狨锦、注丝、熟绫、斜褐；药有腽肭脐、硇砂；香有乳香、安息、笃耨。其人善造宾铁刀、乌金银器。或为商贩，市于'中国'、契丹之处，往来必由夏界。夏国将史率十中取一，择其上品；贾人苦之。"对西域诸国至宋朝的商贾，截道于西夏，勒索财物。还请求宋朝下诏令大食（波斯）贡使取道西夏，以图掠夺。这虽然不是正常的现象，但西域诸国的商人、使者前往宋朝、辽国时，必经西夏，在一定程度上会引起饮食文化的交流。

蒙古国、元朝时期，色目商人多贩运珠宝、香料等奢侈品供给元朝统治者，把西域生长的经济作物输入蒙古地区，以水果（葡萄、西瓜）和棉花最引人注目。元朝统一全国后，使周邻各民族的饮食文化有更多的机会与蒙古族的饮食文化相交流。明清时期，蒙古地区与维吾尔族、藏族、满族等民族进行商业贸易，形成饮食文化的互动关系。

三 与世界各国的交流

北方游牧民族的饮食文化，从商周时期就与外国形成相互交流的关系，主要与今中亚、西亚、俄罗斯、朝鲜半岛、日本列岛等进行交流，丰富了北方游牧民族的饮食文化内涵，对外扩大了饮食文化的影响力。

从夏家店上层文化、东胡遗迹和匈奴早期的青铜刀来看，与俄罗斯南西伯利亚米努辛斯克盆地发现的卡拉索克文化的青铜刀在造型上保持一致，说明这种进食工具在亚欧草原游牧民族中普遍使用，而且卡拉索克文化融入一定成分的中国北方青铜文化的因素。前苏联著名学者吉谢列夫认为："在那些地方，在当地土著之间已经混入了中国北方人种成分，便造成了南西伯利亚高度发展的卡拉索克文化。"[59]

从匈奴的动物纹装饰看，与斯基泰——南西伯利亚的"野兽纹"有相近之处，都以草原上常见的动物为装饰。匈奴器物中的呈反转式的动物纹和怪兽纹，直接受到斯基泰文化的影响。既然在文化内涵上的一致性和相互影响，必然也带动了饮食文化的交流。匈奴通过西域，与中亚一带的国家和民族进行往来，饮食文化的交流也首当其中。《汉书》卷九六《西域传》记载："自乌孙以西至安息，近匈奴，匈奴尝困月氏，故匈奴使持单于一信到国，国传送食，不敢苦留。"安息国以食待匈奴使者，进行政治上的交往。

东汉鲜卑金银器的镶嵌和焊珠技法，是从希腊、罗马、波斯等地区传入。我国著名考古学家夏鼐先生曾说："镶嵌之术，先秦已产生，但镶宝石、珠饰以晋代为盛，并镶有金刚石者，是为希腊、罗马，东向输入我国和东南亚。"[60]内蒙古自治区和林格尔县另皮窑鲜卑墓[61]出土的野猪纹包金铁带饰，具有这种镶嵌宝石的特点，这是受西方文化影响的结果。山西省大同市南郊北魏墓[62]出土的鎏金錾花银碗，为同时期波斯地区的产品，说明中西文化交流带动了鲜卑饮食文化的渗透。

在突厥的遗物中，发现有西方文化的特征，说明中亚、西亚的波斯、粟特文化经过草原丝绸之路传入突厥地区，反映在饮食器具上比较明显。内蒙古自治区敖汉旗李家营子唐代突厥墓葬[63]出土的银执壶、椭圆形银杯、鎏金猞猁纹银盘，都具有粟特式的风格。银执壶，口部有流，弧形把，把上端和口缘相接处有一胡人头像，这类壶在中亚、西亚常见，一般认为是波斯萨珊遗物；该壶的把上端直接安装在器口上，颈部短粗，圈足矮胖，没有节状装饰，风格更接近于粟特产品。椭圆形银杯，不分瓣，也不带耳，形制特别，与萨珊和中国中原地区的长杯有所区别；在中亚撒马尔罕的片吉肯特的粟特壁画中，有许多人物手持长杯，其形制与粟特长杯更接近（图111）。鎏金猞猁纹银盘，在盘的中心饰

图111　椭圆形银杯　唐

动物，周围留出空白，这种作法在粟特地区盛行，当为粟特地区的产品（图112）。突厥强盛时，粟特地区长期处于突厥的统治，突厥贵族拥有粟特产品是很正常的现象，也是粟特金银饮食器在

唐代传入北方游牧民族地区的例证。

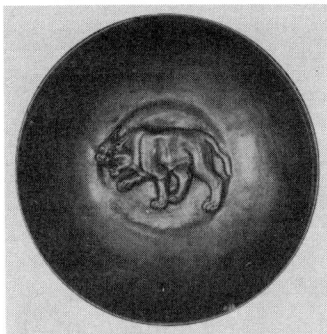

图 112 猞猁纹鎏金银盘 唐

图 113 "高士图"鎏金单把杯 辽

　　辽代契丹族的饮食文化，不仅向中原地区、西北地区、东北地区传播，还通过高丽传入朝鲜、日本，经过西域传入中亚一带，扩大了交流的区域。同时，中亚、西亚的饮食器不断传入契丹境内（图 113）。契丹崛起后，向西北边境扩张，保证了通往西域的交通畅通无阻，高昌、于阗成为辽与波斯、大食等国联系的桥梁，客观上促进了西方文化的传入。辽代金银饮食器的多瓣形器的原形渊源于粟特地区的银器，它直接或通过唐代金银器作为媒介间接地影响了辽代金银。辽代饮食器中大量出现的摩羯形图案，则是通过唐代间接吸收印度佛教文化艺术的因素。在内蒙古自治区奈曼旗辽陈国公主与驸马合葬墓[64]中，出土玻璃盘、瓶（图 114）等饮食器，为波斯舶来品。

　　蒙古国、元朝时期，蒙古军队西征欧亚，攻占高丽、安南、缅国、占城、爪哇、琉球等国，促进了蒙古族与今中亚、西亚、俄罗斯、东南亚、东亚的相互往来，促成饮食文化的交流。如元朝蒙古族的錾耳杯，敞口，弧腹，平底，在口一侧附花边形或月牙形錾耳，其下饰圆形指环，这是在吸收前代民族和西方文化的

图 114　乳钉纹玻璃瓶　辽

基础上，所创制的酒器。明清时期的蒙古族饮食文化，对南西伯利亚、中亚、西亚等地区继续保持着交流状况。

---

① 赵荣光、谢定源：《饮食文化概论》，第 90 页，中国轻工业出版社，2000 年。

② 项春松、李义：《宁城小黑石沟石椁墓调查清理报告》，《文物》1995 年第 5 期。

③ ［宋］范晔撰：《后汉书》卷九〇《乌桓鲜卑传》，中华书局，1965 年标点本。

④ 田立坤：《朝阳前燕奉车都尉墓》，《文物》1994 年第 11 期。

⑤ 山西省大同市博物馆等：《山西大同石家寨北魏司马金龙墓》，《文物》1984 年第 6 期。

⑥ 〔北齐〕魏收撰：《魏书》卷一〇三《蠕蠕传》，中华书局，1974 年标点本。

⑦ 〔唐〕李延寿撰：《北史》卷九九《突厥传》，中华书局，1974 年标点本。

⑧ 〔元〕脱脱等撰：《辽史》卷四五《百官志》一，中华书局，1974 年标点本。

⑨ 佟柱臣：《辽墓壁画反映的契丹人生活》，《辽金史论集》5，文津出版社，1991 年。

⑩ 内蒙古自治区文物考古研究所等：《辽耶律羽之墓发掘简报》，《文物》1996 年第 1 期。

⑪ 河北省文物研究所等：《河北宣化辽张文藻壁画墓发掘简报》，《文物》1996 年第 9 期。

⑫ 〔元〕脱脱等撰：《宋史》卷四八五《夏国传》上，中华书局，1977 年标点本。

⑬ 内蒙古文物工作队：《内蒙古扎赉诺尔古墓群发掘简报》，《考古》1961 年第 12 期。

⑭ 甘肃博物馆：《酒泉、嘉峪关晋墓的发掘》，《文物》1979 年第 6 期。

⑮ 伊克昭盟文物工作站等：《西沟畔匈奴墓》，《文物》1980 年第 7 期。

⑯ 内蒙古自治区文物考古研究所等：《朱开沟——青铜时代早期遗址发掘报告》，文物出版社，2000 年。

⑰ 河南省文化局文物工作队：《郑州二里冈》，科学出版社，1959 年。

⑱ 张焕文、吕智荣：《陕西清涧县李家崖古城发掘报告》，《考古与文物》1988 年第 1 期。

⑲ 项春松、李义：《宁城小黑石沟石椁墓调查清理报告》，《文物》1995 年第 5 期。

⑳ 〔汉〕贾谊《新书》卷四《匈奴篇》。

㉑ 〔汉〕班固撰：《汉书》卷九四《匈奴传》下，中华书局，1962 年标点本。

㉒ 曾庸：《辽宁西丰西岔沟古墓群为乌桓文化遗迹论》，《考古》1961 年第 6 期。

㉓ 〔宋〕范晔撰：《后汉书》卷九〇《乌桓鲜卑传》，中华书局，1965 年标点本。

㉔ 内蒙古文物工作队等：《和林格尔汉墓壁画》，文物出版社，1978 年。

㉕ 新疆维吾尔自治区博物馆等：《温宿县包孜东墓葬群的调查和发掘》，《新疆文物》1986 年第 2 期。

㉖ 内蒙古自治区文物考古研究所：《内蒙古清水河县山跳峁墓地》，《文物》1997 年第 1 期。

㉗ 内蒙古自治区喀喇沁旗文化馆：《辽宁昭盟喀喇沁旗发现唐代鎏金银器》，《考古》1977 年第 5 期。

㉘ 〔宋〕王溥撰：《五代会要》卷二九《契丹》，上海古籍出版社，1978 年标

点本。

㉙　[宋] 王钦若等编：《册府元龟》卷九七二《外臣部·朝贡五》，中华书局，1960 年影印本。

㉚　[宋] 王溥撰：《五代会要》卷二九《契丹》，上海古籍出版社，1978 年标点本。

㉛　同㉚。

㉜　[宋] 王钦若等编：《册府元龟》卷九七二《外臣部·朝贡五》，中华书局，1960 年影印本。

㉝　[元] 脱脱等撰：《宋史》卷一八六《食货志》下八，中华书局，1977 年标点本。

㉞　[元] 脱脱等撰：《宋史》卷一八六《食货志》下，中华书局，1977 年标点本。

㉟　《马克思恩格斯选集》第四卷，第 160 页，人民出版社，1972 年。

㊱　虞集：《道园学古录》卷一三《北都留守贺惠愍公庙碑》，商务印书馆，1937 年。

㊲　[明] 宋濂等撰：《元史》卷一一《世祖纪》八，中华书局，1976 年标点本。

㊳　[元] 柳贯：《柳待制文集》卷一六《送刘宣宁序》，《四部丛刊》影印本。

㊴　李作智：《呼和浩特市东郊出土的几件元代瓷器》，《文物》1977 年第 5 期。

㊵　《明英宗实录》卷一六〇。

㊶　[清] 张廷玉等撰：《明史》卷八一《食货志》五，中华书局，1974 年标点本。

㊷　《明神宗实录》卷三三。

㊸　辽宁省博物馆文物工作队：《辽宁朝阳县魏营子西周墓和古遗址》，《考古》1977 年第 5 期。

㊹　沈阳市文物组：《沈阳新乐遗址试掘报告》，《考古学报》1978 年第 4 期。

㊺　沈阳市文物管理办公室：《新民高台山新石器时代遗址 1976 年发掘简报》，《文物资料丛刊》7，1983 年。

㊻　吉林大学边疆考古研究中心等《2002 年内蒙古林西县井沟子遗址西区墓葬发掘纪要》，《考古与文物》2004 年第 1 期。

㊼　[宋] 王溥撰：《五代会要》卷二八《吐浑》，上海古籍出版社，1978 年标点本。

㊽　[宋] 叶隆礼撰：《契丹国志》卷二七《岁时杂记》，上海古籍出版社，1985 年标点本。

㊾　同㊽。

㊿　[元] 脱脱等撰：《辽史》卷一二《圣宗纪》三，中华书局，1974 年标点本。

○51 ［元］脱脱等撰：《辽史》卷一三《圣宗纪》四，中华书局，1974 年标点本。

○52 ［元］脱脱等撰：《辽史》卷一四《圣宗纪》五，中华书局，1974 年标点本。

○53 ［元］脱脱等撰：《辽史》卷一五《圣宗纪》六，中华书局，1974 年标点本。

○54 ［宋］叶隆礼撰：《契丹国志》卷二二，上海古籍出版社，1985 年标点本。

○55 同○54。

○56 ［元］马端临撰：《文献通考》卷三四六《契丹》下，中华书局，1986 年标
点本。

○57 ［元］脱脱等撰：《金史》卷一三四《西夏传》，中华书局，1974 年标点本。

○58 同○57。

○59 吉谢列夫：《吉谢列夫讲演集》，1950 年，汉文版。

○60 夏鼐：《北魏封和突墓出土银盘考》，《文物》1983 年第 8 期。

○61 内蒙古博物馆：《和林格尔另皮窑村北魏墓出土的金器》，《内蒙古文物考古》
第 3 期，1984 年。

○62 山西省考古研究所等：《大同南郊北魏墓葬发掘简报》，《文物》1992 年第
8 期。

○63 敖汉旗文化馆：《敖汉旗李家营子出土的金银器》，《考古》1978 年第 2 期。

○64 内蒙古自治区文物考古研究所等：《辽陈国公主墓》，文物出版社，1993 年。

第十章 北方游牧民族的饮食理论

饮食理论是人类对于与饮食相关现象的一种规律性的系统认识，内容涉及种植、耕作、养殖、环境、食物加工、饮食结构、饮食市场、饮食服务、烹调技法、饮食卫生、食疗方法、饮食观念等诸多方面。都是在长期的生活实践中总结出来的。在人们的日常生活中，首先要解决饮食问题，俗话说："民以食为天"，说明了饮食对人类生活的重要性。《礼记·礼运》曰："夫礼之初，始诸饮食。"概括了饮食的内在理论。北方游牧民族的饮食理论，也包含了诸方面的内涵，由于自身所处的生态环境和经济形态，人们在长期实践中形成一套特征明显的饮食理论。

第一节 古代北方游牧民族的饮食理论

北方游牧民族经过原始时期的发展孕育，在早商或稍早时期因气候条件和生态环境的变化，逐渐总结出饮食方面的理论，并使之深化、发展、完善。北方游牧民族的饮食始终保持有自己的特征，对中原地区的饮食文化有着深远影响。瞿宣颖先生说："自汉以来，南北饮食之宜，判然殊异。盖北人嗜肉酪麦饼，而南人嗜鱼菜稻荖，如此者数百年。隋唐建都于此，饶有胡风，南食终未能夺北食之席。"①可见北食的重要性，因此而形成的饮食理论也至关重要，甚至影响了近现代中国饮食文化理论。

古代北方游牧民族饮食理论的发展历史，可分为两个阶段。第一个阶段，从早商或稍早时期至隋唐时期（公元前 16 世纪～公元 907 年），为初期发展时期；第二个阶段，从辽代至清代（公元 907 年～1911 年），为逐步完善时期。

一 饮食理论的初期发展

在夏代，北方地区的气候开始变为寒冷，植被由森林草原向草原型转变，人类虽然仍以农业经济为主，但已认识到草原更适宜发展畜牧业，以至于早商时期，在鄂尔多斯地区出现半农半牧的经济类型。在干凉的气候条件下，经过劳动实践，认识到哪些植物适宜于本地区的种植，于是就出现了耐旱、耐寒的粟、稷等作物。同时，人类在长期的狩猎过程中，认识到哪些动物可以驯化，哪些动物不可以驯化，到此时已饲养了猪、狗、羊、牛、马五畜和鸡，并有了初步的饲养和牧放经验。

从饮食结构上讲，夏商时期的北方民族已注重食物的搭配比例和营养成分，从而对人的体质和延长寿命产生了积极作用。在饮食器方面，根据用途制作各类器物，分工明确，饮食、盛食、进食、炊煮、贮藏的器类应有尽有，特别是三足炊煮器，扩大受火面积，加快食物熟化的时间。当时的烹饪技艺已掌握了煮、蒸、烤，这是人类在长期的饮食过程中逐渐获得的规律性认识。

西周至春秋中期，山戎部落在经营畜牧业和农业的过程中，认识到水草丰美的地方，牲畜肥壮，能满足人们所需要的生活资料。根据气候条件和土地状况，适宜种植耐干旱的粟、稷，而不种植其他农作物，偶然在低洼地带种植瓜果，即懂得适时令而种植的道理。从考古资料发现的食物来看，当时上层贵族的饮食结构非常合理，肉虽然含蛋白质、脂肪很高，营养成分足，但容易伤害肠胃，加之以瓜果、野菜、鱼类食物，能冲淡肉食带来的疾病。经鉴定食物中含有盐分，已注重饮食中的调味。

春秋末期至战国时期，匈奴人主要食肉饮酪，有足够的营养，但不利于消化。在日常生活中，匈奴人懂得"逐水草迁徙"的生活规律，只有水草丰美的地方，牛、羊、马才能肥壮。《史记》卷一二九《货殖列传》说："北有戎、翟之畜，畜牧为天下饶。"匈奴正因为拥有大量的牲畜，才得以有赖以生存的生活资料。匈奴人一般食牛、羊，马用来作游牧和征战的坐骑，不轻易食用，只有应急时才宰杀食用。在牧养过程中，他们认识到牛、羊长到几岁时适宜食用，什么季节的牛、羊肥壮味美，什么季节的牛、羊瘦弱，每日何时挤取畜乳最好，这些实践经验逐渐形成与饮食相关的理论。

西汉时期，随着汉匈关系的改善，中原文化传入匈奴地，匈奴人学会了农业生产，使饮食结构发生了变化，加之经常能得到汉朝赏赐的酒、米、蔬菜、瓜果等食物，就大大改进了匈奴人的饮食风习。在长期的生活实践中，匈奴人已掌握了几种熟食方法，烹制技术也有所提高，出现了烧、烤、蒸、煮、炒、烙等方法，丰富了匈奴饮食文化的内涵，形成一套烹饪理论。

两晋、十六国及北朝时期，人们在饮食和经济生活的实践过程中，形成一系列的饮食及经济活动的理论，并对隋唐时期的饮食理论有着直接的影响。这一时期，从农业、种植、养殖到食馔、烹调、食品制造等方面，都有许多著作问世，如《齐民要术》、《崔氏食经》、《北方生酱法》等，可惜大多已佚失，只有《齐民要术》完整存世。

北魏贾思勰著的《齐民要术》，论述了各种粮食作物、陆生和水生瓜菜、水果及其他多种经济作物的栽培、加工和贮藏问题。耕种方面，记载了施肥、选种、保墒、植株间距、下种数量、间种追肥、防虫、防寒等各个环节的具体做法，并总结了掌握时令、物候及养地、整地的经验和要领。对种子的筛选、保藏也有一套经验，种子当选穗壮、粒饱、色鲜者，不宜与一般谷粮混杂存放；保藏有干燥高悬法和以艾草夹贮法等。就水果、瓜、蔬菜的种植也总结了宝贵的经验，书中记载了东北至辽东，南至交州、广州，西北至河湟，西南到川滇的各种瓜果和蔬菜，其中有桃、李、杏、枣、梨、葡萄、草莓等水果和冬瓜、瓠瓜、豆角、萝卜、芥菜、芹菜等蔬菜，农作物中的粟、穄、东墙等，适宜于在北方地区种植。由此可见，农作物和果、瓜、蔬菜种植及贮藏理论已形成。

《齐民要术》对烹饪理论和烹调技艺有深刻的见解，涉及北方游牧民族的烹调技法有羹、蒸、煎、炙、饼等，这些方法多为鲜卑族及前代民族所创。《齐民要术》卷八《羹臛法第七十六》曰："作羊盘肠雌斛法：取羊血五升，去中脉麻迹裂之。细切羊胳肪二升，切生姜一斤，桔皮三叶，椒末一合，豆浆清一升，豉汁五合，面一升五合，和米一升，作糁，都合和。更以水三升浇之。解大肠，淘汰。复以白酒一过洗肠中屈申，以和灌肠，屈长五寸，煮之。视血不出，便熟。寸切，以苦酒、酱食之。"这种食法取其浓郁的鲜膻之味，以面、米作配料，煮熟蘸醋和酱食之，并一直延续至后代民族。

书中还论及了牛、马、驴、羊等牲畜的饲养、繁殖与管理经验，详细介绍了酿酒、乳酪、奶酒的配方和制造方法。由此看出鲜卑等民族把中国北方地区的饮食理论推向一个新的阶段，对我国古代饮食理论的发展起了很大的作用。

隋唐时期，突厥、回纥"随水草迁徙"，食肉饮酪，还喜饮酒和茶，同时种植农作物，或与中原王朝换取粮食，改变其传统的饮食结构。在饮食卫生、食物制作、烹饪技艺、养殖等方面，继承了北朝诸民族的方法和经验，使饮食理论逐渐走向完善。

二　饮食理论的逐步完善

从北方游牧民族饮食文化的发展历史看，到辽代契丹民族占据草原地区之时已形成一套饮食理论，日趋完善，在生产实践中，积累了畜牧、狩猎、农业等一系列经验。

在畜牧方面，契丹人以擅长养马名闻天下，对马的配种、驯放有一套管理技术。宋人苏颂出使辽国后赋诗注说："契丹马群，动以千数，每群牧者才二三人而已。纵其逐水草，不复羁绊，有役则旋驱策而用，终日驰骤而力不困乏。彼谚云：'一分喂，十分骑。'番汉人户亦以牧养多少为高下。视马之形，皆不中法相，蹄毛俱不剪剃，云马遂性则滋生益繁，此养马法也。"②

在狩猎方面，特别是契丹皇帝的四时捺钵，形成了春、夏、秋、冬狩猎活动的内容。在春季捕鱼、捕鹅；夏季正是万物滋繁的季节，不再从事游猎；秋季为收获的最佳时机，猎取鹿、虎、熊；冬季以避寒商议国事为主，定期讲武射猎，训练军队。从中可以看出契丹人四季猎取不同的动物，并懂得夏季是动物的繁殖时期，雌性动物产子后的肉不肥美，幼子又不能吃，故禁止狩猎。

在农业方面，辽代多次教民农耕，使农作物生产迅速发展，从选种、点种、植土、中耕、灌溉、收获，都有一套比较先进的生产经验，农业产量颇丰。辽圣宗耶律隆绪曾"命唐古（耶律唐古）劝督耕稼以给西军，田于胪朐河侧，是岁大熟。明年，移屯镇州，凡十四稔，积累数十万斛，斗米数钱。"③辽代中期后的粮价一直很低，说明粮食供应有余。如果没有先进的种植和管理技术，就不会出现这种状况。

在饮食结构方面，肉、面、米、蔬菜、瓜果、乳、酒、茶样样俱全，各有做法和食式，尤其是契丹上层社会的饮食非常讲究，注意卫生和保健，并有调理身体的饮食和医药。如契丹皇后产后，根据生男女的不同，服用相应的饮食，以调理虚弱的身体。考古发掘的实物中，有骨柄牙刷、银匜、银盆、铜盆等洗漱用具，说明契丹贵族已注重刷牙、洗手等清洁活动，保持饮食卫生。

经过前代游牧民族的饮食和经济生活的实践探索与创造，到元朝时期形成许多专著，总结记录了很多创新的理论，代表著作有元朝司农司编纂《农桑辑要》、王祯著《农书》、鲁明善著《农桑衣食撮要》和忽思慧著《饮膳正要》。

《农桑辑要》共七卷，分为十门，其内容有典训（记述古代典籍中有关农桑起源及重要史实）；耕垦（叙述耕种操作方法）；播种（介绍谷类和纤维、油料等作物的栽培技术）；栽桑；养蚕；瓜菜；果实；竹木；药草（包括茶、染料）；孳畜（农家月计划）。从书中所述农作物种类、耕作方法、气候特点、资料来源看，概括了中国北方（黄河流域及以北地区）的农业生产经验，涉及北方游牧民族的农业生产状况。

王祯《农书》共有三十六卷，分为三个部分：论述农业生产的《农桑通诀》（一至六卷）；介绍农业生产工具的《农器图谱》（七至二十六卷）；分论各种作物栽培的《谷谱》（二十七至三十六卷）。该书记述的农业生产打破了南北区域，把北方农民四十年来生产技术上的提高总结进去，并大量吸收了南方先进农业生产的宝贵经验。

鲁明善的《农桑衣食撮要》共分上、下两卷，详细地按月令记述了当时我国各族人民的农事活动，内容包括耕作、水利、气象、瓜菜、果树、竹木、药草、桑蚕、养蜂、畜牧、酿造及农畜产品加工等方面。

忽思慧的《饮膳正要》分三卷，内容包括饮食卫生理论、食谱、食品原料性能鉴别，总结了汉、蒙古、维、回等民族的饮食经验，如养生食忌、妊娠食忌、乳母食忌、饮酒避忌、四时所宜、五味偏走、食物利害、食物相反、食物中毒、禽兽变异等，始终贯穿着饮食养生、食疗和保健思想。忽思慧认为，饮食的原则应是利于养生，"饮食必稽于本草"，"饮膳为养生之首务"。通过合理的饮食实现健康长寿的目的，逐渐成为古代北方游牧民族的科学饮食观。

蒙古族在长期的畜牧业生产过程中，积累了游牧方法、养畜方法、驯育保护、草场选择等方面的经验，懂得了"随季候而迁徙。春季居山，便畜牧而已"的道理，依季节的特征，合理使用牧场，免于一年四季到处奔波，造成牲畜倒毙，在客观上保护了牲畜的草料不受损害。在养畜方法上，已掌握骟马技术，注重选配种畜，以保证畜种的优良和牲畜的强壮。同时，注意马匹的驯育和保护，使马匹强壮而宜用。《黑鞑事略》记载了当时的养马方法，"自春初罢兵后，凡出战好马，并恣其水草，不会骑动，直至西风将至，则取而控之，系于帐房左右，喽以些少水草，径月后，膘落而实，骑之数百里，自然无汗，故可以耐远而出战。寻常正行路时，并不许其吃水草，盖辛苦中吃水草，不成膘而生病，此养马之良法。"

蒙古族实行牧人分工管理、牲畜分群放牧的方法，"扇（骟）马、骒马各自为群"。④牧人也有"放马的"、"放羊的"、"放羔儿的"、"放牧骆驼的"。蒙古牧民十分重视牧场的选择和水草的保护，驻牧的场所都是"草也好，马也肥"⑤之处。凡破坏牧场者，都要受到惩罚。

元朝时期的三部农书、《饮膳正要》及其他书中涉及的农业、牧业、饮食等内容，加之养殖、牧放、管理的实践经验，使古代北方游牧民族的饮食理论达到成熟阶段。

明末清初著名的烹饪学家李渔著的《闲情偶记》，阐述了许多烹饪思想。注重选用新鲜原料，提倡烹饪食物的本色、真味，讲究火候、锅气，强调合理使用调料。在火候、锅气方面，李渔认为："烹者之法，全在火候得宜，先期而食生，生者不松；过期而食者肉死，死则无味。……紧火蒸之极熟，此则随时早暮，供客咸宜，以鲜味尽在鱼中，并无一物能侵，亦无一气可泄，真上着也。"蒙古族的涮羊肉、手扒肉、烤羊肉都讲究火候，如同李渔所言的烹法（图115）。

图 115　铁火盆、铁烤架　元

清代著名诗人和文学家袁枚著《随园食单》，概括了烹调技艺和南北菜肴，既有抽象的理论阐述，又有具体操作过程的介绍，总结出烹饪技艺的普遍性和规律性，使之成为与实践密切相关又高于实践的饮食理论，将中国的烹饪理论的发展推向高峰。《随园食单》共计十四篇，其饮食理论的主要内容有原料选择、搭配调剂、清洁卫生、择优选作料、火候、色香味形器、面点制作、厨师职业道德等，这些理论在蒙古族的传统饮食中同样起着重要作用。

在蒙医食疗法中，有很多药品为可食的农作物及其他食品。还逐渐总结经验，形成很多文字性的著作，如《蒙医正典》、《医学大全》、《药剂学》、《药五经》、《配药法》等，涉及用饮食调理身体的方法。

清代蒙古族在牧业生产中，更加注重草场的合理使用和牲畜的驯育，在生产技术和经营管理上实现了改进，如打井、搭棚、筑圈和牧草保护等。在半农半牧区实行打井、搭棚、筑圈、开辟"草甸子"、贮备冬饲料的方法，形成一套完整的养畜、保畜经验（图116）。

图116　蒙古族生活图（局部）　清

经过辽、元、明、清的发展，北方游牧民族的饮食理论已逐步达到完善阶段，无论是从种植、养殖、牧放、饮食结构，还是从食物加工、烹调技艺、饮食卫生、饮食保健、饮食观念来看，都已形成著作性的理论构造，对现代中国饮食理论有着重要的借鉴作用。

第二节　近现代北方游牧民族的饮食理论

北方游牧民族的饮食理论，经过两千余年的发展，到近现代更趋完善。饮食结构、饮食保健、饮食卫生、饮食市场、饮食服务、饮食观念都向现代化发展，产生出新的饮食理论。中国伟大的革命先行者孙中山先生在《建国方略》、《三民主义》等文献中，精辟的论述了饮食文化的精髓，指出"是烹调之术本于文明而生，非孕乎文明之种族，则辨味不精；辨味不精，则烹调之术不妙。中国烹调之妙，亦只表明进化之深也。"说明了饮食文化与整个民族的经济、文化的发展紧密相连，是社会进化的结果，是文明程度的重要标志。在我国近现代时期，由于历史发展的不平衡性和曲折性，前后形成了饮食史上的温饱型和营养型理论，二者有着交叉渗透的关系。但从历史发展进程看，20 世纪 80 年代以前基本上属于温饱型阶段，其后的时期进入向营养型转变的阶段。

一　温饱型理论

1911 年，孙中山先生领导的辛亥革命，推翻了清王朝的统治，结束了两千多年的封建时代，建立了中华民国。1919 年，五四运动的爆发，标志着中国革命进入了一个新的历史时期，即新民主主义革命时期。1921 年，中国共产党成立，从此领导中国人民经大革命时期、第二次国内革命战争时期、抗日战争时期、解放战争时期，最终建立中华人民共和国。由于剥削阶级的长期统治和多年的战争，人民政府和广大人民不得不首先解决食的问题，即最低起点——温饱问题。

20 世纪 40 年代以前，内蒙古地区先后由北洋军阀、国民党反动派、日本侵略者统治，在经济上残酷的掠夺和沉重的剥削，使大多数蒙古族人民处于水深火热之中，生活不得温饱。察绥两省的蒙古族人民不仅负担蒙旗政府和王公札萨克原有的摊派，还要承受省县政府新加的田赋和苛捐杂税，使其"全部生产的收入或其他利润，都被掠夺殆尽，几无以生存。"⑥在这种条件下，蒙古族和其他兄弟民族在饮食观念上只能是寻求解决温饱的问题，即使如此，亦不能如愿，过着半饥半饱的贫苦生活。

1947 年内蒙古自治区成立，中国北方草原地区的经济得到迅速恢复和发展，人们的食生产和食生活均有了历史性的改变和进步。种植、养殖、牧放、食品加工等都得到前所未有的发展，粮食、油料、糖、乳品、肉食等都有不同程度的增长，保证了城乡居民的正常供应。

但是，在片面强调"以粮为纲"的农业政策指导之下，很多牧场被开垦为农田，结果是粮食产量没有提高，草原生态也遭受破坏，在一定程度上影响了人们的食生产和食生活的条件。同时，在"节约闹革命"的传统教育下，使人们满足于最基本的饮食消费。抑制消费成为人们的主导意识，低消费和解决温饱是这一时期饮食生活和饮食文化的基本特征。经济上的封闭、思想上的禁锢，导致了饮食文化交流的局限，虽然并不排除以绒毛、皮革、奶油、奶粉、干酪素、乳糖等畜产品出口换取外汇，但这并没有影响群众以温饱型理论为主的饮食思想。

中共党史出版社出版的《饥饿引发的变革》中说到，农村"包产到户"、"包干到户"责任制的兴起，是"因为中国农村从合作化、公社化以来，20 年间多数农民处于贫困饥饿半饥饿状态，农民从吃饱肚子、要活命这一最原始的需求出发，对僵死的

'人民公社'体制进行义无返顾的冲击，其聪明才智也得以最大程度的发挥，最终创造出符合广大农民愿望、符合中国农村实际的农业新体制，从而解决了 20 多年争来吵去，党内为此发生过多次严重斗争而一直没有解决的问题。"⑦在中国北方民族地区，情况也是如此，农区实行"包产到户"的责任制，牧区实行"大包干"和"牲畜作价归户、草原分片承包"的责任制，就是为了解决民众饮食生活中的温饱问题。

二　营养型理论

1978 年 12 月召开的党的十一届三中全会，是建国以来我党历史上具有深远意义的伟大转折，经济体制的改革，使中国人民的食生产和食生活有了很大的改变。以内蒙古自治区为例，从 1978 年到 1985 年，粮食播种面积在有所调减的情况下，年总产量由 99. 8 亿斤增加到 121 亿斤，全区大小牲畜出栏率高达 23. 5%，存栏头数也达 2336 万头（只）。乳制品、酿酒、榨油、制糖、食品等工业生产，都呈上升趋势。

改革开放 20 多年来，尽管由于种种原因，北方民族地区不同区域、社会不同层次饮食生活的改变或改善还存在着不小的差距，一些地区的民众的饮食生活状况还相当困难，但就整体来看，吃饱问题基本解决了，多数人的食生活有了改善，部分民众的生活则有了明显的提高，大部分人已经吃饱了，一部分人则开始吃好，并产生了追求饮食营养的观念。

随着科学技术的发展，对饮食资源的充分开发，北方民族地区不但畜牧业非常发达，农业、园艺、渔业、经济作物等都得到前所未有的开发和利用，使人们的饮食不仅仅是为了解决温饱，更多的是为了营养和健康。如今，牛奶已成为城镇居民每日餐中必不可少的食品，新鲜的牛、羊、猪、鸡肉和蔬菜都随时可食，

搭配合理，甚至连海鲜已不算是稀罕之物。国家和政府关心国民
健康素质与合理膳食，各种政策和有效措施相继出台。如 1982
年、1992 年的全国第二、三次营养调查，1993 年国务院颁布的
《九十年代中国食物结构与发展纲要》，1997 年中国营养学会制定
的《中国居民膳食营养参考摄入量》等。这些引导中国食品生
产、食品加工和国民饮食观念、习惯与膳食结构的活动，对民众
饮食生活走向科学化具有重大意义。

　　追求饮食营养，首先要改变饮食结构，不能以粮为主食，辅
以蔬菜和少量的肉食，要注意合理搭配。目前，人们食物中粮谷
比重减少，肉食比重已明显增加，只要稍微增加蔬菜、水果和薯
类食物、豆制品与牛奶的数量，就会成为理想的膳食，这一饮食
结构已被越来越多的人接受。其次要改变餐制，彻底改变早餐
"马虎"、中餐"凑合"、晚餐"丰盛"的现状。营养学研究表
明，一日三餐中早餐最为重要，用好早餐胜似服用补药。科学的
早餐包括谷类、肉类、蛋类、奶类、蔬菜、水果，其中具备三类
以上就算是宜于健康的早餐，许多家庭已经能做到这样的标准。
合理的三餐应该是早饭吃饱、午饭吃好、晚饭吃少，早、中、晚
餐摄入热能分别约占全天总热能的 30%、40%、30%，比例非常
适当。[⑧]最后要注意"营养病"或"营养过剩病"的发生，中国
的糖尿病患者每年以 300 万人的速度上增，过去这种病常见于老
年人之中，而今年轻患者不断增加，主要是因为饮食结构的不合
理，造成了营养失衡。

　　饮食营养与现代科技有着密切的关系，食品科技能使食物在
制作、加工、保藏等方面既不破坏营养，又可增加食品产量，还
可延长食用期。食品加工行业引进了许多先进的生产设备，出现
了全自动生产线，如粮油加工、畜产品加工、乳制品、糕点、豆
腐、酱醋、酒类、饮料等生产线，使食品加工业的效率提高几
倍、几十倍。在食品生产业中，有一个十分重要的问题就是包

装，若保鲜、包装技术落后，食品会腐烂、变质，更谈不上营养。现代食品企业都采用了先进的保鲜、包装技术，使食品和饮料的保质期延长，避免了不必要的浪费。如内蒙古的"伊利"、"蒙牛"奶食系列产品，靠着先进的保鲜、包装技术和纯正的美味，已打入全国消费者信得过产品中，并远销香港、澳门市场。

厨房设备向现代化发展，许多宾馆、饭店、公共食堂、家庭对陈旧的传统设备正在进行更换或已改造完毕。在洗涤消毒方面，有洗米机、多用食品洗涤机、洗碗消毒机、消毒柜等；在粉碎、搅拌、切割、成型等加工方面，有各类粉碎机、薯类磨粉机、磨浆机、土豆去皮机、多用切菜机、肉片机、绞馅机、压面机、馒头机等；在豆制品方面，有豆芽发制机、豆腐生产机；在熟食烹制方面，有热蒸锅、电热煎炸锅、自动炸油条机、自动开水器、多用电饭煲、电火锅、食品保温箱、远红外线食品烧烤炉、微波炉等。在大中城市和部分县、乡、村，普遍使用煤气和液化气煮饭炒菜，对饮食生活影响巨大。

饮食的烹调技艺也变得复杂而精深，从原料加工、原料保藏与鉴别、刀工火候、调味品与调味技术，到热菜工艺、凉菜配制等，都有一套严密的工序。如羊肉烹制法，有煮、烤、氽、炸、煎、烹、熘、爆、炒、涮等多种做法，使羊肉菜肴鲜嫩可口，既有羊肉的香味，又无膻味，还可保持肉中营养，深得人们喜好。

目前，介绍饮食营养和饮食疗法的论文与著作很多，除国家颁发的有关"纲要"和"指南"外，《中国食品报》、《美食导报》、《食品导报》、《中国烹饪》、《营养学报》等报刊上，经常刊登饮食营养和饮食治疗方面的经验、论文。出版的著作有《中国烹饪百科全书》（任百尊主编，中国大百科全书出版社，1995年）、《烹饪概论》（陈光新著，高等教育出版社，1998年）、《饮食营养与卫生》（刘国芸著，中国商业出版社，2000年）、《饮食文化概论》（赵荣光、谢定源著，中国轻工业出版社，2000年）

等，这些文章和著作对丰富和探讨饮食营养理论，对促进现代中国北方民族饮食理论的发展都有重要的意义。

随着我国改革开放的深入进行，全球经济一体化格局的逐步形成，饮食文化的交流将会更加宽泛，人们对饮食理论的认识也会更加关注。在我国北方草原地区，近年来加大对草原生态环境的保护力度，使北方民族传统的饮食文化有一个良好的外部天然环境。生态环境的良性循环，又使畜牧业有进一步的发展，以保证人们有充足的肉食、奶食等营养食品，这一点如今已经基本做到，包括许多农村、牧区对肉食、奶食的需求已基本能供给和购买。人们生活质量的提高，对农作物的种植、耕作和养殖业、畜牧业、食品加工业的快速发展将会起到推动作用，也带动了人们对饮食市场、饮食服务、饮食卫生、烹调技法的更高要求。现今的北方民族，在继承古代游牧民族饮食理论的基础上，对饮食观念有了很大的改变，注重食品的营养保健和食疗方法，把饮食理论全面而普遍地提高到营养型的层次上，使饮食生产和饮食生活走向科学化、规范化和营养化。

----

① 瞿宣颖：《中国社会史料丛钞·南北饮食风尚》，第 142 页，上海书店，1985 年。

② ［宋］苏颂：《契丹马诗注》，傅璇琮、孙钦善、倪其心的《全宋诗》第 10 册，第 6422 页，北京大学出版社，1992 年。

③ ［元］脱脱等撰：《辽史》卷九一《耶律唐古传》，中华书局，1974 年标点本。

④ ［宋］彭大雅、徐霆：《黑鞑事略》，王国维笺证本，载《蒙古史料校注四种》上卷，1926 年刊印。

⑤ 余大钧译注：《蒙古秘史》卷六，河北人民出版社，2001 年。

⑥ 贺扬灵：《察绥蒙民经济的解剖》，第 230 页，商务印书馆，1935 年。

⑦ 陈大斌：《饥饿引发的变革》，中共党史出版社，1998 年。

⑧ 任百尊主编：《中国烹饪百科全书·膳食篇》，中国大百科全书出版社，1995 年。

参考文献

1. ［汉］司马迁撰：《史记》，中华书局，1959 年标点本。

2. ［汉］班固撰：《汉书》，中华书局，1962 年标点本。

3. ［宋］范晔撰：《后汉书》，中华书局，1965 年标点本。

4. ［北齐］魏收撰：《魏书》，中华书局，1974 年标点本。

5. ［唐］李延寿撰：《北史》，中华书局，1974 年标点本。

6. ［后晋］刘昫撰：《旧唐书》，中华书局，1975 年标点本。

7. ［宋］欧阳修、宋祁撰：《新唐书》，中华书局，1975 年标点本。

8. ［宋］欧阳修撰《新五代史》，中华书局，1974 年标点本。

9. ［元］脱脱等撰：《辽史》，中华书局，1974 年标点本。

10. ［明］宋濂等撰：《元史》中华书局，1976 年标点本。

11. ［清］张廷玉等撰：《明史》，中华书局，1974 年标点本。

12. 林幹：《东胡史》，内蒙古人民出版社，1989 年。

13. 林幹：《匈奴通史》，人民出版社，1986 年。

14. 林幹：《突厥史》，内蒙古人民出版社，1988 年。

15. 林幹、高自厚：《回纥史》，内蒙古人民出版社，1994 年。

16. ［宋］叶隆礼撰，贾敬颜、林荣贵点校：《契丹国志》，上海古籍出版社，1985 年。

17. 冯继钦、孟古托力、黄凤歧：《契丹族文化史》，黑龙江人民出版社，1994 年。

18. 田广林：《契丹礼俗考论》，哈尔滨出版社，1995 年。

19. 罗贤佑：《元代民族史》，四川民族出版社，1996 年。

20. 乌云毕力格等：《蒙古民族通史》第四卷，内蒙古大学出版社，

1993 年。

21. 文物出版社主办：《文物》月刊。

22. 中国社会科学院考古研究所主办：《考古》月刊。

23. 中国社会科学院考古研究所主办：《考古学报》季刊。

24. 内蒙古文物工作队编：《内蒙古文物资料选辑》，内蒙古人民出版社，1962 年。

25. 内蒙古文物工作队编：《内蒙古文物资料续辑》，1984 年。

26. 内蒙古文物考古研究所编：《内蒙古文物考古文集》第一、二辑，中国大百科全书出版社，1994 年、1997 年。

27. 叶新民：《元上都研究》，内蒙古大学出版社，1998 年。

28. 张碧波主编：《北方文化研究》，黑龙江教育出版社，1989 年。

29. 高延青编著：《北方民族文化新论》，哈尔滨出版社，2001 年。

30. 吕一飞：《胡族习俗与隋唐风韵》，书目文献出版社，1994 年。

31. 林耀华主编：《民族学通论》，中央民族大学出版社，1997 年。

32. 宋蜀华、白振声：《民族学理论与方法》，中央民族大学出版社，1998 年。

33. 宋蜀华：《中国民族学理论探索与实践》，中央民族大学出版社，1999 年。

34. 安柯钦夫等：《中国北方少数民族文化》，中央民族大学出版社，1999 年。

35. 张岱年、方克立：《中国文化概论》，北京师范大学出版社，1994 年。

36. 徐万邦、祈庆福：《中国少数民族文化通论》，中央民族大学出版社，1996 年。

37. 费孝通主编：《中华民族多元一体格局》，中央民族学院出版社，1989 年。

38. 黄淑娉、龚佩华：《文化人类学理论与方法》，广东高等教育出版社，1996 年。

39. 徐世明、毅松：《内蒙古少数民族风情》，内蒙古人民出版社，1993 年。

40. 宁昶英：《塞上风俗》，内蒙古大学出版社，1993 年。

41. 杨·道尔吉：《鄂尔多斯风俗录》，蒙古学出版社，1993 年。

42. 赛音吉日嘎拉、沙日勒岱著，郭永明译：《成吉思汗祭奠》，内蒙古人民出版社，1987 年。

43. 陈兆复主编：《中国少数民族美术史》，中央民族大学出版社，2001 年。

44. 郝维民：《内蒙古自治区简史》，内蒙古大学出版社，1991 年。

45. 马宏伟：《中国饮食文化》，内蒙古人民出版社，1992 年。

46. 何明、吴明泽：《中国少数民族酒文化》，云南人民出版社，1999 年。

47. 鲁克才主编：《中华民族饮食风俗大观》，世界知识出版社，1992 年。

48. 于行前主编：《中华酒文化大观》，当代中国出版社，1997 年。

49. 周鸣琦、李人凡主编：《中国各民族年节祭会大事典》，陕西人民教育出版社，1995 年。

50. 徐万邦：《中国少数民族节日与风情》，中央民族大学出版社，1999 年。

51. 万建中：《饮食与中国文化》，江西高校出版社，1995 年。

52. ［唐］孙思邈撰，吴爱琚注释：《千金食治》，中国商业出版社，1985 年。

53. ［元］忽思慧撰，任应秋、吴爱琚笺注：《食疗方》，中国商业出版社，1985 年。

54. 刘云主编：《中国箸文化大观》，科学出版社，1996 年。

55. 赵荣光、谢定源：《饮食文化概论》，中国轻工业出版社，2000 年。

56. 徐海荣：《中国饮食史》，华夏出版社，1999 年。

57. 李曦：《中国烹饪概论》，旅游教育出版社，2000 年。

58. 姚伟钧：《中国传统饮食礼俗研究》，华中师范大学出版社，1999 年。

59. 陈诏：《中国馔食文化》，上海古籍出版社，2001 年。

60. 王学泰：《华夏饮食文化》，中华书局，1999 年。

61. 姚伟钧等：《饮食风俗》，湖北教育出版社，2001 年。

62. 王仁湘：《饮食与中国文化》，人民出版社，1993 年。

63. 王明德、王子辉：《中国古代饮食》，陕西人民出版社，1988 年。

64. 何满子：《中国酒文化》，上海古籍出版社，2001 年。

65. 王远坤：《饮食美论》，湖北美术出版社，2001 年。

66. 刘国芸：《饮食营养与卫生》，中国商业出版社，2000 年。

67. 瞿明安：《隐藏民族灵魂的符号——中国饮食象征文化论》，云南大学出版社，2001 年。

68. ［英］拉德克利夫·布朗著，夏建中译：《社会人类学方法》，华夏出版社，2002 年。

69. ［美］卡罗琳·考斯梅尔著，吴琼、叶勤、张雷译：《味觉》，中国友谊出版公司，2001 年。

70. ［美］马文·哈里斯著，叶舒宪、户晓辉译：《食物与文化之谜》，山东画报出版社，2001 年。

后　记

　　本书稿是笔者在中央民族大学攻读民族学博士学位期间完成的，并在博士论文的基础上增加了许多内容。以前，关于北方游牧民族饮食文化的研究比较少，而且没有形成系统性的研究成果，也没有把饮食文化归入哪一个学科之中。笔者经过反复思考，认为中国的饮食文化内涵丰富，是世界上其他任何国家都无法比拟的，具有很深的本土化意义。而中国民族学、人类学界对本土化的概念争论不休，何不用我们最强劲的饮食文化之优势，去探讨这个本土化的问题呢？该书运用了民族学、人类学、考古学、历史学、生态学等学科的理论与方法，主要站在民族学的视野中，论述了中国北方游牧民族的食生产、食生活以及相关的文化现象，并从中探索了饮食民族学（或饮食人类学）研究的文化内涵，也算作民族学本土化专题研究的一次尝试。

　　笔者在西北大学历史系考古专业学习期间，曾接触过很多的古代人类遗留下来的器物，包括了相当数量的饮食器，但并未从饮食文化的角度去思考，只是作为考古学类型学的一个方法去研究，但为日后从事北方游牧民族饮食文化研究奠定了实物资料方面的基础。1998年5月，受中国箸文化博物馆的邀请，在大连市参加了中国箸文化研讨会，并提交了《中国北方民族的箸文化研究》的论文，才开始通过实物来研究北方草原地区各民族的饮食文化。在研讨会上，结识了浙江工商大学中国饮食文化研究所的赵荣光教授和中国轻工业出版社的马静副编审，受他们的委托接受了《中国饮食文化区域史》丛书《中北地区饮食文化史》的编写，并从此走向对中国北方游牧民族饮食文化的研究之路。由于缺乏某一学科的理论与方法的指导，开始只是局限于从物质文化方面去从事北方游牧民族饮食文化的研究，从而没有研究的深度和完整性。在攻读博士学位期间，笔者系统地学习了民族学的理论与方法，深感饮食在人类生活中的重要性，加之有民族学理论与方法的指导，便选择了这一课题作为博士论文。涉及了饮食文化中的物质、制度、精神文化的内容，把北方游牧民族饮食文化作了进一步的深化与研究，在博士论文的基础上形成拙著。书中有些提法和观点尚未成熟，望有关专家、学者及广大读者予以批评和指正。

在本书稿的撰写过程中，笔者的博士导师徐万邦教授就有关内容提出了很多修改意见，并欣然作序。在博士学位论文的开题和答辩过程中，中国社会科学院民族学与人类学研究所的任一飞研究员、民族文化宫的索文清研究员、中央社会主义学院的杨绍猷教授、中央民族大学民族学与社会学学院的杨圣敏教授、邵献书教授、白振声教授，在论文选题、论文内容、写作方法、运用理论等方面都提出了中肯的建议和意见。另外，笔者的挚友、中山大学人类学系教授麻国庆博士，在笔者攻读博士学位期间给予了特别帮助。书中的照片由内蒙古博物馆副研究员孔群先生提供，文物照片和线图都已公开发表，涉及文物现藏于内蒙古博物馆、内蒙古自治区文物考古研究所等单位。对于诸位先生、学友和单位的支持与帮助致以衷心的感谢。

在我攻读博士学位的三年中，父母给了我坚强的信念，使我心里少了一份牵挂。特别是我的妻子和儿子，作为我学习期间的坚实后盾，给予了最大的支持与理解，使我能安心地完成学业。

当书稿即将出版之时我真诚地说一声："谢谢，你们辛苦了。"

本书得到大连大学出版基金和大连大学中国古代社会与思想文化研究中心资助。

张景明

2005 年 3 月 6 日完稿于大连